我们一起解决问题

PRACTICE GUIDE TO

普华审计实务
工具书系列

绩效审计
[实务指南]

PERFORMANCE AUDITING

高雅青 李三喜 武战伟◎主编

人民邮电出版社

北　京

图书在版编目（ＣＩＰ）数据

绩效审计实务指南 / 高雅青，李三喜，武战伟主编
. — 北京 ： 人民邮电出版社，2024.3
（普华审计实务工具书系列）
ISBN 978-7-115-63846-5

Ⅰ．①绩… Ⅱ．①高… ②李… ③武… Ⅲ．①效益审
计—研究 Ⅳ．①F239.42

中国国家版本馆CIP数据核字(2024)第041496号

内 容 提 要

绩效审计作为现代内部审计的重要标志和组成部分，日益受到组织管理层、监管方及其他利益相关方的重视，成为审计机构开展的主要业务类型之一。而对于如何做好绩效审计，很多审计人员仍旧不得其法，本书便是一部绩效审计实务指南。

本书汇集了作者团队在绩效审计领域多年的理论研究成果和丰富的实践经验。作者在介绍了一些绩效审计的基础知识后，详细论述了部门预算绩效审计、大额专项资金绩效审计、固定资产投资项目绩效审计、股权投资项目绩效审计、境外国有资产绩效审计、科技资金投入绩效审计、企业经营管理绩效审计、重大决策绩效审计、政策绩效审计的实务及案例。作者以深入浅出的方式介绍了绩效审计的具体流程与方法，并辅以案例解析，带领读者充分透视绩效审计工作，全面掌握绩效审计实战技巧。

本书适合审计行政机关、内部审计、社会审计机构及其人员，内部控制与风险管理人员、咨询人员等阅读和使用。

◆ 主　　编　高雅青　李三喜　　武战伟
　　责任编辑　贾淑艳
　　责任印制　彭志环
◆ 人民邮电出版社出版发行　　　　　北京市丰台区成寿寺路 11 号
　　邮编 100164　电子邮件 315@ptpress.com.cn
　　网址 https://www.ptpress.com.cn
　　涿州市般润文化传播有限公司印刷
◆ 开本：787×1092　1/16
　　印张：23　　　　　　　　　　　　2024 年 3 月第 1 版
　　字数：490 千字　　　　　　　　　2024 年 9 月河北第 2 次印刷

定　价：99.00 元
读者服务热线：（010）81055656　印装质量热线：（010）81055316
反盗版热线：（010）81055315
广告经营许可证：京东市监广登字 20170147 号

中天恒绩效审计实务指南编写组

主　　　编： 高雅青　李三喜　武战伟

副　主　编： 赵志新　刘　勇　冯　坚　施莹华

编写核心成员： 王善波　石茜茜　李向飞　邵文礼　黄会军

郭明达　张红艳　陈　欢　李运亮　曲广伟

景国宝　何　勇　唐昀皓　李喜全

前　言

　　加快构建新发展格局，着力推动高质量发展是全面建设社会主义现代化国家的首要任务。《中共中央 国务院关于全面实施预算绩效管理的意见》指出，要加快建成全方位、全过程、全覆盖的预算绩效管理体系；以全面实施预算绩效管理为关键点和突破口，解决好绩效管理中存在的突出问题，推动财政资金聚力增效，提高公共服务供给质量，增强政府公信力和执行力。

　　为引导中央企业实现高质量发展，促进企业依法合规经营，防范化解重大经营风险，国务院国资委要对所出资中央企业一定时期内经营业绩的真实性、完整性和效益性，以及重大投资经营的合规性等开展稽查和复核。绩效稽核工作主要内容包括：贯彻执行党和国家重大决策部署及国家法律法规政策，落实国资监管制度规定和企业依法合规经营情况；审计期间经营绩效考核指标信息的真实性、完整性、效益性；落实中央企业发展战略规划、"三重一大"决策、重大投融资活动、重大资本运作、重大资产处置、重大资金支出、重大担保、重大专项任务等重点经营领域和关键环节重大经济事项的决策、执行和效果情况；投资、资金、购销、工程建设、招投标、金融、境外等重要业务领域，内部控制制度建设执行及重大风险评估应对等情况；以往审计、出资人监督检查及企业内部审计发现问题的整改情况等。

　　中国内部审计协会发布的《第 2202 号内部审计具体准则——绩效审计》明确了绩效审计的原则、内容、方法、评价标准、绩效审计报告等有关绩效审计的具体要求。按照审计转型发展的有关要求，以提高绩效为突破口，坚持"以绩效促发展"的审计理念，众多内部审计机构积极开展绩效审计并修订绩效审计操作规程，推动组织聚力增效，高质量发展。

　　根据绩效审计业务发展变化的新政策、新形势、新实务，中天恒绩效审计实务指南编写组汇集 30 多年来在绩效审计领域丰富的实践经验和丰厚的理论研究成果，编写了本书。

　　本书内容主要包括绩效审计实务概述、部门预算绩效审计实务指南、大额专项资金绩效审计实务指南、固定资产投资项目绩效审计实务指南、股权投资项目绩效审计实务指南、境外国有资产绩效审计实务指南、科技资金投入绩效审计实务指南、企业经营管理绩效审计实务指南、重大决策绩效审计实务指南、政策绩效审计实务指南。

本书博采众长，充分吸收了中国内部审计协会绩效审计具体准则及众多内部审计机构有关绩效审计操作规程等新研究成果，系统总结了中天恒在部门预算、大额专项资金、固定资产投资项目、股权投资项目、境外国有资产、科技资金投入、企业经营管理、重大决策及政策绩效审计方面的实践经验，充分考虑了现阶段绩效审计工作开展的实际，力求突出操作性和创新性。

一是操作性。 绩效审计实务既涉及财政预算、企业经营管理、国有资本经营预算、境外投资和境外国有资产经营、金融、农业农村及重点民生资金等诸多领域，又涉及事前、事中、事后、绩效管理闭环系统，还关乎具体经济业务的决策、执行、监督与效果全过程，核心内容为经济性、效率性、效果性。本书以基于不同领域的绩效审计实务操作为主题，以便于指导绩效审计实践为归宿，基本按照绩效审计概念、目标、依据、内容、指标、重点、步骤、方法、结果、案例等进行系统、具体的阐述，搭建绩效审计实务工作规程，便于审计人员在实践中即学即套用。

二是创新性。 从绩效审计实践看，在很多领域以结果为导向、以效益为导向的绩效审计理念还不够深入，绩效审计法律法规还不健全，绩效审计指标体系建设还不完善，绩效审计人员能力素质还不能完全适应新发展需要。如何有效深化"花钱必问效，无效必问责"的绩效审计理念？本书在对常规绩效审计案例进行系统阐述的基础上，对如发展战略规划、投资、资金、购销、工程建设、招投标等重要业务领域，对国有企业混合所有制改革、金属贸易业务、金融衍生品、绩效审计结果应用等进行了初步探索，力求体现创新性。

本书从绩效审计实务操作的视角对绩效审计理论和实践做了总结和提炼，虽力求创新，使所介绍内容简单实用、具有操作性，但终究因编者水平有限，本书也只是初步探索，恳请广大读者批评指正。

中天恒绩效审计实务指南编写组

目　录

第 1 章

绩效审计实务概述

第 1 节　绩效审计概念

一、绩效的概念

绩效一词起源于管理学，从字面理解系成绩与成效的综合，是指组织、团队或个人，在一定的资源、条件和环境下，完成任务的出色程度，是对目标实现程度及达成效率的衡量与反馈。

在社会经济活动管理方面，绩效是指经济管理活动的结果和成效，是一个组织或个人在一定时期内的投入产出情况。投入指的是人力、物力、时间等物质资源，或个人的情感、情绪等精神资源；产出指的是工作任务在数量、质量及效率方面的完成情况。

在公共财政预算绩效管理方面，绩效则是指预算资金的预期产出和效果。其中：绩是指预算资金在一定期限内预期提供的公共产品和服务情况，具备数量、质量、时效和成本四方面特性；效则是指上述产出带来的影响情况，以及服务对象或项目受益人的满意程度，即资金的"效果"，通常包括经济效益、社会效益、生态效益、可持续影响、服务对象满意度等。

在企业经营管理方面，绩效则是指企业在特定经营期间的投入产出情况，通常包括企业的盈利能力、资产质量、债务风险、经营增长等财务绩效定量评价指标，还包括企业发展战略的确立与执行、经营决策、发展创新、风险控制、基础管理、人力资源、行业影响、社会贡献等管理绩效定性评价指标。

根据《第 2202 号内部审计具体准则——绩效审计》的规定，绩效则是指组织经营管理活动的经济性、效率性和效果性（也称为效益性）。其中，经济性是指组织经营管理过程中获得一定数量和质量的产品或者服务及其他成果时所耗费的资源最少；效率性是指组织经营管理过程中投入资源与产出成果之间的对比关系；效果性是指组织经营管理目标的实现程度。归结起来看，绩效就是花最少的钱办最多的事，还要将事办好。

二、绩效审计的概念

综合国家审计、内部审计、社会审计等相关法规政策，审计是由国家授权或接受委托的专职机构和人员，依照国家法规、审计准则和会计理论，运用专门的方法，对被审计单位的财政、财务收支、经营管理活动及其相关资料的真实性、正确性、合规性、合法性、效益性进行审查和监督，评价经济责任，鉴证经济业务，用于维护财经法纪、改善经营管理、提高经济效益的一项独立性的经济监督活动。

由此延伸理解，绩效审计就是国家授权或接受委托的专职机构和人员，依照国家法规、审计准则和会计理论，运用专门的方法，根据设定的绩效目标，运用科学、合理的绩效评价指标、评价标准和评价方法，对被审计单位的财政、财务收支、经营管理活动的经济性、效率性和效果性进行的审查和评价。其中，绩效目标是开展绩效审计的前提和基础，绩效指标是绩效审计的工具和手段，经济性、效率性和效益性是绩效审计的主要内容。

第2节　绩效审计目标

一、绩效审计总体目标

绩效审计是以国家有关绩效管理的法律、法规、规定为依据，对被审计单位经济活动的经济性、效率性和效益性进行审查和评价，其目的在于提升被审计单位的财政、财务收支、经营管理活动的规范性与有效性，提高投入产出效率、效益与效果。

二、绩效审计具体目标

（1）根据国家有关绩效管理的法律、法规、规定等进行绩效审计，对被审计单位是否经济、高效或有效执行有关政策进行独立审计检查。

（2）对被审计单位和审计对象实现既定目标的程度和所造成的各种影响进行报告，为决策机构提供相关的评价意见。

（3）发现并分析审计对象在经济性、效率性、效果性方面存在问题的迹象或绩效不佳的领域，以帮助被审计单位进行整改。

第 3 节　绩效审计依据

一、绩效审计依据类型

绩效审计依据是指审计人员在绩效审计过程中用来衡量被审计事项是非优劣的准绳，是提出绩效审计意见与建议的依据。绩效审计依据从来源来看，分为内部与外部审计依据；从层次上看，分为国家的法律法规、方针、政策、规章制度等的规定，国家部门、行业组织公布的行业指标，组织制定的目标、计划、预算、定额等，同行业的实践标准、经验和做法，以及项目自身决策、实施与效果资料等；同时因审计主体不同，又分为国家审计、内部审计、社会审计依据。

1. 法律、法规

法律是国家立法机关依照立法程序制定和颁布，由国家强制保证执行的行为规范总称，如宪法、刑法、民法、会计法、审计法、预算法、税收征管法、海关法、各种税法、企业法、民法典等。法规是由国家行政机关制定的各种法令、条例、规定等，如企业会计准则、企业财务通则等。

2. 规章制度

规章制度主要有国务院各部委根据法律和国务院的行政法规制定的规章制度；省、自治区、直辖市根据法律和国务院的行政法规制定的规章制度；被审计单位上级主管部门和被审计单位内部制定的各种规章制度；等等。例如，国家主管部门制定的各项财务会计制度、单位内部制定的各项内部控制制度等。

3. 预算、计划、合同

预算、计划、合同如国家机关、组织编制的经费预算，企业单位制订的各种经济计划，被审计单位与其他单位签订的各种经济合同，等等。

4. 业务规范、技术经济标准

业务规范、技术经济标准如人员配备定额、工作质量标准、原材料消耗定额、工时定额、能源消耗定额、设备利用定额等。此外，还有国家制定的等级企业标准、绩效评价标准等。

按照绩效审计依据来源，上述审计依据可分为外部与内部审计依据。其中，外部审计依据主要包括国家制定的法律、法规、条例、政策、制度，地方政府、上级主管部门颁发的规章制度和下达的通知、指示文件等；内部审计依据主要包括被审计单位制定的经营方针、任务目标、计划预算、各种定额、经济合同、各项指标和各项规章制度等。

二、绩效审计常用依据

绩效审计的主要目标是对被审计单位经济活动的经济性、效率性与效益性做出审计和评价。因此，绩效审计的主要依据除国家法律法规外，还包括被审计单位的管理控制制度、预算、计划、经济技术规范、经济技术指标，可比较的各种历史数据、同行业的先进水平、上级企业的标准、优良企业的管理规范等。绩效审计常用依据包括但不限于以下内容：

（1）国家相关法律、法规和规章制度；

（2）各级政府制定的国民经济与社会发展规划和方针政策；

（3）预算管理制度、资金及财务管理办法、财务会计资料；

（4）组织管理职能职责、中长期发展规划及年度工作计划；

（5）相关行业政策、行业标准及专业技术规范；

（6）绩效目标及其他相关材料、预决算批复、年度决算与经营情况报告；

（7）审计报告及决定、内外部监督检查报告；

（8）其他相关资料。

三、绩效审计依据特征

绩效审计依据具有权威性、层次性、地域性、时效性、相关性等特征，其将随着国家法律法规的变化及组织管理的加强而发生变化，无论什么样的绩效审计依据，均受一定范围和时间等的限制。

（一）权威性

审计依据作为判断被审计单位经济活动合法性、有效性及真实性的准绳，也是提出审计意见、做出审计决定的根据或理由。因此，任何审计依据都具有一定的权威性或公认性，否则不足以作为依据。但是，不同层次的审计依据，其权威性大小不一样。例如，国家的法律、法规是衡量经济活动是否合法、合规的依据，其具有很高的权威性。而单位内部制定的规章制度、预算、计划、定额、标准等，则不具备上述法律、法规的权威性，但依然是用来衡量经济活动优劣的重要依据，对于这类审计依据主要强调它的公认性和可接受性，一般要由审计人员和被审计单位协商后确定。

（二）层次性

审计依据一般是由审计主体以外的国家机关、管理部门、业务部门、技术部门和企业单位制定的。审计依据因管辖范围和权威性大小不同而有不同的层次。一般来说，制定审计依据的单位级别越高，审计依据的管辖范围越广，其权威性越大。最高层次的审计依据是国家立法机关的法律；其次是国务院颁布的各种行政法规及政策、指令、规划等；再次是地方立法机关和行政机构制定的地方性法律、法规；然后是被审计单位主管部门制定的规章制度、下达的计划和提出的技术经济指标等；最低层次的审计依据是被审计单位内部制定的各种规章制度、计划、预算、定额、标准等。如果是涉外审计，那么要以国际及有关国家法规、制度为审计依据。同时审计依据的层次越高，其管辖的幅度越宽，其适用的范围越广，其权威性越大。这是因为高层次依据主要是国家制定的法律、法规，适用于全国，而且低层次的规章制度不能违反高层次的法律、法规，只能在此基础上进行研究和具体化。

（三）地域性

从空间上看，很多审计依据还要受到地域性限制，审计人员在进行审计判断时，必须注意到地区差别、行业差别和单位差别。

（四）时效性

从时间上看，各种审计依据都有一定的时效性，不是在任何时期、任何条件下都适用的。作为衡量经济活动是否真实、合法和有效的审计依据，会因经济基础的发展变化而不断变化。审计人员在审计工作中应密切注意各种依据的变化，选用在被审计事项发生时有效的判断依据，而不能以审计时现行的法律、法规、规章制度作为判断依据，也不能以过时的法律、法规、规章制度作为判断依据，更不能以旧的审计依据来否定现行的经济活动，或用新的审计依据来否定过去的经济活动。

（五）相关性

审计依据的相关性，主要是指审计机构所引用的审计依据应与被审计项目和应证实的目标相关。审计依据的相关性，首先表现在所选用的依据与被审计事项是相关的，能够判定被审计事项是否真实、合法与有效；其次是能说明审计人员提出的审计意见、做出的审计决定有充足的理由；最后是针对某一被证实的事项来说，所选用的各种依据能从不同的角度去证实。

绩效审计依据除了具有上述特征外，还具有相对性、先进性、动态性、可控性、计量性等特征。常规财务收支审计的依据大多数是统一的，但绩效审计的依据，如经济效益指标，不同行业、不同时期则不相同，同一行业、同一企业、同一指标也有不同的评价标准。

绩效审计的目的主要是促进被审计单位提高经济效益，因此，衡量被审计单位效益高低的审计依据应该具有一定的先进性，这样有利于激励被审计单位努力提高经济效益。绩效评价标准随着国家经济政策、科学技术、管理要求的变化而不断变更，被审计单位的计划、定额等依据每年均有变化。用作绩效评价的标准，应该是单位可以控制的指标，否则就会失去评价意义。例如，衡量原材料利用的经济效益，应当以材料单耗、材料利用率来衡量，而不宜以单位产品的材料成本作为衡量标准，因为材料成本中涉及的购入成本单位无法完全控制。要准确地衡量被审计单位经济效益的状况，一般应以计量性指标为宜，如相关数据等，而不宜用一般口号、原则等定性指标。

另外，即便是管理状况等定性绩效指标，在审计实施过程中，审计人员亦应通过访谈、绩效调查问卷、统计分析等方法获取定量数据。

四、绩效审计依据原则

虽同属于绩效审计，但因审计对象如部门预算执行绩效、企业经营管理绩效等不同，需要不同的衡量、评价依据。审计人员应根据不同的审计目标、不同的实际需要，选用适当的审计依据进行审计判断，提出审计意见，做出审计决定。审计机构和审计人员在确定绩效审计依据时，应当与组织管理层进行沟通，在双方认可的基础上确定绩效审计依据，绩效审计依据的选择应遵循准确性原则、辩证性原则和可靠性原则。

（一）要遵循准确性原则，从实际出发

审计人员应从实际出发，具体问题具体分析，根据需要选定适用的审计依据。审计人员选择审计依据时，一定要根据审计依据的权威性、层次性、区域性、时效性、相关性等特征及其要求，尽可能选用权威性大的，令人信服的审计依据；尽可能选用高层次的审计依据，如选用低层次审计依据，一定不能与有关高层次审计依据相抵触；应选用本地区、本行业、本单位适用的审计依据；应选用在被审计事项发生时有效的审计依据；应选用与被审计事项有关，有利于做出审计判断、表示审计意见和做出审计决定的审计依据。

有法律、法规依据的，一定要选用法律、法规作为审计依据。如果选用的行政法规与宪法、其他法律存在矛盾，应以宪法、其他法律规定为审计依据；国务院各部门之间的规定相抵触时，应以法律、行政法规授权的主管部门的规定为审计依据；地方人民政府与国务院主管部门的规定相抵触时，除国家另有规定外，应当以国务院主管部门的规定为审计依据；下级人民政府、部门的规定与上级人民政府、部门的规定相抵触时，除国家另有规定外，应以上级人民政府、部门的规定为审计依据。审计中发现的重大问题没有明确的审计依据时，应当请示本级人民政府或上级审计机关，或从是否合理、是否正确、是否违背国家法律、法规，是否损害国家利益或是否侵犯被审计单位的合法权益等方面去判断。

（二）要遵循辩证性原则，把握实质

被审计单位的经济活动是错综复杂的，经济情况是瞬息万变的，因为影响经济活动的因素是多方面的、不断变化的。因此，审计人员既要历史地看问题，又要辩证地看问题，认真仔细地研究多种问题中哪些是主要问题，哪些是本质问题；多种因素、矛盾中，哪些是主要因素，哪些是主要矛盾，哪些是矛盾的主要方面。审计人员只有抓住主要矛盾和矛盾的主要方面，才能把握问题的实质，才能选用适当的审计依据，并据以做出正确的判断，提出合理的意见和做出令人信服的决定。

（三）要遵循可靠性原则

审计人员所运用的审计依据必须准确可靠，决不能把道听途说的主观臆测作为判断是非的依据。无论引用什么资料作为审计依据，均要查看原件、签发单位和签发时间，并判断其适用性；凡引用数据，一定要复核，决不能照搬照抄；凡列举的定额、标准，必须有原文资料，并核实其有效期和适用的单位；凡引用的单位管理制度，一定要有文字记载，领导的指示和会议精神，如没有文字记载，均不得作为审计依据；凡引用法律、法规、规章制度，一定要查到原文，做适当的摘录或复印，决不可断章取义，妄加推论。

总之，准确而合理地运用审计依据，有利于客观公正地做出审计判断，有利于提出合理的审计意见和做出正确的审计决定，有利于审计工作质量的提高。

第 4 节　绩效审计实务

一、绩效审计业务范围

《中华人民共和国审计法》指出审计机关有权依法对国务院各部门和地方各级人民政府及其各部门的财政收支，国有的金融机构和企业事业组织的财务收支，以及其他依照审计法规定应当接受审计的财政收支、财务收支的真实、合法和效益进行审计监督。从业务实践来看，现阶段绩效审计的范围可归结如下。

（1）财政性资金（或称公共资金）支出绩效审计。其主要涉及行政单位，包括各级政府部门、人大、政协，由国家财政提供工作经费的党派机关和部分社会团体；事业单位，包括文化教育、科研卫生、社会福利及其他社会公共事业部门。

（2）国家投资建设项目绩效审计。其主要是指由财政性资金（财政拨款或财政融资）投资的各种建设项目绩效审计，或属政府审计管辖范围内的投资项目绩效审计。

（3）专项资金使用绩效审计。专项资金是指财政预算安排的或有关部门、单位依法自行组织的，具有特定用途的财政性资金。专项资金使用绩效审计，如行政事业专项资金、社会保障基金、农业专项资金、环境保护专项资金等。

（4）国际金融组织和外国政府援助、贷款项目绩效审计。国际金融组织和外国政府援助、贷款项目绩效审计是指国际金融组织和外国政府援助、贷款项目资金绩效审计。

（5）国有企业绩效审计。国有企业绩效审计即审计国有企业资产负债损益的真实性、合法性、效益性，重点关注国有企业经营管理绩效及科研投入绩效，关注国有资本经营预算执行绩效、境外投资和境外国有资产经营绩效等。

（6）金融企业绩效审计。金融企业绩效审计即审计金融企业资产负债损益的真实性、合法性和效益性。

二、绩效审计内容

绩效审计具体内容的确定取决于审计对象，如系财政预算部门或单位绩效审计，还是国有企业经营管理绩效审计，或是重大投资项目、重大政策绩效审计。总体来看，绩效审计横向要关注组织经营管理活动的经济性、效率性和效果性，纵向应关注具体经济业务或事项的决策程序、实施过程与实施效果。

（一）经济性

经济性体现为成本与投入的关系，是指以最低费用取得一定数量和质量的资源，即预算支出是否节约。

在审计经济性时，将重点评价被审计单位选择的方式或者取得的设备（即投入）是不是对资金最经济的使用，人力和物力是否已被经济使用，管理活动是否符合良好的管理原则和管理政策。

（二）效率性

效率性体现为投入和产出的关系，包括是否以最小的投入取得一定的产出或者以一定的投入取得最大的产出。通过与类似活动、其他期间经营状况或已采纳的标准进行比较，可以形成效率性方面的结论。有时也可能以最佳实践等作为比较标准。如果无法通过与标准的对比得出结论，评价人员可能依据所能获取的信息、观点，以及在评价过程中的分析进行评价。

在审计效率性时，将重点评价人力、财力和其他资源是否得到有效运用，项目、实体和活动是否得到有效管理、组织、执行、监控和评价，资金支出活动是否符合规定的目标和要求，是否有效实现项目目标。

（三）效益性

效益性体现为产出与目标的关系，是指达成政策目标、运营目标和其他预期结果的程度。

在审计效益性时，将重点评价经济效益、社会效益、生态效益等效益指标是否实现，是否达到预期效果，项目是否具有可持续性，是否得到社会公众或服务对象满意；对于效益未达预期的，应确认哪些因素阻碍令人满意的绩效目标的实现，识别更有利于项目目标达成的合理的途径，对原因进行分析。

三、绩效审计重点

为保证绩效审计质量，绩效审计应基于真实、可靠的信息，对组织管理或经营活动的决策、实施与效益进行审查和评价，既关注管理绩效，也关注经营绩效，还要关注为实现绩效目标所采取的措施，以及内部控制与风险管理。

（一）经营合法合规性审计

重点审查被审计单位贯彻执行党和国家重大决策部署及国家法律法规政策，落实资金监管制度和依法合规管理或经营情况；审查相关经营或管理活动的人、财、物、信息、技术等资源取得、配置和使用的合法性、合理性、恰当性和节约性；关注财政财务收支是否合法合规。绩效审计要对与组织管理相关的治理机构、战略管理、人力资源、财务管理、采购管理、信息管理、技术管理等的合法性、合规性进行审查，如审查法人治理机构是否健全有效，重大决策是否规范，预算管理、政府采购、招投标法、信息安全等国家法律法规是否得到有效遵循，是否存在违规经营导致国有资产损失及其他严重不良后果。

（二）信息质量可靠性审计

重点审查被审计单位有关组织经营或管理活动经济性、效率性和效果性的信息是否真实、可靠。绩效审计的前提是获得真实、可靠的业务、财务及管理信息，从而得出客观公正的分析与评价结果。因此，绩效审计首先要对被审计单位相关信息进行审查、分析与评价，如审查财务信息是否经过审计鉴证、与业务信息是否能够相互印证、与管理决策相关资料能否形成闭环等，以验证绩效审计基础数据的客观性，从而为绩效审计奠定有力的信息基础。

（三）绩效目标实现性审计

重点审查被审计单位经营管理活动既定目标的适当性、相关性、可行性和实现程度，以及是否存在未能实现既定目标的情况及其原因。绩效目标因被审计单位或事项不同而不同，如财政预算的绩效目标为计划在一定期限内达到的产出和效果，包括预期产出、预期效果、服务对象或项目受益人满意程度、达到预期产出所需要的成本资源等；企业经营管理的绩效目标为战略规划目标、年度计划指标等。重大投资项目投资、进度、质量控制目标，专项资金政策制定、政策落地执行情况、专项资金管理、政策目标实现等也是绩效目标的组成部分。

（四）业务活动效率性审计

重点审查被审计单位与业务活动相关的研发、采购、生产、销售等主要业务活动的效率。审查被审计单位是否以合理有限资源完成了与企业经营相关的业务活动；是否以最小、最佳的投入得到了最大、有效的产出，且能够满足客户的需求；是否在规定的期限内超额高效完成了规定动作或工作量，有效地节约了时间。

（五）管理活动效率性审计

重点审查被审计单位计划、组织、指挥、协调与控制等主要管理活动的效率，审查被审计单位是否尽可能组织利用人力、物力、财力、信息等资源，实现省、快、多、好的目标，取得最大的投入产出效率。从管理职责履行角度进行审计，内容包括但不限于战略管理、组织管理、计划管理、生产管理、采购管理、销售管理、质量管理、仓库管理、财务管理、项目管理、人力资源管理、统计管理、信息管理、监督管理等职责履行效率；按照业务流程进行审计，内容包括但不限于具体项目或事项的调研、论证、设计、建设（实施）、投产（完工）、运营（执行）、更新、再次运营（执行）、提升等多个业务环节的效率性。在审计中要区分人、财、物、技术，以及市场与客户、政策与政府资源等各类管理资源的管理效率等。

（六）经营管理效益性审计

重点审查被审计单位经营管理活动预期的经济效益和社会效益等是否得到有效实现，如战略规划经营目标、人力资源管理目标、区域布局目标、业务领域目标等是否得到实现，被审计期间内年度经营计划指标是否得到实现；经济效益和社会效益等在同行业、同区域内所处地位是否有所提升，组织运作效率与生产效率是否得到有效的增强；是否确立了组织明确的发展方向；是否能够有效发挥员工潜能；财务结构是否清晰合理，投融资规模是否恰当；是否能够向客户提供满意的产品和服务；是否能够履行社会责任，树立良好的组织形象，创造良好的社会效益。

（七）内部控制风险有效性审计

重点审查被审计单位为评价、报告和监督特定业务或者项目的经济性、效率性和效果性所建立的内部控制及风险管理体系的健全性及其运行的有效性。审计对象为行政事业单位时，应重点关注风险评估、预算管理、收支管理、政府采购管理、资产管理、建设项目管理、合同管理等业务层面，以及评价监督等领域内部控制的健全性与有效性。

为企业时，则应关注内部环境、风险评估、控制活动、信息与沟通、内部监督等内部控制是否健全有效；另外，还应关注不相容岗位相互分离、内部授权审批控制、归口管理、预算控制、财产保护控制、会计系统控制、单据控制、运营分析控制和绩效考评控制、信息内部公开等控制措施与方法是否适当并得到有效执行。

（八）其他有关事项

重点审查被审计单位以往国家审计、社会审计及内部审计发现问题的整改效率与效果。例如，重点关注是否制定或完善整改管理制度，整改职责是否明确；是否牵头制定了整改方案或整改计划，制定的措施是否切实可行；是否存在对查出问题整改不重视、不部署的情况；对措施落实情况是否进行监督和跟踪，是否存在不落实或落实不彻底的现象；是否按要求及时报告整改情况；整改报告内容是否客观、完整，是否严格按照整改标准确认整改状态，是否随意或虚假调整整改状态；整改结果是否实现整改方案或整改计划确定的目标；等等。重点关注被审计单位是否存在经济纠纷、长期未处理遗留问题及重大风险事项等。

第 5 节　绩效审计评价标准

绩效审计评价标准是衡量被审计单位或事项经济性、效率性、效果性等绩效目标实现程度的考核工具。确定绩效审计评价标准应当遵循相关性、重要性、可比性、系统性、经济性等原则，应按被审计单位或事项制定共性或个性化标准，绩效审计评价标准包括国家政策标准、计划标准、行业标准、历史标准、最佳实践或案例等。

一、绩效审计评价标准确定原则

（一）相关性原则

绩效审计评价标准应当与被审计单位或事项所确定的战略规则、经营计划、预算、管理、政策、制度等具体绩效目标有直接的联系，能够恰当反映目标的实现程度。

（二）重要性原则

绩效审计评价标准应当优先使用最能代表审计对象、最能反映绩效审计评价要求的核心指标。

（三）可比性原则

绩效审计评价标准对同类审计对象应具有适用性，要设定共性的绩效审计评价标准，以便于审计结果可以相互比较；对于特定事项要设定个性的绩效审计评价标准，以便于审计结果更有针对性。

共性指标是适用于所有同类审计对象的指标，主要包括战略规划与执行、预算编制和执行，资产配置、使用、处置及其收益管理情况，项目实施的进度、质量、投资控制等指标。

个性指标是针对不同的审计对象特点设定的，适用于不同的审计对象的业绩评价指标。例如，行政事业单位预算资金的来源与使用、政府采购、招投标管理、合同管理、工程监理制的落实、国有企业财务绩效定量评价等指标。

（四）系统性原则

绩效审计评价标准应当将定量指标与定性指标相结合，系统反映财政支出、经营管理、重大项目、政策制度等所产生的社会效益、经济效益、环境效益和可持续影响等。

（五）经济性原则

绩效审计评价标准应当通俗易懂、简便易行，数据的获得应当考虑现实条件和可操作性，符合成本效益原则。

二、绩效审计评价标准具体类型

绩效审计评价标准作为衡量被审计单位或事项绩效目标完成程度的尺度，包括但不限于以下具体类型。

（一）计划标准

计划标准通常是指参照预先制定的目标、计划、预算、定额等数据制定的评价标准。例如，年度预算收入支出指标，战略规划框架下所制订的年度工作计划、具体规划的行动计划，重大投资可行性研究报告所确定的投资估算、融资规模、建设周期、进度计划等，股权投资项目前期论证评审通过的交易模式、交易对价、资金支付方式等。

（二）行业标准

行业标准通常是指参照国家公布的行业指标数据制定的评价标准。行业标准由国务院有关行政主管部门制定，并报国务院标准化行政主管部门备案，在审计中要注意其时效性。例如，国务院国资委发布的企业绩效评价标准值，预算编制定额、取费定额、技术规程、操作规范、验收规范、安全检验检测规范等。

（三）历史标准

历史标准通常是指参照同类指标的历史数据制定的评价标准，系被审计单位或事项在过去某段时期内的实际值。在实务中，审计人员可根据需要选择历史平均值，也可选择最佳值作为基准，抑或是根据现实状况对历史数据进行调整后将其作为评价标准。

（四）其他标准

其他标准系除上述标准外的经验标准、最佳实践或案例等，如通过系统性分析研究形成的行业标杆数据、企业经营管理优秀案例、项目管理优秀案例、股权架构设计优秀方案、质量控制优秀案例等。

第 6 节　绩效审计步骤

通常情况下，审计程序包括制订审计计划、审计准备、审计实施、审计报告、后续审计等五个阶段，绩效审计也不例外，同样要经过这五个阶段。

一、绩效审计计划阶段

绩效审计计划是指审计机构和审计人员为完成绩效审计业务，达到预期的绩效审计目的，对绩效审计工作或者具体绩效审计项目做出的安排。绩效审计计划阶段的核心工作是确定绩效审计对象或事项。

绩效审计计划通常会纳入年度总体审计计划，并按规定程序报经批准。绩效审计计划应当包括年度绩效审计工作目标、具体绩效审计项目及实施时间、各绩效审计项目组织实施模式，以及需要的审计资源。

审计机构在编制绩效审计计划及确定具体绩效审计项目前，应当重点调查了解国家及上级部门有关审计工作规划、计划的要求，调查了解组织自身战略目标、年度目标及业务活动重点，对相关业务活动有重大影响的法律、法规、政策、计划和合同，相关内部控制的有效性和风险管理水平，相关业务活动的复杂性及其近期变化，相关人员的能力及其岗位的近期变动等，以合理确定绩效审计项目，评价具体绩效审计项目风险，以制定切实可行的绩效审计工作方案。

二、绩效审计准备阶段

绩效审计准备阶段的主要工作包括组建绩效审计项目组、开展绩效审计审前调查、编制绩效审计实施方案、开展绩效审计培训、制发绩效审计通知书等。

（一）组建绩效审计项目组

审计机构应充分考虑被审计单位或事项的特点与特征，按照项目管理和质量控制的要求配置绩效审计资源，组建绩效审计项目组（绩效审计组），绩效审计组通常设组长、副组长、项目主审及审计人员等。

审计组组长通常由审计机构领导担任，副组长由审计机构主管担任，项目主审由审计专家或社会中介机构成员担任。绩效审计组组建应综合考虑审计成员具备的政治素养、专业胜任能力和其他应遵守的职业道德，应配置与被审计单位或事项相关的管理类、经济类、业务类专家。

绩效审计组实行组长负责制，组长全面负责审计项目，审定审计实施方案、审计报告征求意见稿、审计报告、审计结果报告，研究审计重大事项。

副组长协助组长对审计项目进行全过程管理，指导和督促审计组按照国家或内部有关绩效审计管理规定及项目实施方案等完成审计项目，主要负责复核审计实施方案、审计取证单、征求意见稿，起草审计报告、审计结果报告和审计情况通报，开展审计全过程的沟通协调工作。

项目主审负责制定审计实施方案、实施现场审计工作、合理安排审计人员，确保审计项目顺利进行，按时完成；起草征求意见稿，并根据被审计单位的反馈，核实修改征求意见稿。

审计组其他成员按照副组长和项目主审确定的工作分工，完成与被审计单位或事项相关的具体绩效审计工作。

（二）开展绩效审计审前调查

在确定具体绩效审计项目后，绩效审计项目组（审计组，后同）应组织收集与本项目绩效审计相关的资料，对被审计单位或事项进行审前调查。审前调查应当了解被审计单位管理体制、主要职责、业务范围、历史沿革、机构设置、领导班子成员分工、人员编制等基本情况，调研分析被审计单位与绩效审计相关的政策执行、战略规划、组织管理、财务管理、资产管理、基建管理、产业管理、采购管理等业务板块流程和内部控制情况；了解被审计单位审计期间管理与经营绩效目标完成情况，重点经营领域和关键环节重大经济事项的决策、执行和效果情况，重要业务领域内部控制制度建设执行及重大风险评估应对等情况。

绩效审计审前调查可以根据需要选择查阅相关资料、访谈、调研、数据分析、走访，或向上级主管部门、同级职能部门、有关监管部门等征询意见，审计组在对被审计单位业务结构、重要业务流程、关键控制机制进行调研分析时，应当重点关注被审计单位可能存在的重要问题或者重大风险，并对可能性进行评估，以确定绩效审计重点和审计应对措施。

（三）编制绩效审计实施方案

绩效审计实施方案的构成内容与常规审计项目大体相同，包括但不限于被审计单位、项目的名称，审计目标和范围，审计内容和重点，审计程序和方法，审计组成员的组成及分工，审计时间安排等。绩效审计实施方案用于指导整个项目实施工作，在审计中如遇对绩效审计实施方案执行产生重大影响的事项，绩效审计实施方案应动态更新与调整。与其他审计项目相比，绩效审计特别强调以下两点。

一是深入开展审前调查工作。在编制绩效审计实施方案前，应充分了解和掌握被审计单位或项目的基本情况，如相关法规、协议、工作目标或项目目标、内部控制制度、单位或项目的产出情况等。

二是建立绩效审计评价标准。绩效审计的关键工作是建立具体审计目标和绩效审计评价标准。

（四）开展绩效审计培训

审计组组长组织审计组成员学习绩效审计有关文件、规定和要求，准确把握政策，掌握绩效审计流程、审计方法，明确绩效审计内容、工作重点，以及绩效审计报告编制要求，部署安排绩效审计时间计划及人员分工计划。

（五）制发绩效审计通知书

审计组在实施绩效审计前向被审计单位或部门送达审计通知书，并收回审计文书送达回证。

绩效审计通知书应当包括但不限于审计项目名称、被审计单位或事项名称、审计依据、审计范围和审计内容、审计起始时间、审计组组长及审计组成员名单、需要被审计单位或部门提供的资料及其他必要的协助要求、审计机构的印章和签发日期。绩效审计通知书应当在实施审计三日前，送达被审计单位或者部门。

被审计单位或部门应当对所提供资料的真实性、完整性负责，并做出书面承诺。审计组成员应严格遵守审计纪律有关规定。

三、绩效审计实施阶段

绩效审计实施阶段的主要工作包括：召开绩效审计进点会；进行绩效审计工作公示；进一步开展审计调查，完善审计实施方案；实施绩效审计工作；收集审计资料，获取审计证据，编制取证单；评估审计发现的问题；审计日沟通、周汇报；编写审计工作底稿；编制审计发现问题台账；召开撤场前交流沟通会。

（一）召开绩效审计进点会

在正式实施现场绩效审计前，审计组应联系被审计单位，确定绩效审计进点会召开时间和地点，组织召开绩效审计进点会。

绩效审计进点会通常由审计组组长主持，参会人员包括审计组主要成员、被审计单位或部门领导、被审计单位职能部门主要负责人。

绩效审计进点会会议议程如下：审计组副组长宣读审计通知书，强调审计纪律；审计组组长介绍审计目标、重点和要求；被审计单位或部门做与绩效审计事项相关的工作报告并表态发言；被审计单位主要负责人表态发言。

（二）进行绩效审计工作公示

绩效审计进点会后，审计组在被审计单位所在办公场所显著位置或内部办公网络进行审计工作公示，公示内容包括：审计依据，审计时间，审计对象，审计内容，审计纪律，审计组人员和联系电话、邮箱等。

（三）进一步开展审计调查，完善审计实施方案

在审前调查基础上，进一步查阅与绩效审计相关的会议纪要、内部控制报告和评价报告、年度总结、历年来内外部各类检查审计和巡视结果报告等，开展财务数据的收入来源分析、支出结构分析、年度趋势分析，业务数据分析，业务数据与财务数据的衔接分析等，尤其关注数据间的冲突与矛盾，形成绩效审计审前调查报告，以进一步确定审计重点，发现审计问题线索，完善审计实施方案。

此阶段完善的审计实施方案，应进一步明确审计内容与重点，细化对审计目标有重要影响的审计事项的审计步骤和方法，并按照审计组成员自身特长与历史经验进一步分解具体审计事项或内容。进行审计分工时，应当为重要审计事项分派有经验的审计人员和安排充足的审计时间，并评估特定审计事项是否需要利用外部专家的工作，是否需要提请有关部门和单位予以协助。

审计组组长应组织对绩效审计实施方案进行审核。审核内容包括：审计目标的可行性，审计范围、内容和重点的适当性；审计步骤和方法的可操作性；时间安排的合理性；审计分工的恰当性；其他需要审核的事项。

在实施审计过程中有下列情形之一的，应当调整审计实施方案，并报审计组组长同意：审计组认为需要调整审计重点、步骤和方法的；审计组人员发生变化，足以影响审计实施方案执行的；审计中发现重大违法违规案件线索，需要改变审计内容和重点的；审计范围受到限制，不能正常开展审计工作的；其他需要调整的事项。

（四）实施绩效审计工作

审计组应依照绩效审计实施方案，突出审计重点，以风险为基础，重点关注可能存在的重要问题，以经济性、效率性、效益性为中心，围绕业务与项目实施流程，从管理线、业务线、财务线三条主线入手，开展符合性测试，查阅内部控制手册，检查内部控制制度、业务流程建设情况及执行情况，坚持问题导向，充分运用数据分析等方法，深入揭示被审计单位或事项存在的问题。

实施绩效审计过程中，审计组应与被审计单位或部门进行充分沟通。除涉及重大经

济案件调查等特殊事项外，审计组对每个审计事项应与被审计单位不同层级充分沟通，充分了解重大问题的判断标准、客观事实、主要影响和产生原因，实事求是做出审计评价，提出审计建议。对于沟通过程中有重大分歧的事项，要及时报告审计组组长。

如遇被审计单位违反法律规定，拒绝、拖延提供与审计事项有关的资料，或者提供的资料不真实、不完整，或者拒绝、阻碍检查等不配合审计工作的情形，审计组应当积极协调沟通，要求被审计单位相关人员改正。经协调沟通仍无法解决的，审计组应当及时将有关情况报告审计组组长。

（五）收集审计资料，获取审计证据，编制取证单

审计组指定专人负责所有资料交接，核对资料满足要求后，填写资料交接清单，由资料提供人和审计组指定的资料交接人员在清单上签字。

审计组应围绕绩效审计范围与内容收集审计资料，对于在审计中发现的问题，应注重获取审计证据，并保证审计证据的充分性和适当性。

取得审计证据后，审计组应对所有可能存在问题的审计事项进行汇总分析，编制审计取证单，对审计事项的事实是否清楚再次与被审计单位进行书面确认。审计组应及时发放审计取证单，加强沟通协调，确保在审计撤点前获取每个审计事项的书面反馈意见。

审计组成员及时编写审计取证单，做到"边审计、边取证、边记录"。审计取证单应经被审计单位签署意见、负责人签字并加盖单位公章。

（六）评估审计发现的问题

对审计发现的问题，审计组应评估问题的性质、问题产生的根源、问题解决途径等，做到事实清楚、定性准确。审计组应重点揭示体制机制和重大风险问题，并在深入分析原因的基础上，提出审计整改意见。

对管理控制机制等问题，审计组应适时与被审计单位相关人员进行沟通，促进被审计单位及时采取措施，降低风险。对重大违法违纪问题，审计组在取得相关资料后应及时向审计机构领导汇报，按有关规定进行处理。对重大审计发现或无法评估其重要性的事项，审计组应组织召开审计业务会进行研讨，必要时应及时请示审计机构领导。

（七）审计日沟通、周汇报

审计组根据现场实施情况，与审计组成员确定早晚例会内容。早晚例会原则上应每天召开，审计现场负责人主持，其中：早例会，应有被审计单位联络员参加，协调当天需要资料；召开晚例会，总结当日工作完成情况、审计中遇到的困难和问题及应对措施、需要协调事项。审计现场负责人总结工作进展情况，特别是重大审计事项、追加审计程序、与分工计划的差异，提出次日工作要求。每一个审计事项结束时要有一个小结，组内人员对问题的归集、定性判断等，发表意见。如审计组组长不能参加审计组例

会，要及时与现场负责人进行工作沟通，沟通内容包括例会情况、对审计发现问题的意见建议、工作日志审核、工作底稿复核等情况。

如绩效审计项目周期在一周以上，应编制审计周报。审计周报应包括近期（上周）工作进展情况，主要介绍上周工作开展情况、主要工作内容、各小组的人员安排、审计面临的主要困难和建议等；下一步（本周）工作安排，主要介绍下周的工作计划、各小组的主要工作任务；审计发现的主要问题，按照被审计单位或事项排列，对发现的问题进行叙述，并指出该问题违反了什么规定，提出审计建议（包括对该问题的分析、拟采取的审计方法等）；需协调解决的事项，主要说明需审计机构领导协调解决的在审计过程中遇到的困难与问题。

（八）编写审计工作底稿

审计人员应当真实、完整地记录实施审计的过程、得出的结论和与审计项目有关的重要管理事项。审计工作底稿应分类整理，逻辑关系要清楚，并按规定进行索引编号。

审计工作底稿的内容主要包括：审计项目名称，审计事项名称，审计过程和结论，审计人员姓名，审计工作底稿编制日期与编制人员签名，审核人员姓名、审核意见、审核日期与审核人员签名，索引号及页码，附件数量。

审计工作底稿记录的审计过程和结论主要包括：实施审计的主要步骤和方法，取得的审计证据的名称和来源，审计认定的事实摘要，得出的审计结论及相关标准。审计证据材料应当作为审计工作底稿的附件。

需要特别说明的是，审计人员不仅应对审计发现的问题形成一事一议的工作底稿，对部分虽纳入绩效审计范围或内容的事项，但经审计未发现问题的，亦形成审计工作记录，编制事实类审计工作底稿。

审计组对编制的审计工作底稿实施现场分级复核，签署复核意见并签字。审计组现场复核要重点检查具体审计目标是否实现，审计程序是否执行，引用依据是否正确、格式是否规范，审计取证材料是否内容完整、条理清晰、计算准确，审计证据与正文是否一一对应，材料核实事项内容是否具有充分性和必要性。发现审计证据不符合要求的，应当责成审计人员进一步取证。

（九）编制审计发现问题台账

审计人员应随时整理审计发现问题，进行分类，填制审计发现问题台账；现场负责人对审计发现问题台账进行复核，提交审计组副组长、组长复核，检查问题描述是否清楚，定性是否准确，引用的政策依据是否恰当、正确等。对于边审边整改的问题要在备注中说明。

（十）召开撤场前交流沟通会

审计组在现场审计撤场前向审计机构进行末期工作汇报，总结审计实施方案落实情况，全面梳理审计发现的问题、写入审计报告事项及其依据、重大风险事项和对被审计单位的评价等。审计机构对汇报无异议后，审计组应向被审计单位通报审计工作开展情况及下一步工作计划，交流沟通并确认工作底稿，工作底稿在撤场前应收回。

四、绩效审计报告阶段

绩效审计报告阶段的主要工作包括：编制审计报告初稿；起草审计报告征求意见稿；出具审计报告征求意见书；根据反馈意见修改审计报告；出具正式审计报告；形成审计结果报告，移交转办；整理归档审计资料。

（一）编制审计报告初稿

审计人员在分析评价审计证据的基础上，形成了审计结论，应按照国家及内部有关审计报告编制要求编制审计报告。在报告形成前，审计人员要与被审计单位充分交换意见，落实审计发现问题。在编制审计报告初稿前，审计组应当组织召开审计业务讨论会确定以下事项：

（1）审核重要审计工作底稿，确保审计发现问题事实清楚、审计证据适当充分、审计定性准确；

（2）评估审计发现问题的重要性，提出建设性审计发现问题整改意见；

（3）提出审计评价意见。

绩效审计报告初稿中的审计评价应当客观公正、实事求是，应当与审计内容相统一，且有充分的审计证据支持，对审计中未涉及、审计证据不适当或者不充分的事项不进行评价。

（二）起草审计报告征求意见稿

审计组在对绩效审计报告初稿经组内集体讨论、对审计工作底稿及相关资料进行综合分析的基础上，撰写审计报告及问题清单。审计报告经审计组集体讨论，由审计组组长复核定稿形成征求意见稿。审计报告征求意见稿必须准确、客观、清晰、简洁（剔除不必要、不重要或者无关的信息）、完整（不遗漏重要信息）、富有建设性（提出可行的改进意见）。

审计组组长对审计报告进行必要的复核与修改。复核内容主要包括：审计报告所提问题的审计证据是否充分、适当；审计报告数据、逻辑关系是否正确；审计发现问题的定性是否准确；审计评价是否客观公正、实事求是；审计建议是否恰当并具有建设性；是否存在已发现但未在审计报告中反映的重大问题。

（三）出具审计报告征求意见书

审计组组长将复核后的报告提交审计机构进行审核、修改，形成征求意见稿。征求意见稿经审计机构领导审核，报经单位分管领导审批，盖章后形成审计报告征求意见书。被审计单位应在收到审计报告征求意见书 10 日内反馈意见，10 日内未提出书面意见的，视同无异议。

（四）根据反馈意见修改审计报告

审计组应逐条研究被审计单位提出的有关意见，必要时进行重新核实，或对审计报告征求意见书做出必要修改，并将核实结果形成书面意见采纳情况记录，修改后的审计报告征求意见书连同征求意见稿一并提交审计机构。必要时，再次送被审计单位征求意见。

（五）出具正式审计报告

审计报告经过必要的修改后，应当连同被审计单位的反馈意见及时报送审计机构负责人复核，复核后按规定流程印制分发正式审计报告。

审计机构应当将审计报告提交被审计单位和组织适当管理层，并要求被审计单位在规定的期限内落实纠正措施。

已经出具的审计报告如果存在重要错误或者遗漏，审计机构应当及时更正，并将更正后的审计报告提交原审计报告接收者。

（六）形成审计结果报告，移交转办

审计机构在审计报告的基础上，提炼形成审计结果报告，报送单位主要负责人、有关领导，提交领导小组成员单位和有关部门。

对于审计中发现的违规违纪问题，经领导小组审议后，审计机构出具审计移送处理书，移交纪检部门，并呈报有关领导。对于审计中发现的需由其他部门进一步研究的事项，应出具审计移送处理书，移交有关部门处理。对于审计中发现的重大问题，审计机构应出具审计要情，报送单位有关领导研究审议。

（七）整理归档审计资料

审计机构应当按照审计档案工作要求，及时收集审计材料，按照立卷原则和方法进行归类整理、编目装订、组合成卷和定期归档，将审计报告及审计相关资料及时归入审计档案，妥善保存。

五、绩效审计后续审计阶段

绩效审计后续审计阶段的主要工作包括报送整改情况、督促审计发现问题整改落实、报告审计结果运用情况、整理审计资料等。

（一）报送整改情况

被审计单位或部门在接到审计报告等文书后，应当在规定时间内向审计机构报送审计整改情况报告。

（二）督促审计发现问题整改落实

审计机构开展审计整改跟踪检查，实行"问题清单""整改清单""销号清单"对接机制，对审计查出的问题已经整改到位的，予以销号；对整改不到位的，继续督促被审计单位采取措施进行整改直至销号。对于违规违纪问题严重、屡审屡犯、审计整改不力的，审计机构应组织开展重点督查。对于移交转办事项，审计机构要加强督办，自移交签收之日起在规定时间内，要向移交单位了解办理情况。

（三）报告审计结果运用情况

审计机构定期汇总分析审计发现问题情况、整改情况、重大问题责任追究情况、进一步完善管理制度的情况，起草审计结果运用情况综合报告，报组织领导研究审议。

（四）整理审计资料

审计组负责收集整理相关审计资料（含电子档案），主要包括：审计通知书、承诺书、审计工作方案及调整情况、审计取证单及审计证据、审计工作底稿、审计报告征求意见稿及送达通知书、被审计单位或部门反馈意见、举报材料及核实情况、审计结果报告、审计情况通报、其他重要事项材料。

第 7 节　绩效审计方法

绩效审计方法有广义和狭义之分。从广义上说，绩效审计方法是指在审计工作中为了实现绩效审计目标而采用的工作模式、程序、措施和手段的总称，包括绩效审计管理方法、绩效审计工作规划编制方法，绩效审计工作组织实施方法、绩效审计取证方法，以及绩效审计工作质量与成果的考核方法等。从狭义上说，绩效审计方法主要包括绩效审计框架或模式，以及开展绩效审计所采取的具体方法。

另外在绩效审计过程中，还应运用唯物辩证法，包括实事求是，一切从实际出发，透过现象看本质；要相互联系看问题，要有长远观点，要有全局观点，既要凭借专业技能，又要依靠公众评判等；还要掌握逻辑方法，就是善于用概念、判断、推理、假说等逻辑思维形式，对事物进行归纳、演绎与综合评价。

一、绩效审计管理方法

绩效审计管理方法是指对审计主体活动及审计过程进行控制和调节的各种措施和手段，其目的在于提高审计质量和审计效率，保证各种审计资源得到有效利用。审计范围可变性大，其管理内容、手段多种多样，主要有审计主体、审计质量和审计信息等方面的管理。

（一）审计主体管理方法

审计主体管理方法包括机构设置、人员编制、岗位责任、人员培训考核等管理方法，具体体现为绩效审计具体项目团队建设、职责分工、培训考核等。

（二）审计质量管理方法

审计质量管理方法包括全面质量控制与项目质量控制，其中全面质量控制包括职业道德规范、专业胜任能力、审计工作手册、内部审计资源、督导和复核机制、审计质量评估等，项目质量控制主要包括指导内部审计人员执行项目审计方案、监督审计实施过程、检查已实施的审计工作等。

（三）审计信息管理方法

审计信息管理方法是指对审计信息收集、处理、存贮与应用的各种措施和手段，如信息管理的一般方法、审计统计方法、审计档案管理方法等。

二、绩效审计规划

绩效审计规划是指对本项目进行合理组织和安排时所采用的各种措施和手段，其目的在于确定绩效审计目标，合理分配各种绩效审计资源，以保证绩效审计工作经济而有效地进行。绩效审计规划主要内容包括绩效审计计划制订、审计程序确定、审计方案设计等。其中：绩效审计计划制订涉及如何设计审计总体目标，以及对审计活动长、短期安排；审计程序确定主要指对一般审计步骤的设计问题，包括对审计准备、实施与结束工作的具体安排；审计方案设计涉及对具体审计项目进行审计的要点、审计顺序、审计时间、人员分工等部署问题。

三、绩效审计工作模式

绩效审计工作模式是指开展绩效审计工作的总体思路，它主要揭示绩效审计的主要方向、重点和审计范围，体现的是绩效审计全局或战略性思维。常见的绩效审计工作模式主要有以结果为导向的审计模式、以内部控制系统为导向的审计模式、以问题为导向的审计模式、以责任为导向的审计模式及以成本效益为导向的审计模式。

审计人员所选择的绩效审计模式在实务中通常会综合上述思路，既关注经济性、效率性、效果性，又关注业务流程内部控制建立与执行的有效性，重点揭示重大问题与风险，明晰界定责任归属等。

四、绩效审计查证方法

绩效审计查证方法是指进行绩效审计具体项目所采用的审计方法或步骤，体现的是绩效审计的局部思维和具体审计策略，主要包括审计证据的收集方法和分析方法。绩效审计中，常用的审计证据收集方法和分析方法有审阅法、观察法、调查法、信息化应用和大数据分析方法、数据分析法和专题讨论会等。

（一）审阅法

审阅法是通过对书面文件资料进行审查、阅读而取得证据的一种方法。绩效审计中，审计人员可以根据需要，查阅被审计单位的报表、账册、财务收支计划、内部管理制度、重要会议记录、文件合同，调阅相关的审计档案、统计资料等。对文件资料的审阅和研究，有助于审计人员掌握有用的信息和数据，但必须紧密围绕审计目标，并需要对所用文件的可靠性做出适当评估。

（二）观察法

观察法是通过实地观察来取得审计证据的一种方法。这种方法主要应用于调查被审计单位的经营环境、内部控制制度的遵循情况和财产物资的管理等方面。运用这种方法，审计人员可以获得实物和行为的亲历证据，判断被审计单位行为的规范性和实物的真实性。为了增强证据的可信度与说明力，在实地观察中可以同时采用录音、录像、拍照等方式来取得审计证据。

（三）调查法

调查法即凭借一定的手段和方式（如访谈、问卷），对某种或者某几种现象、事实进行考察，通过对搜集到的各种资料进行分析处理，进而得出结论的一种方法。其中，访谈系通过召开座谈会或个别访谈而取得证据。访谈有多种方式，可以通过电话进行访谈，可以面对面进行访谈，也可以通过信函、网络的方式进行访谈。访谈可以一对一地进行，也可以以一对多、多对多地召开座谈会的形式进行。

访谈的对象既可以是被审计单位的领导和职工，也可以是被审计单位的上级主管部门、有关监管部门、组织人事部门及其他相关部门。运用这种方法，审计人员可以在更广的范围内收集信息，拓宽审计思路，发现重点关注领域。但应注意的是，访谈获取的证据一般不能作为唯一的事实性证据，就是说，访谈获取的证据还需要经过审计人员的进一步证实。

（四）信息化应用和大数据分析方法

信息化应用和大数据分析方法是提升绩效审计质量和效率的重要方法。应用大数据分析模型开展风险评估，有助于审计人员从海量数据中快速锁定审计线索和潜在风险，实现对被审计单位或事项的"精准画像"。

绩效审计信息系统的建设主要包含两方面的内容：一是建立审计信息库；二是搭建审计信息化作业平台。绩效审计信息系统应具备审计项目管理、审计监测、数据分析、成果共享和审计信息支持等工作模块，通过信息化手段加强对审计活动、流程及其相关资源、成果的管理，提升绩效审计工作的质量和效率。

大数据分析方法是参照数理统计学原理，依托相关技术工具，对数据进行准确解读和分析的一系列技术方法的统称。大数据分析方法在绩效审计中的应用主要有两个方面。一是全景视图分析。审计人员通过对被审计单位的业务数据进行全方位的"扫描"，从多个层次、多个维度对相关单位、业务条线的发展变化情况进行比较分析，归纳出发展中的优势和不足，对被审计单位或事项进行"精准画像"。二是数据挖掘分析。审计人员结合被审计单位的关键业务、关键环节和关键风险点，构建风险评估模型，使用全量数据开展数据挖掘，运用聚类、关联、群集等分析方法，从海量数据中发现异常现象，快速获取线索、定位风险环节、锁定审计疑点，进而结合现场审计情况确认被审计单位或事项绩效管理存在的主要问题。

（五）数据分析法

随着信息化的持续发展，大数据在各行各业得到广泛应用，利用大数据环境，运用信息化手段，加大数据挖掘力度，突破审计数据运用模式，开展审计业务工作，能够有效提升审计效率。

（六）专题讨论会

专题讨论会，即通过召集组织相关管理人员就经营管理活动特定项目或者业务的具体问题进行讨论的方法。

五、绩效审计抽样方法

根据绩效审计对象、范围与内容等确定的审计方向及重点，审计人员应采用判断抽样和随机抽样相结合的审计方法进行符合性测试和实质性检查。

（一）确定样本量

一般针对具体业务或项目，按照业务事项发生的频率并参照国际通行的抽样矩阵确定抽样数量，即：业务每年发生一次的，抽 1 笔；每年一次以上至每月一次的，至少抽 2 笔；每月一次以上至每周一次的，至少抽 5 笔；每周一次以上至每天一次的，至少抽

15 笔；每天多次的，至少抽 25 笔。

（二）抽取样本

确定样本量后，审计人员应根据所检查业务流程的经济业务特性和样本分布情况，按审计抽样的相关规定选择合适的样本。

（三）特殊考虑

在实施审计抽样时，还应考虑以下因素。

（1）应侧重抽取发生业务的重要单位和异常业务发生单位的样本。

（2）应侧重抽取主要的供应商等重要业务发生对象和异常业务发生对象的样本。

（3）应侧重抽取年初、年末或半年末、季度末的样本。

（4）应侧重抽取金额较大和金额异常的样本。

（5）应侧重抽取某些特定或非正常事项的样本，如涉及争议合同、风险项目、红字冲销账务、预算外支出等事项。

六、绩效审计评价方法

（一）数量分析法

数量分析法，即对经营管理活动相关数据进行计算分析，并运用抽样技术对抽样结果进行评价的方法。

（二）比较分析法

比较分析法是通过对不同来源的有关指标、数字等内容的对比，或通过与评价标准的对比，来进行数据或证据分析的一种方法。在应用比较分析法时，可以将实际（决算）数据与计划（预算）数据进行比较，也可以将不同分析期的数据进行比较。除了有关的指标、数字，可用于比较的内容还有：有关的事实情况；不同时间、空间和不同项目的结果；不同国家和地区的一个或者多个项目；有关的政策、目标等。

（三）结构分析法

结构分析法就是分析实际数结构与预算数结构之间的差异，分析结构变化对预算完成情况的不同影响的一种方法。

（四）趋势分析法

趋势分析法是根据企业连续几个时期的分析资料，确定分析各个时期有关项目的变动情况和趋势的一种方法。

（五）对标分析法

对标分析法是指对经营管理活动状况进行观察和检查，与组织内外部相同或者相似经营管理活动的最佳实务进行比较的一种方法。例如，选取行业内标杆企业作为比较标准，通过对标分析，可以了解本组织在行业竞争中的地位，明确差距，提出相应的改进措施。

（六）因素分析法

因素分析法即查找产生影响的因素，并分析各个因素的影响方向和影响程度的一种方法。在对比分析中，为细分差异，需要将指标分解为几项因素，并对几项因素进行逐一替换分析。

（七）量本利分析法

量本利分析法即在绩效审计过程中，分析一定期间内的业务量、成本和利润三者之间变量关系的一种方法。审计人员应用量本利分析法，可以通过分析成本、利润和数量这三者的关系，掌握盈亏变化的规律，指导组织选择以最小的成本生产最多产品并可使组织获得最大利润的经营方案。

量本利分析法通常也称为盈亏分析法。利用量本利分析法可以计算出组织的盈亏平衡点（又称为保本点、盈亏临界点、损益分歧点、收益转折点等），其分析原理是当产量增加时，销售收入成正比增加，但固定成本不增加，只是变动成本随产量的增加而增加。

（八）成本效益（效果）分析法

成本效益（效果）分析法即通过分析成本和效益（效果）之间的关系，以每单位效益（效果）所消耗的成本来评价项目效益（效果）的一种方法。

（九）数据包络分析法

数据包络分析法即以相对效率概念为基础，以凸分析和线性规划为工具，应用数学规划模型计算比较决策单元之间的相对效率，对评价对象做出评价的一种方法。

（十）目标成果法

目标成果法即根据实际产出成果评价被审计单位或者项目的目标是否实现，将产出成果与事先确定的目标和需求进行对比，确定目标实现程度的一种方法。

（十一）公众评价法

公众评价法即通过专家评估、公众问卷及抽样调查等方式，获取具有重要参考价值的证据信息，评价目标实现程度的一种方法。

（十二）环境分析法

环境分析法即将被审计单位的经营管理行为放入相关的社会政治、经济环境中加以分析，以做出实事求是的客观评价的一种方法。

（十三）主客观因素分析法

主客观因素分析法即对具体行为或事项进行主客观分析，推究主客观成因，分析该具体行为或事项是成因于主观过错或主观创造力，还是成因于客观因素的影响，进而做出审计评价的一种方法。

在审计评价时，应坚持"三个区分开来"的评价原则：审计评价时，应当把在推进改革中因缺乏经验、先行先试出现的失误和错误，同明知故犯的违纪违法行为区分开来；把上级尚无明确限制的探索性试验中的失误和错误，同上级明令禁止后依然我行我素的违纪违法行为区分开来；把为推动发展的无意过失，同为谋取私利的违纪违法行为区分开来。对在改革创新中的失误和错误，正确把握事业为上、实事求是、依纪依法、容纠并举等原则，经综合分析研判，鼓励探索创新，支持担当作为，保护干事创业的积极性、主动性、创造性。

第 8 节　绩效审计报告

一、绩效审计报告概念

本书所称绩效审计报告是指审计机构或人员根据审计计划对被审计单位或事项实施必要的审计程序后，就被审计单位或事项得出审计结论，提出审计意见和审计建议的书面文件。

绩效审计报告一般包括对被审计单位或事项绩效真实性、完整性、效益性及重大投资经营合规性的总体评价，绩效审计发现的主要问题、绩效审计建议及交换意见等内容。

二、绩效审计报告编制原则

审计机构或审计人员应当在审计结束后，以经过核实的审计证据为依据，形成审计结论、意见和建议，出具审计报告。如有必要，审计人员可以在审计过程中提交期中报告，以便及时采取有效的纠正措施改善业务活动、内部控制和风险管理。

绩效审计报告的编制应当事实清楚、评价客观、定性准确、用词恰当、文字精练、通俗易懂，符合下列要求：实事求是、不偏不倚地反映被审计事项的事实；要素齐全、格式规范，完整反映审计中发现的重要问题；逻辑清晰、用词准确、简明扼要、易于理解；充分考虑审计项目的重要性和风险水平，对重要事项应当重点说明；针对被审计单位或事项与绩效有关的主要问题或者缺陷提出可行的改进建议，以促进组织实现目标。

绩效审计报告应当反映绩效审计评价标准的选择、确定及沟通过程等重要信息，包括必要的局限性分析。

绩效审计报告中的绩效评价应当根据审计目标和审计证据做出，可以分为总体评价和分项评价。当审计风险较大，难以做出总体评价时，可以只做分项评价。

绩效审计报告中反映的合法、合规性问题，除进行相应的审计处理外，还应当侧重从绩效的角度对问题进行定性，描述问题对绩效造成的影响、后果及严重程度。

绩效审计报告应当注重从体制、机制、制度上分析问题产生的根源，兼顾短期目标和长期目标、个体利益和组织整体利益，提出切实可行的建议。

审计机构应当建立健全绩效审计报告分级复核制度，明确规定各级复核人员的要求和责任，并保证复核责任落实到位。

三、绩效审计报告编制内容

绩效审计报告同常规审计报告一样，主要包括但不限于标题、收件人、正文、附件、签章、报告日期、其他等基本要素。

绩效审计报告的正文主要包括审计概况、审计依据、审计发现、审计结论、审计意见、审计建议等内容。

（1）审计概况，包括绩效审计目标、审计范围、审计内容及重点、审计方法、审计程序及审计时间等。

（2）审计依据，即实施审计所依据的相关法律法规、审计准则等规定。

（3）审计发现，即被审计单位与绩效审计相关业务活动、内部控制和风险管理方面存在的主要问题的事实。

（4）审计结论，即根据已查明的事实，对被审计单位绩效审计相关业务的决策、实施与效果等方面所做的评价。

（5）审计意见，即针对审计发现的主要问题提出的处理意见。

（6）审计建议，即针对审计发现的主要问题，提出的改善业务活动、内部控制和风险管理的建议。

四、绩效审计报告管理流程

审计组应当在实施必要的审计程序后，及时编制审计报告，并征求被审计单位或部门的意见。

被审计单位对绩效审计报告有异议的，审计组负责人及相关人员应当核实，必要时应当修改绩效审计报告。

绩效审计报告经过必要的修改后，应当连同被审计单位或部门的反馈意见及时报送审计机构负责人复核。

审计机构应当将绩效审计报告提交被审计单位和组织适当管理层，并要求被审计单位或部门在规定的期限内落实纠正措施。

已经出具的绩效审计报告如果存在重要错误或者遗漏，审计机构应当及时更正，并将更正后的绩效审计报告提交原绩效审计报告接收者。

五、绩效审计报告质量要求

1. 坚持以目标为导向

高质量绩效审计报告应以审计目的为导向，符合客观实际并契合审计需求。不同类型、不同领域的绩效审计侧重点有所不同。例如，部门绩效审计突出履职导向，大额专项支出审计突出问题导向，投资项目审计突出效益导向，境外资产审计突出风险导向，企业经营管理审计突出投入资本保值增值，重大政策审计突出决策落实导向。绩效审计报告编制应以需求为导向，严格秉持绩效审计独立、客观、公正的价值观，数据资料要经过鉴别和验证，与现场调研相辅相成，报告撰写要以数据和考察结果为立足点，保持理性思维，以充分体现报告的客观性。

2. 坚持用数据说话

高质量绩效审计报告应以系统的结构、丰富的数据为基础。高质量绩效审计报告的形成要源于事前全面合理的规划设计，科学合理搭建绩效审计评价标准体系；要善于从"投入—过程—产出—效益"方面全面反映并考察资金使用效益；要深入开展现场调研；要善于运用数据分析查找疑点与线索；要善于运用穿行测试、因素分析等方法对风险与问题进行分析与评价；要善于对所收集到的全量数据去伪存真、去粗取精、由此及彼、由表及里，为高质量绩效审计报告提供强有力的数据与事实支撑。

3. 注重技巧与能力融合

高质量绩效审计报告通常是技巧和能力的融合，审计人员要善于总结报告编制的技巧与方法。一是以国家、地方出台的规范性文件作为绩效审计报告框架指引，使其框架结构合理规范；二是以相关政策的具体要点作为绩效审计的核心，使其依据充分；三是以行业动态、学术研究成果作为技术指导，使其有强有力的支撑；四是要运用五问法或鱼骨图法查找问题的内部联系与本质原因，透过现象看本质，挖掘报告的深度；五是定量与定性虚实结合，既有宏观又有微观，严谨平实，娓娓道来。

4. 提炼升华体现价值

高质量绩效审计报告要从揭示个性问题到挖掘共性问题，要从制度层面向体制、机制层面延伸，要从微观到宏观，要在深度与广度上探索升华，要体现出不同类型业务、不同项目特点、特征与特性，从而使绩效审计有深度、有广度、有高度，要善于绩效审计理论创新、审计模式创新、审计工具创新、审计方法创新，要善于从体制、机制、制度上分析问题产生的根源，要兼顾短期目标和长期目标、个体利益和组织整体利益，从宏观层面、行业层面、项目层面、投资主体及项目主体等不同层面提出意见与建议，发挥绩效审计价值功能作用。

5. 满足相关利益方需求

绩效审计报告既是审计机构或部门审计工作成果的集中体现，又是判断第三方审计专业性的依据，亦是被审计单位或部门用以落实整改有关事项的重要依据，所以应全面、客观、公正、科学地反映审计项目的效率、效果与效益，揭示问题与风险，提出有效的意见与建议，以促进审计监督管理效益提升。

六、绩效审计档案

审计机构应当将绩效审计报告连同其他与绩效审计相关的资料及时归入审计档案，妥善保存。

（一）绩效审计档案概念

绩效审计档案是指审计机构和内部审计人员在审计项目实施过程中形成的、具有保存价值的历史记录。审计机构应对应纳入审计档案的材料进行收集、整理、立卷、移交、保管和利用。

（二）绩效审计档案工作原则

一是及时性原则。审计人员在审计项目实施结束后，应当及时收集绩效审计材料，按照立卷原则和方法进行归类整理、编目装订、组合成卷和定期归档。

二是分类原则。审计人员在立卷时，应当遵循按性质分类、按单元排列、按项目组卷原则。

三是责任到人原则。审计人员应当坚持谁审计、谁立卷的原则，做到审结卷成、定期归档。

四是按项目独立归档原则。审计人员应当按审计项目立卷，不同审计项目不得合并立卷。跨年度的审计项目，在审计终结的年度立卷。

五是规范性原则。绩效审计档案材料应当真实、完整、有效、规范，并做到遵循材料的形成规律和特点，保持材料之间的有机联系，区别材料的重要程度，便于保管和利用。

（三）绩效审计档案的范围与排列

绩效审计档案主要包括立项类材料、证明类材料、结论类材料、备查类材料等。

立项类材料主要包括审计委托书、审计通知书、审前调查记录、项目审计方案等。

证明类材料主要包括审计承诺书、审计工作底稿及相应的审计取证单、审计证据等。

结论类材料主要包括审计报告、审计报告征求意见单、审计对象的反馈意见等。

备查类材料主要包括审计项目回访单、审计对象整改反馈意见、与审计项目联系紧密且不属于前三类的其他材料等。

绩效审计档案应当按审计实施顺序倒序排列，即结论类材料、证明类材料、立项类材料、备查类材料。

结论类材料，按与审计程序相反的顺序，并结合其重要程度予以排列；证明类材料，按与项目审计方案所列审计事项对应的顺序，并结合其重要程度予以排列，其中问题类事项要注意与审计报告逻辑顺序保持一致；立项类材料，按形成的时间顺序，并结合其重要程度予以排列；备查类材料，按形成的时间顺序，并结合其重要程度予以排列。

绩效审计档案内每组材料之间的排列要求：正件在前，附件在后；定稿在前，修改稿在后；批复在前，请示在后；批示在前，报告在后；重要文件在前，次要文件在后；汇总性文件在前，原始性文件在后。

1. 纸质审计档案

纸质审计档案主要包括下列要素：案卷封面；卷内材料目录；卷内材料；案卷备考表。其中，卷内材料目录应当按卷内材料的排列顺序和内容编制；卷内材料应当逐页注明顺序编号；案卷备考表应当填写立卷人、项目负责人、检查人、立卷时间及情况说明。

2. 电子审计档案

审计人员（立卷人）应当将获取的电子证据的名称、来源、内容、时间等完整、清晰地记录于纸质材料中，其证物装入卷内或物品袋内附卷保存。

审计机构应为审计项目建立电子审计档案，应当确保电子审计档案的真实、完整、可用和安全。电子审计档案主要包括：用文字处理技术形成的文字型电子文件；用扫描仪、数码相机等设备获得的图像电子文件；用视频或多媒体设备获得的多媒体电子文件；用音频设备获得的声音电子文件；其他电子文件。

第9节 绩效审计结果运用

审计结果运用是指单位内部相关部门和外部有关单位，根据审计结论、审计发现问题（线索）和审计意见建议、对审计成果的综合分析研究结果等，采取的相应整改追责措施及其他推动相应职责部门工作的行为。

审计结果运用是绩效审计的重要环节，关系到审计作用的发挥和审计目标的实现。《中华人民共和国审计法》规定审计结果及整改情况应当作为考核、任免、奖惩领导干部和制定政策、完善制度的重要参考；拒不整改或者整改时弄虚作假的，应依法追究其法律责任。

不同类型的绩效审计，如财政性资金（或称公共资金）支出绩效审计、国家投资建设项目绩效审计、专项公共资金使用绩效审计、国有企业绩效审计，其结果应用各有不同，此处以国有企业绩效审计为例予以说明，其他类型的绩效审计结果在相关章节中再进行阐述。

一、绩效审计结果运用要求

对于国有企业绩效审计结果，本单位党委（党组）、董事会（或主要负责人）、监事会、高级管理层，业务管理部门，以及内部审计机构、纪检监察部门、组织人事部门等协调机构成员部门（机构），应在各自职责范围内加强对绩效审计结果的运用。对全面完成绩效目标、业绩突出的人员应给予肯定，并作为领导干部选拔任用的重要依据。对在履行经营管理责任中存在问题且负有责任的被审计领导干部，由本单位权力机构追究被审计领导干部及其他有关责任人员的责任。

被审计领导干部及其所在单位应当根据审计结果落实整改责任，增强干部履职尽责意识，完善组织治理，加强内部控制和风险管理，推动本单位及所属单位实现高质量发展。

二、绩效审计结果运用方式

（1）案件线索的报告和移送是指对审计发现的违法违规案件线索及时报告本单位党委（党组）、董事会（或主要负责人），移送纪检监察部门或司法机关，以便对该线索进一步调查处理。

（2）情况通报是指在一定范围内，对被审计领导干部履行经济责任相关情况进行通报或者告知，推动其他部门（机构）和人员认真履行职责。

（3）责任追究是指按照有关党内法规、法律法规、政策制度，对审计发现问题中应当承担责任的领导干部及其他责任人员进行问责追责，做出必要的党纪政纪处分或其他组织处理，甚至移送上级纪检监察机关或司法机关处理。

（4）整改落实是指采取有效措施，推动审计发现问题切实纠正处理、解决到位。对于能够立即整改的问题，应当及时整改；对于一时难以整改的问题，认真进行研究，提出逐步解决的对策措施，持续跟踪督促，防止屡审屡犯。

（5）专项或综合分析报告是指审计机构采取专题报告、综合报告、审计信息简报等方式报送绩效审计发现的重大问题线索或者风险隐患，或者结合其他审计项目的审计结果，综合分析本单位及所属单位存在的普遍性、典型性问题，发掘体制、机制、制度上的问题，从而扩大和深化对单个绩效审计项目结果的运用，提升审计结果运用成效。在实践中，还可以采取分类编制绩效审计常见问题清单，为企业经营管理画出"红线"等其他创新的审计结果运用方式。

三、绩效审计结果运用机制

本单位及其绩效审计工作协调机构，负责领导和推动绩效审计结果运用。被审计领导干部及其所在单位、有关业务管理部门、组织人事部门、纪检监察部门、内部审计机构及协调机构其他成员部门（机构）应当在各自职责范围内，逐步建立健全协调配合、运转有序的工作机制，积极探索创新，稳步推进审计结果运用制度化、规范化，加大审计结果运用力度，充分发挥绩效审计的作用。

被审计单位履行对审计发现问题和提出建议落实整改的主体责任，应当及时采取整改措施，这是审计结果运用的核心工作。内部审计、纪检监察、组织人事部门等绩效审计工作协调机构成员部门（机构），以及有关业务管理部门也都在各自职责范围内承担着绩效审计结果运用的相应责任。

四、绩效审计发现问题整改

绩效审计发现问题整改是指被审计单位或其他有关部门，依据审计机构出具的绩效审计报告、审计意见、审计决定书、审计事项移送处理书等审计结果文书或撰写的审计专报、审计重要信息反映的问题和提出的意见建议，采取措施，整改审计查出问题的行为。

（一）绩效审计发现问题整改原则

绩效审计发现问题的整改工作坚持依法依规、分类管理、实事求是、标本兼治的原则。

审计机构应对审计发现的问题承担督促检查责任，跟踪检查被审计单位和其他有关部门的整改情况，建立审计整改台账，完善整改落实工作机制，促进问题整改到位。

（二）审计整改认定总体标准

绩效审计查出问题整改情况分为已完成整改、正在整改、长期整改和尚未整改四类。

（1）已完成整改是指整改措施符合相关法律法规制度规定和要求，审计查出问题得到全面整改。

（2）正在整改是指已提出整改措施，有明确整改时间要求，取得阶段性成果，需要继续整改落实。

（3）长期整改是指已提出整改措施，需在今后的工作中执行，目前已取得初步成效。

（4）尚未整改是指应整改事项未按审计意见和要求采取整改措施，或虽已采取措施但尚未取得任何整改成效。

（三）审计整改认定具体情形

1. 已完成整改情形

（1）已按审计决定执行的。

（2）需要整改的具体问题金额或数量，已如数上缴、退还、收回、没收、核销、处置和进行账务调整的。

（3）审计前或审计期间已经终止违规行为、消除违规行为后果，并采取措施杜绝隐患和加强监管的。

（4）移送纪检监察或公安部门，已经受理或立案的。

（5）移送相关主管部门，已调查了解审计移送事项，并根据调查结果，采取相应纠正、处理处罚措施或追究有关人员责任的。

（6）通过司法途径解决的，司法机关已裁决并执行到位或已采取财产保全措施。

（7）审计要求今后规范管理、堵塞漏洞、杜绝再次发生的，被审计单位已在党委（组）会或行政办公会上进行通报、专题研究相关问题整改工作，完善相关制度或对相关责任人员进行了处理。

（8）虽然采取了与审计处理意见不尽一致的整改措施，但整改措施合规合法，也更符合被审计单位或当地的实际情况，且达到预期成效的。

（9）因客观原因已不具备整改条件的，经跟踪督促检查，未发现同类问题再次发生的，可视同已完成整改。

（10）虽未完成原目标任务，但属于客观原因造成，已不具备整改条件且已按程序取消或调整任务目标的，可视同已完成整改。

（11）其他适用情况。

2. 正在整改情形

（1）已部分执行审计决定的。

（2）需要整改的具体问题金额或数量，已制定了详细整改方案，明确了责任人员、整改时间节点及目标要求，且部分问题金额或数量已上缴、退还、收回、没收、核销、处置和进行账务调整的。

（3）移送相关主管部门，正在调查了解审计移送事项的。

（4）因被审计单位整改手段所限，要求通过司法途径解决，司法机关已经受理的。

（5）因问题复杂或涉及历史遗留问题，被审计单位已根据实际情况，研究提出解决问题的具体办法，但需主管部门或政府审批，且已按要求上报的。

（6）审计整改涉及多项内容，已根据有关审计意见进行了部分整改的。

（7）其他适用情况。

3. 长期整改情形

既成事实难以纠正、整改时间长、历史原因复杂、涉及利益群体多或跨地区跨部门问题等，被审计单位已根据实际情况，研究提出解决问题的具体措施，需在今后的工作中执行。

4. 尚未整改情形

（1）未执行审计决定的。

（2）未按照审计处理意见要求，采取必要措施纠正问题或加强管理的。

（3）对审计查出的问题，超过整改时限，既无整改计划也无整改措施，问题仍然存在的。

（4）虽然制定了整改方案，但超过整改时限均未实施的。

（5）移送纪检监察、公安或相关主管部门处理，未取得反馈意见的。

（6）其他适用情况。

（四）审计整改认定依据

审计查出问题整改认定依据包括审计查出对应问题整改的财务凭证、书面证明、办理事项回复、审批审核文件和制度文本等复印件或原件。

（1）涉及资金款项的整改证明材料认定依据，以收到对应单位的进账单、清退资金或资产证明，以及被审计单位账务调整有关复印件或原件为认定依据；涉及主管部门或政府同意作为坏账处理或核销相应资产的，以相应批复文件复印件或原件为认定依据。

（2）涉及建章立制、补办手续或通报、处理等问题整改证明材料认定依据，以制订的具体计划、措施、相应制度、补办的手续、相关会议记录，以及约谈记录、处理决定等复印件或原件为认定依据。

（3）涉及审批和诉讼问题整改证明材料认定依据，以报请审批部门的请示（报告）和法院受理诉讼的相应证明材料复印件或原件为认定依据。

（4）会议资料、合同、文件清理等问题整改证明材料认定依据，以有关会议纪要、合同文本和文件清理结果目录清单复印件或原件为认定依据。

（5）涉及移送事项的整改证明材料认定依据，以从纪检监察、公安或相关主管部门获得的相关信息、相应证明材料复印件或原件为认定依据。

（五）审计整改督促检查

审计机构要对本单位审计查出问题整改情况进行专题研究落实，做出具体安排；建立审计整改台账，实行审计整改对账销号制度，对审计整改情况进行汇总分析和动态管理。

审计机构可开展后续审计，以跟踪检查被审计单位针对审计发现的问题所采取的纠正措施及其改进效果。

审计机构检查被审计单位和其他有关部门的整改情况时，应当取得整改报告及相关证明材料。

第 10 节　绩效审计案例

三泰集团审计部根据三泰集团年度审计工作计划安排，开展了所属全资子公司三泰恒天年度绩效审计。

绩效审计项目过程控制表如表 1-1 所示。

表 1-1　绩效审计项目过程控制表

序号	事项	责任人	时间计划
1	制定年度审计计划、绩效审计工作方案	审计机构负责人：	
2	组建审计组，安排绩效审计项目	审计机构负责人：	
3	集中培训绩效审计组	审计机构负责人：	
4	送达绩效审计通知书	审计机构负责人：	
5	召开绩效审计进点会	审计组组长：	
6	进行绩效审计公示	审计组组长：	
7	开展审前调查，进行业务和数据分析	项目主审：	
8	制定绩效审计实施方案	项目主审：	
9	实施绩效审计	项目主审：	
10	获取绩效审计证据	项目主审：	
11	评估绩效审计发现的问题	项目主审：	
12	编写绩效审计工作底稿	项目主审：	

（续表）

序号	事项	责任人	时间计划
13	撰写绩效审计报告征求意见稿	项目主审：	
14	绩效审计报告征求意见稿的复核与修改	审计组组长：	
15	征求被审计单位意见	审计组组长：	
16	现场反馈意见	审计组组长：	
17	出具绩效审计报告	审计组组长：	
18	形成绩效审计结果报告	审计组组长：	
19	移交转办	审计组组长：	
20	内部通报	审计组组长：	
21	报送整改情况	审计组组长：	
22	督促绩效审计发现问题整改落实	审计组组长：	
23	报告绩效审计结果运用情况	审计机构负责人：	
24	整理绩效审计档案	项目主审 + 审计组组长：	

一、制订年度审计计划

三泰集团年度审计工作计划

为贯彻落实中共中央、国务院关于深化国有企业和国有资本审计监督的工作部署，根据《审计署关于内部审计工作的规定》（审计署令第 11 号）和《关于深化中央企业内部审计监督工作的实施意见》等有关要求，结合集团年度工作任务安排，特制订三泰集团年度审计工作计划。

1. 年度审计工作总体要求

积极贯彻落实国家有关加快建立健全国有企业、国有资本审计监督体系和制度的工作部署，围绕形成以管资本为主的国有资产监管体制，建立符合集团实际的审计领导和管理体制机制，促进企业落实党和国家方针政策及国有资产监管各项政策制度。深化企业改革，服务企业发展战略，提升公司治理水平和风险防范能力，助力企业加快实现转型升级、高质量发展和做强做优做大。

2. 完善审计管理体制机制

完善集团统一管控的内部审计管理体制。强化集团总部对内部审计工作统一管控，统一制订审计计划、确定审计标准、调配审计资源，形成"上审下"的内部审计管理体制。

健全内部审计制度体系。在不断完善审计各项制度规定基础上，对落实党和国家方针政策、内部控制体系建设等重要事项、重点领域和关键环节，建立符合国有资产监管要求和公司治理需要的审计制度体系。

3. 有效履行审计监督职责

一是对 × 家全资与控股子公司领导干部开展经济责任审计。贯彻落实国家有关深化和改善经济责任审计工作要求，对所属 × 家二级子企业主要领导人员履行经济责任情况开展任中审计，对 × 家企业领导人开展离任经济责任审计。

二是对 × 家全资与控股子公司开展经营管理绩效审计，对 × 项目开展绩效跟踪审计。聚焦经济性、效率性、效益性，开展经营管理绩效审计与绩效跟踪审计，提升经营管理绩效，促进企业高质量发展。

三是开展提质增效稳增长专项审计。结合 ×× 年经营业绩考核指标，专项开展会计信息质量、成本费用管控目标实现、应收账款和存货"两金"管控、资金集中管控、人工成本管控及降杠杆减负债等专项审计。

四是开展对非主业、非优势业务的"两非"剥离和无效资产、低效资产的"两资"处置情况的专项审计，对投资项目负面清单执行、长期不分红甚至亏损的参股股权清理，对国资监管政策措施和监管要求落实情况进行跟踪审计。

五是开展大额资金专项审计监督。针对电子支付、网络交易等新兴资金结算手段，重点关注关键岗位授权、不相容岗位分离等内部控制环节的健全完善及执行情况，深入揭示资金审批、结算、对账等各日常业务环节的薄弱点，对资金结算中心开展专项审计。

六是对使用对赌模式开展的 × 并购投资项目开展专项审计。重点关注对赌指标完成情况的真实性、完整性，以及作为分期支付投资款或限售股份解禁、收取对赌补偿等程序重要依据的合规性，及时揭示问题，防止国有资产流失。

七是对集团所属财务公司、保理公司、融资租赁公司、保险经纪公司、基金公司、资产经营公司等重点金融类企业开展专项审计，切实防止风险交叉传导。

八是对 ×× 年集团决策通过的 × 项重大事项、重要项目安排和大额资金使用情况进行跟踪审计，加大对重大决策、重要项目的审计监督力度，提升决策规范性、科学性，促进企业提高投资经营决策水平。

九是对集团本部及所属 × 家企业开展内部控制体系与风险管理审计。重点关注投资决策、资金管理、招投标、物资采购、担保、委托贷款、高风险贸易业务、金融衍生业务、PPP 业务等重点环节、重要事项，以及行业监管机构发现的风险和问题的专项内部控制审计，切实促进提升内部控制体系有效性。

十是开展审计整改落实专项审计，促进审计整改与结果运用。对 × 家企业上年度审计发现问题的整改落实情况开展专项监督检查，重点关注国家审计、巡视巡察、国资监管等各类监督发现问题的整改落实情况。

二、编制绩效审计工作方案

三泰集团三泰恒天 ×× 年度经营管理绩效审计工作方案

1. 经营管理绩效审计目的
2. 经营管理绩效审计对象
3. 经营管理绩效审计依据
4. 经营管理绩效审计原则
5. 经营管理绩效审计方法
6. 经营管理绩效审计内容及重点
7. 经营管理绩效审计程序及时间安排
8. 经营管理绩效审计人员与职责分工
9. 经营管理绩效审计质量保障措施

三、送达绩效审计通知书

审计通知书
三泰集函〔202×〕×× 号

××××单位：

根据《中华人民共和国审计法》、《审计署关于内部审计工作的规定》（审计署令第
11 号）、《关于深化中央企业内部审计监督工作的实施意见》及集团年度审计工作计划，
集团将派出审计组，自 ×× 年 ×× 月起，对你单位 ×× 年开展经营管理绩效审计，
重大事项将追溯到相关年度或延伸审计有关单位。请予配合，并提供有关资料和必要的
工作条件。

审计组由集团审计部 × 同志任组长，× 同志任副组长，× 任项目主审。

附件：

1. 绩效审计需提供资料清单
2. 审计"四严禁"工作要求
3. 审计"八不准"工作纪律
4. 被审计单位承诺书

三泰集团审计部
年　月　日

⊃ 附件1

绩效审计需提供资料清单

一、单位基本情况资料

（1）单位概况，包括但不限于单位历史沿革及职能、治理结构及组织架构、内部机构设置及其职责分工、人员情况、主要业务板块情况、所属企业情况等。

（2）经营管理绩效情况资料，包括但不限于：贯彻执行党和国家重大决策部署及国家法律法规政策，落实国资监管制度规定和公司依法合规经营情况；审计期间经营绩效目标完成情况；落实公司发展战略规划、"三重一大"决策、重大投融资活动、重大资本运作、重大资产处置、重大资金支出、重大担保、重大专项任务等重点经营领域和关键环节重大经济事项的决策、执行和效果情况；投资、资金、购销、工程建设、招投标、金融、境外等重要业务领域，内部控制制度建设执行及重大风险评估应对等情况；以往国家审计、出资人监督检查及公司内部审计发现问题的整改情况；其他与绩效审计相关情况。

（3）公司发展规划、年度工作总结，包括但不限于公司发展规划、年度工作计划、工作总结。

（4）内部控制建设情况，包括但不限于公司内部控制手册、风险管理手册及制度汇编。

（5）决策情况，包括但不限于股东会、董事会、总经理办公会、投资委员会等决策会议记录、纪要、决定。

（6）内外部审计监督检查和整改情况，包括但不限于：公司开展的监督检查自查报告和整改报告；接受外部审计、巡视等的检查报告及本单位整改落实情况报告；纪委各年度接受举报信件及其立案处理情况；内部审计部门审计报告和整改报告。

二、单位业务情况资料

（1）业务信息系统备份数据，从公司各业务管理系统导出系统备份数据，并提供软件数据库数据字典，或按照审计组要求提供有关 Excel 表格数据，包括但不限于投融资、财务、人事、科研、资产、合同、采购等管理信息系统。

（2）相关报表和资料，包括但不限于各类业务统计报表、财务预决算报表及财务决算说明、集团批复文件、财务决算审计报告、重大投资项目竣工财务决算报告等。

三、相关要求

（1）除明确要求外，提交各类资料的时间范围均为审计期间。

（2）上述资料均需提供纸质版及电子版，电子版尽量为 Word 或 Excel 格式。

（3）纸质材料需加盖公章，多页材料可首页和骑缝盖章。

（4）公司需对所提供资料的真实性和完整性做出书面承诺。

⊃ 附件 2

审计"四严禁"工作要求

（1）严禁违反政治纪律和政治规矩，不严格执行请示报告制度。

（2）严禁违反中央八项规定及其实施细则精神。

（3）严禁泄露审计工作秘密。

（4）严禁工作时间饮酒和酒后驾驶机动车。

违反上述工作要求的，严格按照规定追究责任。

⊃ 附件 3

审计"八不准"工作纪律

（1）不准由被审计单位和个人报销或补贴住宿、餐饮、交通、通信、医疗等费用。

（2）不准接受被审计单位和个人赠送的礼品礼金，或未经批准通过授课等方式获取报酬。

（3）不准参加被审计单位和个人安排的宴请、娱乐、旅游等活动。

（4）不准利用审计工作知悉的国家秘密、商业秘密和内部信息谋取利益。

（5）不准利用审计职权干预被审计单位依法管理的资金、资产、资源的审批或分配使用。

（6）不准向被审计单位推销商品或介绍业务。

（7）不准接受被审计单位和个人的请托干预审计工作。

（8）不准向被审计单位和个人提出任何与审计工作无关的要求。

违反上述工作纪律的，严格按照规定追究责任。

⊃ 附件 4

被审计单位承诺书

审计组：

按照《中华人民共和国审计法》、《审计署关于内部审计工作的规定》（审计署令第 11 号）、《关于深化中央企业内部审计监督工作的实施意见》及集团审计工作要求，为配合做好绩效审计工作，本单位郑重承诺：

（1）本单位会按照审计组要求及时提供有关资料；

（2）本单位对所提供资料的真实性和完整性负责；

（3）本单位愿意承担因提供不实资料或不及时提供资料造成的一切相关责任及后果。

被审计单位负责人（签字）：

（被审计单位公章）

年 月 日

四、召开绩效审计进点会

绩效审计进点会流程

1. 审计组代表宣读审计通知书、强调审计纪律
2. 审计组组长介绍审计目标、重点和要求
3. 被审计单位做经营管理绩效工作报告
4. 所在单位主要负责同志表态发言

五、进行绩效审计公示

绩效审计公示

根据《中华人民共和国审计法》、《审计署关于内部审计工作的规定》（审计署令第 11 号）、《关于深化中央企业内部审计监督工作的实施意见》及集团年度审计工作计划，集团审计部派出审计组，自 20× 年 ×× 月起，对你单位开展经营管理绩效审计，时间 × 周左右。

本次审计的主要任务是对你单位 ×× 年经营管理绩效进行审计并做出客观评价，包括：贯彻执行党和国家重大决策部署及国家法律法规政策，落实国资监管制度规定和企业依法合规经营情况；审计期间经营绩效目标完成情况；落实企业发展战略规划、"三重一大"决策、重大投融资活动、重大资本运作、重大资产处置、重大资金支出、重大

担保、重大专项任务等重点经营领域和关键环节重大经济事项的决策、执行和效果情况；投资、资金、购销、工程建设、招投标、金融、境外等重要业务领域，内部控制制度建设执行及重大风险评估应对等情况；以往国家审计、出资人监督检查及企业内部审计发现问题的整改情况；其他与绩效审计相关的情况。

现将审计组成员及联系方式公布如下：

组长：　　　　　　　　副组长：

成员：

意见箱地点：

联系电话及邮箱：

集团审计部

年　月　日

六、绩效审计审前调查报告

三泰恒天 ×× 年度绩效审计审前调查报告（示例）

为做好三泰集团所属 × 公司经营管理绩效审计工作，规范经营管理绩效审计行为，提高经营管理绩效审计质量，根据《中华人民共和国审计法》《审计署关于内部审计工作的规定》（审计署令第 11 号）、《关于深化中央企业内部审计监督工作的实施意见》及集团内部审计要求，我审计组就 × 公司经营管理绩效审计进行了审前调查。在调查中，我们对 × 公司的内部控制制度及审计期内发生的重大经营活动进行了调查了解，对 × 公司的审计风险进行了评估，确定了审计的重点内容和具体工作范围。现将有关情况报告如下。

一、企业基本情况

× 公司原名 × 公司控股公司，系根据 × 文批准，×× 年 ×× 月经国家市场监督管理总局注册登记；×× 年 ×× 月，根据国务院国资委批复获准改建为国有独资公司并更名为 × 公司，注册资本 × 亿元；营业执照注册号：×；法定代表人：×××；注册地址：×××。

（一）企业历史沿革

× 公司是 ×× 年由原三泰恒天合并组建的。在计划经济时期，担负着 × 任务，在国民经济中发挥了 × 作用。×× 年，× 公司与成员企业建立了以产权为纽带的母子公司体制。×× 年，× 公司进行了整改、重组。×× 年，× 公司全方位实施了公司制改造，更名为"× 集团公司"。

（二）组织机构及部门设置

截至××年年末，×公司下设5个中心、4个办公室、2个部门共11个职能部室，12个经营单位。

（三）子企业情况

截至××年年末，×公司所属子企业户数为×户，其中：二级子企业共×户，三级子企业共×户，四级子企业×户，五级子企业×户，六级子企业×户。

根据国资委批复，截至××年年末，×公司在国资委备案总部及各级子企业共×户，其中纳入合并范围企业×户，未纳入决算范围企业为×户（主要为清理整顿拟退出企业）。

截至××年年末，经国资委备案×户企业中：境内子企业×户，分布在全国×个省×余个市；境外子企业×户。

截至××年年末，×公司拥有×公司、×公司等×家上市公司，×于××年1月在上海证券交易所挂牌上市。

（四）企业主要负责人及分工情况

×××，董事长，党委书记，主要负责董事会工作。×××，总裁，负责全面经营管理，分管××。×××，副总裁，分管资产经营、资产管理、产权管理、风险管理、法律、审计、工商、安全生产。××，副总裁，分管战略、资本运作、投资及体改、节能减排。××，副总裁，分管人力资源和综合管理。××，总会计师，分管财务工作及财务公司。

（五）人员情况

截至××年年末，×公司在岗员工×人，其中：公司本部从业人员×人，下属单位管理人员×人，占总人数的×%；下属单位生产业务人员×人，占总人数的×%；离退休人员×人。

（六）经营范围

×公司主营业务为：资产经营管理；×生产、开发及利用；兼并收购；投资管理及咨询；进出口业务；金属材料、机电产品、化工原材料及化工产品（不含危险化学品）、金属矿产品、焦炭、建材、天然橡胶、木材、水泥、汽车的销售；五金交化、纺织品、服装、日用品、文化体育用品的销售。

（七）主要业务板块及所处行业情况

截至××年年末，×公司逐渐形成了工业制造、资产经营、商品贸易、文化旅游等业务板块。

……………

（八）企业战略与决策层运作情况

1. 企业战略规划与执行情况

×公司的战略目标为成为具有国际竞争力的、以追求资本增值和产业发展为目标的战略型投资控股公司。按照国资委要求，在中央企业结构调整和重组整合中发挥特殊作用，到××年成为为中央企业布局调整服务、市场竞争能力强的资产经营公司。×公司制定了《×公司发展战略规划》，规划指出……。

2.企业决策层运作

××年，×公司被国资委列为首批国有独资公司董事会规范试点中央企业。经过几年的实践，×公司建立了符合《中华人民共和国公司法》规定的法人治理结构，建立了董事会各项规章制度及议事规则。……×公司建立了董事会、监事会、管理层公司法人治理结构与体系，基本形成了各负其责、协调运转、有效制衡的公司法人治理结构和公司运行规则。×公司治理结构如下。

（1）董事会。……

（2）监事会。……

（3）管理层。……

（4）党组织与党委会。……

（九）企业内部控制建立情况

1.控制环境方面

2.风险管理方面

3.控制活动方面

4.信息与沟通方面

5.内部监督方面

（十）企业会计核算体系

1.会计机构的设置

2.会计报表申报流程

3.会计核算方法

4.会计核算软件

5.财务管理体制

二、审前调查工作开展情况

（一）审前调查工作总体安排

××年××月××日，×公司经营管理绩效审计进点会后，审计组即与×公司接洽，提交审前调查所需资料清单，并就审前调查工作时间与需配合事项做了初步沟通与交流。

××年××月××日，审计组正式进驻审计现场，收集整理审前调查资料，展开审前调查具体工作；××年××月××日审前调查工作结束，撰写审前调查工作报告。

（二）审前调查人员及分工情况

张一，现场总负责人。负责审前调查工作计划制订、执行与监督，审前调查工作人员、质量、进度控制，就审前调查结果与被审计单位进行沟通，重点审计范围确定，审前调查工作报告撰写，等等。

王二，现场总协调。负责协助现场总负责人拟定审前调查工作方案，撰写审前调查工作报告，指导协调现场审前调查工作、人员分工安排，现场解答沟通审前调查中遇到的问题，审前调查发现汇总与提出审计工作建议。

李三，审计组组长。负责企业基本情况，包括历史沿革、组织机构、子企业、业务板块、企业战略、会计核算体系等事项的调查与评价。

赵四，审计组组长。负责企业重大投资、融资、改制、重组等重大经济决策事项，担保、诉讼等事项的调查与评价。

钱五，审计组组长。负责企业财务经营情况、盈利能力、资产质量、债务风险、经营增长等指标的分析与评价。

孙六，审计组组长。负责企业审计期内经营指标完成、企业经营、市场、财务、法律等风险分析与评价。

杨七，审计助理。负责经营管理绩效审计法规文件、企业内外部审计、企业内部控制制度等的收集与整理，协助审前调查人员完成其他所需工作。

（三）审前调查主要程序与方法

（1）开展审前调查工作培训，学习国资委经营绩效审前调查工作规范要求，按照审前调查工作内容分配审前调查工作。

（2）收集取得并阅读企业基本情况、年度工作报告、董事会工作报告、监事会工作报告、年度财务预决算等资料，了解企业的基本情况、近年来发生的重大事项，初步分析 × 公司及所属企业的财务经营状况，各业务板块、业务区域的分布情况等。

（3）在审阅分析上述资料的基础上，同企业战略、经营、财务、风险、内部控制等人员询问了解有关事项；各审前调查工作人员完成分配工作，并实行交叉复核，形成分项调查工作底稿。

（4）按照财政部内部控制基本规范及配套指引的要求，对企业内部环境、风险评估、控制活动、信息沟通及监督等方面进行了解，并选择重要事项执行穿行测试，了解企业内部控制制度建立情况。

（5）通过上述审前调查工作，形成审前调查工作报告初稿，经审前调查组内部讨论，与企业沟通后修改、完善，提交审计组讨论审议。

三、企业主要经营特点及风险

（一）审计期内财务状况分析

截至 ×× 年年末，× 公司资产总额 × 亿元，负债总额 × 亿元，所有者权益 × 亿元。×× 年年初至 ×× 年年末的具体变化情况如下。

通过以上资料可以看出，× 公司 ×× 年至 ×× 年财务发展态势良好，资产、负债及所有者权益均呈现逐年增加趋势。

1. 资产构成

截至 ×× 年年末，× 公司资产总额 × 亿元，其中，流动资产 × 亿元，非流动资产 × 亿元。主要资产构成如下。

…………

通过以上资料可见，资产构成主要为货币资金、应收账款、预付账款、其他应收款、存货、固定资产，占资产总额的 ×%，其主要资产的具体情况如下。

（1）投资性房地产。……

（2）存货。……

（3）固定资产。……

2. 负债构成

截至 ×× 年年末，× 公司负债总额 × 亿元，其中，流动负债 × 亿元，非流动负债 × 亿元。主要负债构成如下。

…………

通过以上资料可见，负债主要构成部分为预收账款、应付账款、短期借款，占负债总额 ×%。应付债券 × 亿元，主要为：……。

3. 所有者权益构成

截至 ×× 年年末，× 公司所有者权益总额 × 亿元，其中实收资本 × 亿元，资本公积 × 亿元，未分配利润 × 亿元，少数股东权益 × 亿元。

（二）审计期内经营情况

×× 年至 ×× 年 × 公司实现主营业务收入 × 亿元，主营业务成本 × 亿元，实现利润总额 × 亿元。各年度情况如下。

通过以上资料可见，×× 年至 ×× 年总体上主营业务收入、主营业务成本、利润总额同步增长；×× 年主营业务收入及成本较 ×× 年有较大幅度的增长，主要原因为 × 等三家二级企业的业务规模不断扩大。

（三）财务经营业务板块分析

1. 资产在业务板块间的分布情况

2. 各业务板块收入分布情况

3. 各业务板块利润分布情况

4. 各业务板块运营效率分析

通过以上分析可见，× 等三大业务板块占用的资产比例低于利润比例，表明该板块资产贡献率较高；× 等其他业务板块占用的资产比例高于利润比例，表明该板块资产贡献率较低。

（四）现金流量分析

××年至××年现金流量总体情况如下。

············

从以上资料可以看出，××年至××年经营活动现金流入、经营活动现金流出总体呈逐年增长趋势，××年经营活动现金流入小于经营活动现金流出，导致××年经营活动现金净流量为负数，主要原因：一是……；二是……。同时，××年固定资产新增投资×亿元，投资性房地产增加×亿元，长期股权投资增加×亿元，造成××年投资活动现金净流量为负数。

××年筹资活动现金流量较××年有较大幅度的增长，其主要原因是××年取得长期借款×亿元和××年新发行债券×亿元，发行债券的具体情况如上文"负债构成"所述；长期借款的主要变化情况为：一是……；二是……；三是……。

（五）不良资产及资产损失状况

1. 不良资产情况

截至××年年末，×公司账面累计提取各类资产减值准备×亿元，占未提减值总资产×亿元的×%，其中，应收账款减值×亿元，其他应收款减值×亿元，存货跌价准备×亿元，长期股权投资减值×亿元，固定资产减值×亿元。

在上述长期股权投资减值中，×公司及所属企业向其他企业投资共计×项，投资成本×亿元，累计计提减值准备×亿元，期末账面价值×亿元。截至××年年末，×公司长期挂账应收应付往来款项情况如下。

············

2. 资产减值损失核销情况

············

（六）企业经营绩效指标分析

1. 盈利能力状况分析

（1）基本指标。

① 净资产收益率。

② 总资产报酬率。

（2）修正指标。

① 销售（营业）利润率。

② 盈余现金保障倍数。

③ 成本费用利润率。

④ 资本收益率。

⑤ 销售净利率。

从以上资料可以看出，×公司盈利能力逐年增长，但仍低于全国国有企业的平均值，由此可见，×公司的盈利能力状况低于全国国有企业的平均水平，需要改善公司的经营效率，压缩成本，提高其销售净利润，增强资产的盈利能力。

2. 资产质量状况分析

（1）基本指标。

① 总资产周转率。

② 应收账款周转率。

（2）修正指标。

① 流动资产周转率。

② 存货周转率。

③ 资产现金回收率。

从以上资料可以看出，由于资产规模的扩大，×公司资产周转率有所下降，但高于全国国有企业的平均值；但如分行业进行比对，×公司的资产营运能力应当进一步增强。

3. 债务风险状况分析

（1）基本指标。

① 资产负债率。

② 已获利息倍数。

（2）修正指标。

① 速动比率。

② 现金流动负债比率。

③ 带息负债比率。

从以上资料可以看出，×公司债务风险状况优于全国国有企业的平均水平，说明×公司具有一定的偿债能力。

4. 经营增长状况分析

（1）基本指标。

① 销售（营业）增长率。

② 资本保值增值率。

（2）修正指标。

① 资本积累率。

② 销售（营业）利润增长率。

③ 总资产增长率。

④ 三年销售平均增长率。

⑤ 三年资本平均增长率。

从以上资料可以看出，×公司经营增长状况总体优于全国国有企业的平均水平并接近于全国国有企业优秀企业的水平，说明销售不断增长，公司业务不断扩大；从以上资料可以看出，×公司实现了国有资产的保值增值。

（七）企业经营绩效评价情况

根据国资委××年至××年×公司企业经营绩效考核结果，××年至××年×公司资产经营规模不断扩大，利润水平不断提高，能够完成国资委下达的利润、净资产收益率等指标。具体情况如下。

1. 利润目标值：××

   实际利润总额：××

   利润评价得分：××

2. 净资产收益率目标值：××

   净资产收益率实际完成值：××

   净资产收益率评价得分：××

3. 经济增加值目标值：××

   经济增加值完成值：××

   经济增加值评价得分：××

4. 资产经营进度完成目标值评价得分：××

5. 资产经营运作成本完成目标值评价得分：××

6. 经营难度系数：××

   评价得分：××

7. 综合得分：××

8. 测试评价结果：××级

（八）企业的主要竞争优势

…………

（九）企业面临的困难和主要风险情况

1. 战略风险分析

（1）国内外宏观经济政策及经济运行、国家产业政策、本行业状况等外部环境的重大变化所带来的风险。……

（2）×公司所涉足的×等几个行业在规划期间产业集中度政策出台，加大行业整合重组力度所带来的机会与风险。……

（3）主要产品价格及供需重大变化所带来的风险。……

2. 经营风险分析

…………

3. 财务风险分析

（1）营运能力不强。×公司实现净利润、净资产收益率、成本费用利润率等低于中央企业平均水平。

（2）存货风险加大。随着规模扩大，持有存货过多，将增加公司储存成本，占用经营资金，形成资金沉淀风险，影响公司盈利能力。

（3）盈利模式风险。×公司主营业务收入的主要构成是贸易业务，但贸易业务毛利率总体较低，对利润的贡献不大。

（4）信用风险。×公司处在高增长期，对资金的需求较大，应防范信用风险。

4. 法律风险分析

（1）影响公司的法律法规和政策。尤其应关注国内外与×公司相关的政治、法律环境的重大变化对公司的影响；××年发生的重大法律纠纷案件为×项，法律风险较高。

（2）合同风险。公司实际合同签订与执行的过程中，存在合同条款与项目实际情况不完全匹配的情况，截至××年年末，这种情况依然存在。

（3）公司"走出去"面临的法律风险。公司"走出去"过程中面临的投资环境日趋复杂，法律风险增加。

（4）文化风险。×公司整合不同文化背景的情况下的文化风险，公司社会认知度、竞争力不足。

四、审计期间企业的重大事项

（一）重大股权投资情况

1. 股权投资项目情况

（1）××年至××年，×公司及所属企业股权投资×项，投资总额×亿元，分行业投资规模与比重情况如下。

……………

（二）重大固定资产项目投资情况

（1）××年至××年，×公司所属企业固定资产投资金额 1 000 万元以上的项目×项，投资总额×万元，分行业投资规模及比重情况如下。

……………

（2）××年至××年，×公司所属企业重大建设项目投资情况如下。

……………

××年××月××日，×公司战略发展中心对公司××年至××年的部分重大投资项目决策程序、投资效果等方面进行了投资后评价并出具了投资项目后评价报告。

（三）重大融资决策情况

××年至××年，×公司发行企业债券及中期票据×项，共计筹集资金×万元，具体情况如下。

……………

（四）重大企业重组、改制、改革情况

1.重大企业重组情况

2.改制重组专项资金的收支使用情况

…………

（五）专项进口业务开展情况

经调查，为提升公司国际竞争力，拓展与建立外部资源，调整外贸结构，×公司于××年启动专项进口业务，××年中标成为财政部、商务部专项进口业务单位，××年起开始执行具体业务，××年至××年分别取得补贴资金×亿元。该类业务主要涉及×公司所属×两家单位。

（六）对外担保事项

截至××年年末，×公司对外担保×万元，占总资产比例为×%；其中：对集团内担保×万元，占实际担保总额的×%；对集团外担保×万元，占实际担保总额的×%。

1.截至××年年末，集团内担保情况

…………

2.截至××年年末，集团外担保情况

…………

3.截至××年年末，所有权受限制资产情况

…………

（七）重大诉讼事项

根据×公司提供的资料，截至××年年末，×公司的诉讼事项×项，其中：重组前已发生的×下属子企业清算纠纷被起诉事项×项；股权投资或收购的被起诉事项×项（其中1项已判决）；×公司下属子企业作为起诉方的事项×项。

（八）企业审计期间内外部审计发现问题及整改落实情况

××年至××年，×公司及所属企业接受外部审计×次，其中：国资委经济责任审计×次；国有资本预算审计×次；××年、××年、××年企业财务决算审计各1次；×公司内部审计×次。审计涉及子企业×家。××年至××年，内外部审计发现的主要问题及整改落实情况如下。

…………

五、审前调查过程中发现的主要问题

（一）集团运营方面

（1）企业效益和发展规模不同步。××年至××年，×公司资产经营规模不断壮大，但整体效益相对滞后，资产周转率、净资产收益率均低于同行业平均水平，企业盈利能力、资产营运能力较低；企业利润主要来源于少数企业，企业债务逐年增长，偿债

风险较大，未能实现经济增加值；经营业务缺乏市场竞争力，企业间协同效应不强，管理级次多，粗放经营、运营成本高等。企业的营运能力、盈利能力需提高。

（2）产业结构调整内部整合亟待深入。经调查，×公司主要业务板块均为完全竞争行业，从外部看，整体的优势项目和产品，尤其是具有国际竞争力的项目、产品甚少，且处于供应链、产业链的低端。从内部看，×业务的深度整合任务尤为突出，同一地区机构重叠、同质化竞争、管理成本高的现象存在，各子公司信息系统水平参差不齐，无法实现资源共享，需要在购销、技术、市场、研发、人才等环节加大协同运营和资源整合力度。

（3）综合能力尚需提高。科技研发投入不足，自主创新能力不高，直接影响企业的持续性发展；品牌建设起步晚，急需加强；人才缺乏，团队能力建设亟待加强，特别是集团管理能力水平不能满足快速发展需要；经营、财务、管理信息化建设、文化建设亟须深入，集团的融合力、竞争力与市场认知度不高。

（二）对外投资方面

（1）×公司子企业多、小、散。通过对纳入××年财务决算范围×户企业财务经营情况分析发现，×公司×家二级子企业中，×等三家企业经营利润占集团利润的×%以上，1 000万元以下资产企业×余户，资不抵债企业×户，××年经营亏损企业近×户，分布于全国×省×个市，企业数量多、小而散，亏损、微利企业多，与集团整体发展呈不和谐的状态。

（2）截至××年年末，×公司所属子企业户数为×户，其中：四级以下子企业×户，占总户数×%；未纳入决算范围拟清理整顿退出企业×户及接受划拨纳入资产经营管理子公司×户，占总户数的×%；投资管理链条长，项目清理力度需进一步加大。

（3）截至××年年末，×公司所属企业参股企业×家，投资成本×亿元，已计提减值准备×亿元，参股企业的管理需引起高度关注。

（4）×公司部分企业存在职工持股情况，×公司已按国资委有关规定要求各相关企业严格规范有关人员持股行为，并按规定督促各企业制定股权清退、转让方案并执行。根据×公司××年××月××日《关于规范国有企业职工持股、投资情况的工作报告》，×公司共清理涉及此类事项所属企业×家。

（三）资产质量方面

截至××年年末，×公司账面累计提取各类资产减值准备×亿元，占未提减值总资产×亿元的×%；截至××年年末，×公司3年以上应收款项×亿元，占应收款项总额的×%，其中其他应收款×亿元。

（四）对外担保方面

截至××年年末，×公司对外担保×万元，占总资产比例为×%；其中：对集

团内担保 × 万元；对集团外担保 × 万元，且 ×× 年划转 × 公司部分担保已逾期。截至 ×× 年年末，所有权受限制资产 × 万元。同时，× 公司所属企业存在经济纠纷、诉讼等事项。

（五）资金管理方面

（1）企业"小金库"自查情况。×× 年8月，× 公司根据国家有关规定，自查"小金库" × 个，总计 × 万元，涉及企业 × 家。

（2）× 公司所属子企业大量从事贸易业务，开立银行账户较多。部分子企业开立的银行账户较为分散，且存在部分小额休眠账户。

（六）其他方面

…………

六、审计工作建议

（一）合理利用内外部审计成果

经本次调查，近年来，国资委、监事会、中介机构及企业内部检查中，均就企业经营管理提出各项审计意见与建议，本次审计应重点关注前述各项审计检查中发现问题产生的原因及整改落实情况；同时针对此类事项，提请本次审计关注未提及或未审计企业或部门是否存在同类问题，进行拓展分析，评价企业内部控制与风险管理，提出改进性建议，以促进企业持续改善。

（二）关注对子企业的控制情况

经本次调查，× 公司下属子企业数量多，级次长，规模小、分布广，× 公司尚未建立信息化控制系统；从前期了解到的内部控制情况来看，内部控制制度缺乏系统性，存在对子企业控制力弱的风险；应对子企业的主要经营及投资决策活动多加关注，关注子企业重大经营和投资决策是否在 × 公司的授权范围内进行，关注 × 公司对子企业的监控力度。

（三）关注重大投融资项目的程序与效果

（1）重大股权投资审计关注。经本次调查，×× 年至 ×× 年，× 公司及所属企业股权投资 × 项，投资总额 × 万元，审计中将重点关注此类业务的程序与效果，主要包括与战略规划的适应性，可行性研究、审计、评估、尽职调查、合同订立与履行等过程是否规范与合法，是否取得预期效益等。

（2）重大固定资产投资。经本次调查，×× 年至 ×× 年，× 公司及所属企业固定资产投资金额 1 000 万元以上的项目 × 项，投资总额 × 万元，审计中将重点关注投资项目的组织领导、前期准备、工程招标投标、施工管理、合同管理、财务管理、竣工验收等环节的管理与控制。

（四）关注主要业务板块经营管理

（1）在资产经营方面，以并购重组为主线，关注企业改制、企业托管、资产重组、不良资产处理、债务整合、人员安置等事项进展情况，关注是否按期完成资产经营目标任务，关注资产经营专项费用的拨付与使用情况。

（2）在资产贸易方面，以业务流程控制为主线，关注关键仓储物流等环节控制、成本效益分析；根据内部审计揭露出来的一些企业存在关联方采购或销售的情况，存在仓单质押产生经济诉讼，部分企业存货增长较快等，审计中通过现场监盘、重大业务穿行测试，将重点测试分析企业物流仓储业务的管理流程；关注贸易渠道管理、金属贸易和工程投标业务管理。

（3）在工业制造方面，以资产收购和上市公司管控为主线，关注股权收购合规性、财务绩效的真实性、经营的持续性，以及重大投资的效益与效果，关注境外原材料采购管理、环保风险，以及专项进口资金的使用与管理。

（4）境外子企业审计，重点关注境外子企业资金管理、账户使用、票据管理、资产管理，是否存在员工参股、境外再投资、费用承担等问题；针对 × 项目实际，客观分析评价其财务经营各项指标、预期效益与风险。

（五）关注股票投资情况

经本次调查，×× 年至 ×× 年，× 公司及所属企业先后作为发起人、战略投资者等投资了 × 股份，同时个别企业存在期货、质押抵押等业务，审计中将重点关注在当前宏观经济调控，证券市场低迷的情况下，上述投资价值变动及风险防范情况。

（六）关注职工持股情况

经本次调查，× 公司部分企业存在职工持股现象，集团已按国资委有关规定进行了摸底调查，实施了股权清退、转让等，本次审计将重点关注职工股权情况及清退的情况。

（七）关注担保等未决事项

经本次调查，截至 ×× 年年末，× 公司担保金额占总资产的 ×%，担保数额较大，且部分担保已逾期，存在潜在风险，审计中将重点关注企业担保是否有相关的管理制度、决策是否履行相关制度程序、决策执行是否有具体部门管理，是否有效监控、是否造成损失，担保是否逾期、逾期处理方式，关注所有权受限制资产、未决诉讼等的潜在风险。

（八）关注资产质量问题

经本次调查，× 公司存在长期挂账的应收账款及积压呆滞账龄较长的存货，累计提取各类资产减值准备 × 亿元，×× 年至 ×× 年，核销资产 × 亿多元。本次审计将重点关注不良资产形成的原因与潜在的风险，关注账销案存资产的管理与核销等。

（九）关注上市公司审计

经审计调查，× 公司拥有 × 家上市公司，审计中将重点关注重大的关联交易，编制会计报表所依据的持续经营假设的适当性，大额资产减值准备的计提和转回，不具有商业实质的交易，债务重组、资产处置或置换，异常的股权转让和境外分支机构从事的衍生金融工具交易，等等。

七、审前调查遇到的困难、拟采取措施及需协调解决的问题

尚无。

八、其他需要说明的问题

附件：

1.××年至××年重大投资项目明细表

2.××年年末全部子企业明细表

3.××年年末主要二级子企业情况简介

七、绩效审计实施方案

三泰恒天××年度绩效审计实施方案（示例）

一、审计目标、审计任务与审计依据

（一）审计目标

深入贯彻落实中共中央、国务院关于加快建立健全国有企业、国有资本审计监督体系和制度的工作部署，围绕形成以管资本为主的国有资产监管体制，促进企业落实党和国家方针政策及国有资产监管各项政策制度。深化企业改革，服务企业发展战略，提升公司治理水平和风险防范能力，助力企业加快实现转型升级、高质量发展和做强做优做大。

（二）审计任务

1.内部控制测试与评价

调查了解与企业整体层面相关的控制环境、风险评估、控制活动、信息沟通、监督等内部控制体系建设情况，对企业对外投资、货币资金、采购付款、工薪人事、生产仓储、销售收款、筹投资及资产管理等业务层面内部控制设计与运行实施测试与评价。

2.财务绩效分析与评价

对企业资产、负债和经营成果的真实性、财务收支的合规性、资产质量变动和重大经营决策等情况进行审计，以全面、客观反映企业财务状况和经营成果，对企业的盈利能力、资产质量、债务风险、经营增长等进行财务绩效定量分析与评价。

3.管理绩效分析与评价

在企业财务绩效定量评价的基础上，通过采取专家评议的方式，对企业审计期间发展战略的确立与执行、经营决策、发展创新、风险控制、基础管理、人力资源、行业影响、社会贡献等进行定性分析与综合评判。

4.经营管理绩效评价

根据企业内部控制、财务基础和企业绩效评价结论，综合考虑企业发展基础、经营环境等方面因素，对企业审计期间经营管理绩效情况得出较为全面、客观和公正的评价结论。

（三）审计依据

1.《中华人民共和国企业国有资产法》

2.《中华人民共和国审计法》

3.《中共中央 国务院关于深化国有企业改革的指导意见》（中发〔2015〕22号）

4.《国务院办公厅关于加强和改进企业国有资产监督防止国有资产流失的意见》（国办发〔2015〕79号）

5.《审计署关于内部审计工作的规定》（审计署令第11号）

6.《关于深化中央企业内部审计监督工作的实施意见》（国资发监督规〔2020〕60号）

7.《中国内部审计准则》及其具体准则

8.《第2202号内部审计具体准则——绩效审计》

9.《中央企业综合绩效评价管理暂行办法》

10.集团内部审计管理办法

11.企业内部控制基本规范及应用指引

12.企业会计准则及其应用指南

13.企业内部控制手册及风险管理手册

14.其他与绩效审计相关的规定与办法

二、审计策略

（一）根据企业战略规划情况，明确审计方向

根据×公司不同年度的战略重点，即××年完成改制重组和大规模人员分流安置，××年确定并实施发展优势企业、培育孵化企业和退出困难企业三大板块，××年增加工业制造主业及实施"走出去"战略，明确不同期间重点审计方向。

（二）根据不同业务板块规模，分配审计力量

根据企业资产构成和地域分布配置审计力量，以区域划分审计小组，以二级子公司建立汇报体系，严格审计组织管理，合理确定每个审计小组及人员的职责，充分发挥每个审计人员的优势，保证审计质量；同时根据不同业务板块和风险分布确定审计重点，关注企业资产经营能力与效果、产业经营绩效、集团管控模式与能力。

（三）根据不同企业行业特点，确定审计范围

×公司主要业务主要包括×等业务，总部及所属全部子企业共×户，总体看资产结构复杂、子企业数量多、级次长、行业分布广。审计重点关注主业范围内子企业，

同时选择资产盈利集中、经营亏损严重、高负债、持续经营出现困难、出具非标准审计报告、重组改制、合并、关停并转等企业。

（四）合理利用其他审计成果，避免重复审计

充分收集企业以往审计报告、文件或其他审计意见，根据审计报告揭示问题关注其整改落实情况，重点分析产生的原因，评价内部控制与风险，提高审计效率，扩大审计成果；同时针对被审计单位经营安排，在满足审计质量和时间进度的前提下，科学安排审计日程，尽量减轻对企业经营影响。

（五）建立协调沟通反馈机制，保障信息畅通

为保障信息畅通，建立严格的汇报制度。一是建立内部信息沟通平台，公开发布审计规范与业务信息，实行二级子企业集中汇报制度；二是严格执行审计周报制度和重大事项汇报机制；三是建立内部问责机制，即各审计小组负责人在完成现场审计准备撤点前，项目总负责人需就项目审计情况对小组负责人进行问责，包括审计情况、审计发现、审计程序执行等。

（六）严格遵循审计准则要求，强化审计纪律

严格执行审计准则与经营管理绩效审计工作规范要求，做好审前调查、审计培训等工作，编制审计标准指引文件，规范审计行为，明确审计责任，防范审计风险，严格履行项目负责人指导、监督、复核职能，督促审计人员遵照执行；强化审计纪律，严格按照准则要求，保守秘密，规范执业。

三、审计范围与对象

（一）企业基本情况分析

1. 企业概况

2. 历史沿革

3. 发展战略

4. 近年来重大事项

5. 企业财务状况

（1）资产分布分析

（2）利润贡献度分析

6. 企业风险分析

（二）纳入审计范围企业

（1）审计范围企业确定原则。根据企业经营管理绩效审计规定及企业特点，纳入本次经营管理绩效审计重点选择：资产或者效益占有重要位置的子企业；核心业务板块企业；发生合并、分立、重组、改制等产权变动的子企业；关停并转或者出现经营亏损、资不抵债、债务危机等异常财务状况的子企业；出现重大风险事件的企业。

（2）重点审计子企业范围。根据上述原则，结合本次审前调查，本次审计对象业务

板块全面覆盖，重点突出。

（三）审计期间

××年××月至××年××月，对重大、重要审计事项，必要时可向前追溯或向后延伸。

（四）审计资料范围

与企业经营管理绩效审计相关的所有资料，主要包括：企业基本情况；经营管理绩效情况；企业发展规划、年度工作总结；内部控制建设情况；重大决策情况；内外部审计监督检查和整改情况；与业务项目决策、实施与效果相关的情况；财务决算、业务统计报表；等等。

四、审计内容与重点

（一）内部控制总体层面

（1）在公司层面，重点关注贯彻落实国家方针政策与决策部署安排、战略规划与执行、资产运营程序与效果、重大投融资决策与执行、产业经营管理与效益、专项资金使用与管理及企业全面风险管理等方面。

（2）在股权投资管理方面，以并购重组为主线，关注企业改制、企业托管、资产重组、不良资产处理、债务整合、人员安置等方面。

（3）在服务业务方面，以业务流程控制为主线，关注关键仓储物流等环节控制、成本效益分析等方面。

（4）在贸易业务方面，以贸易管理为主线，关注贸易渠道管理、金属贸易和工程投标业务管理等方面。

（5）在工业制造方面，以资产收购和上市公司管控为主线，关注股权收购合规性、财务绩效的真实性等方面。

（6）在重大事项方面，关注企业融资性贸易、劳动合同等纠纷、土地资源、投资扩张风险、管理架构设计的合理性与效率等方面。

（二）需重点关注的内容

（1）关注企业贯彻执行中央和省市重大经济方针政策及决策部署情况。重点关注企业围绕深化国有企业改革、贯彻落实深化供给侧结构性改革、混合所有制改革的推进情况和执行效果；"六稳六保"、减税降费、"放管服"、清理拖欠民营企业中小企业账款、防范化解重大风险政策落实、重大经济决策、污染防治等重大政策措施情况；落实中存在的突出问题，出现的新情况、新问题、新趋势，以及贯彻效果情况。

（2）关注对子公司的控制情况。针对×公司下属子公司数量众多、级次多、管理链条长、行业分布广泛的特点，需要关注集团公司对子公司的控制力度，子公司的投资决策或其他经营决策是否在×公司授权范围内进行，超出授权范围的，是否在进行之前得到审批，有无先斩后奏或无审批的情况。

（3）关注企业重组改制的程序与效果。由于 × 公司履行企业产业布局调整职责，并购重组 × 余家企业集团，且此类企业资产质量、经营规模与效益多不善，审计应重点关注重组并购的程序与效果、重组并购后的管理与监控、对关停企业投资的清理情况，关注国家拨付预算专项资金的使用与管理情况。

（4）关注部分企业持续经营问题。根据现有资料，× 公司纳入决算范围资不抵债企业、经营亏损企业、拟退出企业 × 户，划转存续列入资产经营清理企业 × 户，审计中应关注此类企业的经营状况与未来的可持续经营能力，以及集团所采取的措施。

（5）关注产业经营业务流程控制。在综合物流、生产资产贸易方面，以业务流程控制为主线，关注关键仓储物流等环节控制，关注贸易渠道管理、金属贸易和工程投标业务管理；在工业制造方面，以资产收购和上市公司管控为主线，关注股权收购合规性、财务绩效的真实性、重大投资的效益与效果；关注境外原材料采购管理、环保风险，以及专项进口资金的使用与管理。

（6）关注上市公司与大股东或其他关联方的关系。× 公司拥有 × 家上市公司，审计中应关注重大的关联交易，编制会计报表所依据的持续经营假设的适当性，大额资产减值准备的计提和转回，不具有商业实质的交易，债务重组、资产处置或置换，异常的股权转让和境外分支机构从事的衍生金融工具交易等。

（7）关注重大投融资项目的程序与效果。×× 年至 ×× 年，× 公司及所属企业股权投资 × 项，投资 × 亿元；固定资产投资金额 1 000 万元以上的项目 × 项，投资 × 亿元。审计中应重点关注投资项目程序与效果，关注项目的组织领导、前期准备、工程招标投标、施工管理、合同管理、财务管理、竣工验收等环节的管理与控制。

（8）关注担保、诉讼及企业资产质量。截至 ×× 年年末，× 公司担保金额占总资产的 ×%。审计中应重点关注 × 公司担保是否有相关的管理制度、决策是否履行相关制度程序、决策执行是否有具体部门管理，是否有效监控、是否造成损失；关注所有权受限制资产、未决诉讼等的潜在风险；关注 × 公司长期挂账应收账款、积压呆滞存货、闲置报废资产等；关注账销案存资产的管理与核销；等等。

（9）关注审计期间内外部审计发现问题的整改落实情况。近年来，国资委、监事会、中介机构及企业内部检查中，就企业经营管理提出各项审计意见与建议，本次审计应关注前述各项审计检查中发现问题产生的原因及整改落实情况；重点关注职工持股、"小金库"专项检查、国有预算资本金预算支出问题的整改落实。

（三）需普遍关注的内容

1. 财务收支方面

根据国家统一财务会计制度、会计准则及相关法律法规，通过必要的审计程序，了解审计期间企业的财务收支管理是否符合国家财务、会计制度的有关规定，重点关注如下内容。

（1）资产情况审计。重点通过审核账面资产和实物资产的相符程度，核实企业资产的真实性、完整性，以及处置资产行为的合规性和合理性等情况，查清有无重大资产损失或国有资产流失的现象。

（2）负债情况审计。主要审查负债科目账面的真实性、正确性，负债形成及偿还的合规性、合理性。查清或有负债情况，以及有无通过负债类科目调节企业经营成果及其他违反财经法规的行为。

（3）所有者权益情况审计。主要审查所有者权益有关科目期末余额的真实性、准确性，以及所有者权益有关经济事项的合法性、合规性，查清有无侵蚀国有投资主体权益的行为；区分净资产资本投入性增减、国家政策性增减、企业经营性增减等情况，正确界定净资产增减变化中企业法定代表人应当承担的经济责任。

（4）财务收支合规性审计。重点审计企业审计期间的财务收支行为是否符合国家财务会计管理方面的有关规章制度，是否存在违反资金规定用途，挪用、占用或不当使用资金等行为。

2. 资产质量方面

对企业审计期间资产质量进行审计，并考虑其对企业经营成果的影响。审计期间资产质量变动情况，特别是审计期间新产生的不良资产情况，审计确认任职期初到任职期末各年的不良资产总额及审计期间内新增不良资产情况。

3. 经营成果方面

在财务收支审计与资产质量审计的基础上，审计企业财务状况和经营成果等考核指标信息的真实性、完整性、效益性；同时审核确认企业利润总额、净利润、主营业务收入、主营业务成本、期间费用等财务定量评价指标。重点关注如下内容。

（1）审计期间企业收入确认和核算是否真实、完整、及时，是否符合国家财务会计制度规定，有无虚列、多列或透支未来收入，少列、漏列或转移当期收入等问题。

（2）审计期间企业成本费用开支范围和开支标准是否符合国家财务会计制度规定，成本核算是否真实、完整，是否符合配比原则，有无错列、多列、少列或漏列成本费用等问题。

（3）审计期间企业计提的资产减值准备与资产质量是否相匹配，有无准备或滥用会计估计或会计政策、会计差错更正等调整审计期间经营成果的行为等。

（4）如果企业存在经营成果不实问题，应当根据审计结果对企业相关的会计数据进行调整，对审计期间产生的不良资产进行扣除，确认审计期间企业实际业绩。

4. 重大经营活动和经营决策方面

关注企业的重大经营活动和经营决策过程是否合法合规，以及所产生的结果等。重点关注重大经营活动和重大经营决策是否符合国家有关法律法规、政策及有关规定，是否有相关管理控制制度，有关决策结果有无给企业造成损失，等等。

5. 企业经营合法合规性方面

主要审计企业审计期间的有关经营、管理等行为是否符合国家有关法律法规的规定等。重点关注如下内容：

（1）公款私存，坐收坐支，私设"小金库"，资金账外循环；

（2）无原始凭证或原始凭证不完备；

（3）违规越权炒作股票、期货等高风险金融品种；

（4）违规对外拆借、出借账户；

（5）违规对外出借资金等。

6. 企业投资项目专项检查

重点关注投资项目的组织领导、前期准备、工程招标投标、施工管理、合同管理、竣工验收等环节的管理与控制。

7. 其他

对企业过往三年的盈利能力、资产质量、债务风险和经营增长四个方面进行定量对比分析和评判，在此基础上，通过同行业、同类企业模向对标分析，评价企业的经营绩效。

五、审计程序

1. 了解被审计单位的具体情况

在通过审前调查报告了解被审计单位具体情况的基础上，各审计小组进一步了解各自被审计单位的具体情况，包括主要业务、主要部门及职责分工、主要控制制度、业务流程、审计期间的重大经营投资事项等。

2. 执行符合性测试，评价内部控制制度的有效性

根据初步了解的情况，制定内部控制测试方案，选择应测试的控制环节或业务循环，进行内部控制测试，获取控制测试证据，记录并评价内部控制测试结果。根据内部控制有效性的评价，确定实质性测试程序，制定实质性测试方案。

3. 执行实质性测试，编制审计工作底稿

根据实质性测试方案确定的重点测试环节，实施审计程序；取得与被审计单位相关的资料，并对有关财务指标进行分析性复核，查找审计重点和疑点；审计组成员分头实施有关会计账户和会计报表的审查工作，通过审查会计资料、查阅与审计范围有关的文件、盘点实物资产、向有关单位和个人询问、函证等程序，取得具有充分证明力的审计证据，为形成审计报告奠定基础。

4. 整理审计工作底稿，初步形成审计调查报告

各审计小组整理审计工作底稿，由审计小组负责人复核审计工作底稿，重点复核审计证据的充分性、审计结论的恰当性、审计依据的准确性等内容，并初步形成审计调查报告，核心被审计单位或发现重大问题的被审计单位，需提交项目负责人进行复核。

5. 与被审计单位交换意见

各审计小组就初步审计调查报告与被审计单位交换意见，并根据交换意见的情况补充完善审计工作底稿、修改审计调查报告。

6. 起草绩效审计报告初稿

各审计小组完成被审计单位审计后，向项目负责人提交审计调查报告，项目负责人根据审前调查情况及各小组的审计调查报告汇总审计结论，撰写绩效审计报告初稿。

六、审计方法

1. 贯彻执行中央和省市重大经济方针政策及决策部署情况

（1）审查国有企业重大改革任务推进落实情况。主要围绕企业贯彻落实国有企业改革"1+N"系列文件和《关于印发深化市属国有企业改革的实施办法的通知》的目标任务要求，对照 N 公司年度任务清单，核查深化国有企业改革任务的推进情况。重点关注法人治理结构建立健全情况、混合所有制改革的推进情况和执行效果、"三供一业"分离移交情况；审核企业有无制定具体的落实措施，有无设立时间表、路线图和阶段性目标并落实到位，相关的职能部门采取的措施是否坚决，制定的实施方案是否符合国家战略规划，是否打折扣、做选择、搞变通，目标任务是否完成或是落实效果是否达成预期目标。

重点关注企业资源整合、产业布局、结构调整优化，是否制定了配套细化措施或实施方案，开展的相关工作及取得效果等。包括但不限于整体资源整合、产业布局方向是否清晰，规划是否清晰具体，是否有推进计划以及执行和效果。

一是是否制定了配套细化措施或实施方案，核实开展的相关工作及取得效果等。

二是资源整合、产业布局、结构调整是否符合企业实际情况，与上一阶段相比是否有一定的延续性，是否存在不切实际的跃进式规划。

三是是否建立了动态开展企业资源整合、产业布局、结构调整的执行效果与规划预期的差异分析工作的机制，是否对战略规划的执行影响因素开展过深层次的原因分析。

审计策略。在调查了解并掌握产业发展政策、发展模式，产业导向、政策保障、服务水平等的基础上，从结构调整、产业转型升级、产业集聚情况入手，评价主导产业特色是否突出，产业集聚效应及主导产业链是否形成。

重点审查。一是产业转型升级现状、产业集聚发展状况，是否促进产业结构的快速升级。二是各产业的核心企业是否形成，核心企业的互动效应是否产生，规模效应是否发挥。三是在产业关联度上，是否遵循产业梯度延伸规律，是否形成以大企业集团为中心的产业集群，推动产业链延伸，发展配套服务性产业，提高产业的整体水平和核心竞争力。

（2）审查深化供给侧结构性改革、减税、"放管服"等政策措施落实情况。一是去产能、去库存、降成本任务落实情况。二是实施创新驱动发展战略情况。关注企业是否采取措施降低经营成本，有无盲目扩大经营范围及房地产领域库存积压严重的问题；对照国资委任务清单，检查各项任务是否落实到位，在掌握总体情况的基础上重点抽查市重点项目情况，检查是否存在库存积压和降低运营成本落实不到位等问题。关注减税降费政策在企业的落实情况和效果，有无因"放管服"改革措施、已出台的税费优惠等减负政策未完全落实而导致企业成本难以下降的问题，有无乱收费、乱摊派等增加企业成本的问题。关注企业提质增效措施落实情况，围绕"质量年推进年"活动开展，检查是否采取有效措施推进企业提质增效，关注低成本、高服务水平及国有资产高效经营的效果。

（3）审查防范化解重大风险政策落实情况。重点关注企业在防范化解重大投资和经营风险、债务风险、金融业务风险等方面落实有关政策的情况。

重大投资和经营风险。关注对外投资布局和方向是否符合国家政策要求，有无因企业投资导向偏差、脱实向虚导致产业结构失衡、国有资本布局不合理、核心板块发展乏力、国有资产损失浪费等重大风险问题；有无收到应取得的投资收益；投资的企业有无因企业战略规划执行不到位、管控薄弱或应对不力等导致企业重大经营、市场、质量、法律和生产安全风险的问题。重点抽查审计期间新增股权投资、新增项目投资。

债务风险。关注落实降杠杆减负债政策情况，是否存在企业杠杆率长期居高不下的问题；关注有无建立健全企业债务风险防控、资产负债约束机制，债务结构是否合理，有无违规对不符合国家产业政策的企业实施债转股，有无违规通过"名股实债"等方式变相举债或形成重大隐性债务，以及虚假降杠杆等问题。

金融业务风险。关注 N 公司金融业务服务实体经济和主业发展情况，有无通过金融产品将资金违规投向房地产、地方政府融资平台、产能过剩等限制或禁止领域的问题；关注企业金融业务风险管控机制是否健全，业务开展是否合规，有无金融产品逾期或违规展期、不良资产比率较高、风险与收益不匹配、本金偿付风险或违约风险大等问题；关注企业债券发行、委托理财、对外担保等金融业务开展中存在的突出问题，是否造成重大损失或损失风险等。

（4）审查清理拖欠民营企业中小企业账款情况。关注 N 公司是否按照国务院和省政府关于清理拖欠民营企业中小企业账款的决策部署，制定具体落实措施和欠款"限时清零"情况；关注历年此事项的跟踪审计情况，重点揭示有无新增欠款。

（5）审查污染防治工作推进情况。关注企业贯彻落实生态环境保护和环境污染防治相关政策措施情况，企业执行国家资源环保政策情况，污染防治设施建设与运行效果，以及企业节能减排目标的完成情况；不符合国家能耗、环保等标准要求的产能是否按规定退出，有无不顾生态环境盲目决策和建设项目，造成重大环境污染和资源毁损等问题。

2. 发展战略规划的制定、执行和效果情况

审计重点。企业根据国家发展规划和产业政策制定的自身发展战略规划及其执行情况，落实中存在的突出问题及执行效果情况。

审计措施。查阅企业制定的发展战略规划是否符合国家发展战略规划和产业政策，是否符合国有经济布局和战略性调整方向，是否突出主业，提升企业核心竞争力，是否坚持效益优先和可持续发展原则；是否采取有效措施推进企业发展战略规划。根据市国资委市属国有企业《经营业绩责任书》商业类承担专项任务企业和城市公共服务类年初目标责任与市国资委的考核结果，关注目标任务是否按期完成，是否达到预期效果等；结合企业实际完成情况进行逐项对比，查找差距，分析原因，提出合理可行的建议。

3. 重大决策情况

把握企业产业布局、资源配置及可持续发展状况，关注企业"三重一大"决策、党委和董事会决策等经济决策管理制度的建立健全和执行效果情况，决策事项程序是否合法、合规，权力边界是否清晰，有无权力交叉、错位、越位、缺位和不到位甚至对立等问题，有无履职不当、滥用职权、以权谋私，向特定关系人输送利益等问题。

（1）重大投资和工程项目。重点关注是否贯彻落实国家重大方针政策，投资项目是否符合企业发展实际和战略规划安排，投资项目是否聚焦主业实业，已投资项目是否实现了预期目标，有无投向禁止类项目；重大投资和工程建设项目是否履行规定的决策和审批程序，有无经过有效决策和审批程序的项目落实不到位的问题；重大工程建设项目有无违规操作造成损失浪费或向特定关系人输送利益等问题。此外，还要重点关注盲目决策造成重大损失，以前年度投资形成长期亏损、大额减值的项目，领导人员任期内是否采取有效措施减亏止损的情况。

（2）重大物资采购和货物销售。重点关注重要设备购置、关键技术引进，以及其他大宗物资采购是否履行规定的决策、审批和招投标程序；有无采取指定供应商、长期使用特定供应商、使用无资质供应商、大量通过代理商采购物资、在外包业务中指定合作单位等方式输送利益等问题；重大购销业务中是否存在未按规定订立、履行合同或未正确履行职责致使合同标的价格明显不公允，造成国有资产损失浪费等问题。

（3）重大资本运作和资产处置。重点关注企业在重大收购、兼并重组、合资合营、股权变动、资产处置和融资过程中是否按规定履行决策和审批程序，是否按规定开展尽职调查和风险分析，有无因可行性研究不足、尽职调查流于形式等造成国有资产闲置和重大损失风险的问题；有无低价处置国有资产或虚假核销资产损失，转移国有资产，向特定关系人输送利益等问题。

（4）重大担保和借款事项。重点关注企业对外担保和资金出借的决策和审批程序是否合规，对外担保是否按规定进行保证、抵押和质押；有无违规对外担保及承担连带责任造成重大损失，违规出借资金、违规捐赠、以预付款等名义变相对外融资造成资金损失等问题。

（5）技术创新和研发投入情况。重点关注技术创新和研发投入、发展潜力和风险管控制度建立和执行情况；关注技术创新和研发投入是否合法、合规，有无经过充分论证，是否达到预期或造成损失浪费。

4.组织与结构设置管理情况及内部控制建立健全情况

（1）法人治理情况。

重点关注法人治理结构是否健全，所有权与经营权是否分离，是否建立决策、执行、监督权相互制约的法人治理结构，是否贯彻落实将党组织研究讨论作为董事会、经理层决策重大问题前置程序的要求，母子公司、总分公司的组织结构设置的合理性。审计措施如下。

通过查阅党委会、董事会、监事会和管理层之间的职责及相关会议记录，审查企业法人治理结构是否建立健全，董事会的决策作用、监事会的监督作用、经理层的经营管理作用、党组织的政治核心作用是否有效发挥，是否有效落实权责对等、运转协调、有效制衡的决策、执行、监督机制；是否存在因法人治理结构缺乏制衡保障机制造成决策失误和经营风险等问题；通过对召开各类会议的统计分析，审查是否存在法人治理结构职责不清、决策范围不明、会议层级制度不完善、法人治理结构之间缺位、越位、不作为的问题。

通过对企业组织架构、内部控制制度、风险防控等的梳理分析，核查涉法涉诉案件中有无因制度不健全存在经营管理风险问题；有无因企业管理层级过多、法人链条过长，造成决策效率低，加大经营风险的问题；有无因对下属企业授权过大或制度缺失造成重大投资风险和隐患等问题。

通过梳理汇总企业内部控制管理制度的修订、增补及废止情况，结合企业内部控制基本规范及应用指引的有关要求，对企业内部控制制度的建立和实施内部控制的全过程中是否遵循贯彻全面性、重要性、制衡性、适应性和成本效益五项原则，对内部控制的健全性、合理性和有效性做出审计评价。

重点检查企业内部控制制度体系是否健全，是否存在制度台账不规范、制度框架不明确、制度层级不清晰、制度内容不完善及部分管理制度缺失的问题。检查制度执行是否到位。关注资金管理、投资管控等重大事项决策审批流程是否按照内部控制制度规定严格执行，有无先执行后决策、集体决策流于形式，导致违约或资金损失风险的情况。

（2）人力资源管理情况。

重点关注企业是否根据经营状况、发展规划及人力资源规划建立了能够确保企业经营发展需要，确保人力资源得到经济、有效利用的制度和措施；调查了解企业目前人力资源存量结构，评价人力资源与经营发展的匹配度；通过将人力资源管理的期望结果与实际情况进行对比，找出人力资源管理中的薄弱环节，对人力资源的经济性、效率性和效果性做出评价并提出合理化建议。

（3）预算管理情况。

重点关注企业预算编制、执行、控制及绩效考核情况，以及国有资产保值增值情况，在对会计信息真实性审计的基础上，审查所有者权益增减的真实性。

① 是否按要求实施全面预算管理制度，明确各责任单位在预算管理中的职责权限，规范预算的编制、审定、下达和执行程序，强化预算约束；并根据发展战略，制定年度工作计划，编制全面预算，将年度目标分解、落实；同时完善发展战略管理制度，确保发展战略有效实施。

② 是否根据预算执行及绩效考核、差异分析等实际情况定期组织召开资金调度会或资金安全检查，对资金预算执行情况进行综合分析，发现异常情况，及时采取措施妥善处理，避免资金冗余或资金链断裂。

③ 预算编制是否合理合规、是否与企业实际情况相适应；预算是否严格按规定执行，绩效考核及差异分析情况是否合理。

④ 是否充分发挥全面预算管理在资金综合平衡中的作用，严格按照预算要求组织协调资金调度，确保资金及时收付，实现资金的合理占用和营运良性循环。

⑤ 全面预算一经批准下达，各预算执行单位是否认真组织实施，将预算指标层层分解，从横向和纵向落实到内部各部门、各环节和各岗位，形成全方位的预算执行责任体系。

⑥ 是否建立严格的预算执行考核制度，对各预算执行单位和个人进行考核，切实做到有奖有惩、奖惩分明。

（4）营销、采购及物资、合同管理情况。

① 营销管理。重点是对营销环境、战略、职能及效率等内容进行审计和评价。主要包括营销目标是否清晰，是否与企业的竞争地位、资源和市场状况相适应，是否根据市场状况进行了市场细分，目标市场是否科学、关键营销策略是否可靠、完成资源预算是否充分等；销售是否有健全的激励、监督机制和评价体系，市场营销部门与采购、生产、研发、财务等部门沟通是否密切等。

② 采购及物资管理。审计重点在于采购的内部控制管理是否有效和完善，主要包括采购计划管理、合同管理、招投标管理、供应商管理、采购数量、质量和价格的管理、库存管理及结算付款管理等全过程控制。关注采购需求内容是否与决策事项一致，是否存在重大偏离；采购是否符合相关法律、法规及内部制度的规定，是否存在招标过程的不合法、不合规行为；最终中标价（公开招标、邀请招标、竞争性谈判等方式）与决策事项的金额是否存在较大偏离。

③ 合同管理。重点审核合同管理机构是否建立健全防范重大变更、不可抗力、政策变动等的风险管理体系；检查合同的签订是否符合相关法律、法规及内部制度的规定，是否存在合同中约定的内容前后矛盾、违约条款缺失、权利义务条款约定不明、合

同倒签、资质文件不全、经招标的项目合同签订内容与招标文件中载明的合同主要条款存在重大偏离、实际签订的合同文本与经审核的合同文本内容不一致等问题；检查是否按合同约定履行，合同履行过程中是否存在重大变更但未签订补充协议，是否存在合同履行过程中未及时对合作方的违约行为进行追究等问题。

5. 绩效审计内容抽样

根据上述绩效审计内容及所确定的审计方向及重点，审计人员应采用判断抽样和随机抽样相结合的审计方法予以符合性测试和实质性检查。

（1）贯彻落实党和国家重大决策部署及国家法律法规政策，落实国资监管制度规定和企业依法合规经营情况。此类事项应采取全量审计。

（2）审计期间经营绩效目标完成情况。此类事项应根据企业审计期间已审定财务决算全口径分析各项绩效目标完成情况。

（3）落实企业发展战略规划情况。此类事项应按照企业战略规划确定的经营、业务与财务等目标、指标重点对经营绩效类指标进行全量分析与评价。

（4）"三重一大"决策、重大投融资活动、重大资本运作、重大资产处置、重大资金支出、重大担保、重大专项任务等重点经营领域和关键环节重大经济事项的决策、执行和效果情况；投资、资金、购销、工程建设、招投标、金融、境外等重要业务领域，内部控制制度建设执行及重大风险评估应对等情况。此类事项应按照业务事项发生的频率并参照国际通行的抽样矩阵确定抽样数量，即：业务每年发生一次的，抽 1 笔；每年一次以上至每月一次的，至少抽 2 笔；每月一次以上至每周一次的，至少抽 5 笔；每周一次以上至每天一次的，至少抽 15 笔；每天多次的，至少抽 25 笔。

在实施审计抽样时，应考虑侧重抽取发生业务的重要单位和异常业务发生单位的样本；应侧重抽取主要的供应商等重要业务发生对象和异常业务发生对象的样本；应侧重抽取年初、年末或半年末、季度末的样本；应侧重抽取金额较大和金额异常的样本；应侧重抽取某些特定或非正常事项的样本。

（5）以往国家审计、出资人监督检查及企业内部审计发现问题的整改情况等情况。此类事项应采取全量审计核查整改落实情况。

6. 经营管理绩效评价

（1）进一步了解被审计单位的情况，向被审计单位有关人员征求意见，接收群众来信和访谈。

（2）根据审计核实后的被审计单位财务数据，采用企业绩效评价体系对被审计单位的财务绩效进行评价，形成财务绩效定量评价结论。

（3）对被审计单位的领导班子、主要业务部门及重要子企业开展访谈工作，形成访谈工作记录和访谈工作报告。

（4）组织开展职工调查问卷，随机选取被审计单位职工进行问卷调查，根据问卷调查结果撰写问卷调查统计报告。

（5）协助准备专家评议资料，包括被审计单位基本情况、财务绩效审计报告（初稿）摘要、审计期间主要经营业绩、定量评价指标分析、定性评议指标介绍、访谈工作情况报告、问卷调查分析报告（附问卷调查统计结果）、述职报告等专家评议需要的资料。

（6）根据财务绩效定量评价结果和管理绩效定性评价结果，起草绩效审计报告初稿。

七、审计工作时间与人员安排

（一）审计日程安排

××年××月××日：企业经营管理绩效审计审前培训。

××年××月××日：经营管理绩效审计进点会。

××年××月××日：经营管理绩效审计审前调查。

××年××月××日：经营管理绩效审计审前调查汇报。

××年××月××日：审计实施阶段的现场审计工作。

××年××月××日：汇总整理各个审计小组的审计调查报告。

××年××月××日：形成财务审计报告初稿。

××年××月××日：形成绩效评价工作、报告初稿。

××年××月××日：形成绩效审计报告初稿。

××年××月××日：征求意见、出具正式报告。

（二）审计人员计划

根据本次审计任务、审计完成时间要求，我所受托成立以总经理为总负责人的审计团队，下设现场审计组、质量控制部、后勤服务组，现场审计成员 × 人，组成总协调组及 × 个现场审计小组，按区域分组情况如下。

…………

同时，根据项目要求与企业实际，我们建立二级子企业项目经理负责制，具体分工情况如下。

…………

（三）审计人员分工与职责

1. 审计实施阶段

（1）现场总负责人，负责对接受委托项目审计工作的总体协调；负责审核各审计组的审计工作计划，控制总体审计进度，并督促按预计时间完成审计工作；负责审阅各审计组的审计工作小结，并汇总总体审计工作汇报；控制整体审计风险，对审计发现的特殊事项和重大问题，给予指导性意见；在审计过程中，将委托方的审计要求及时下达到各个审计小组，并获得相应的反馈意见。

（2）分组组长，负责本组内的审计工作协调；负责编制审计工作计划及人员分工，并上报审批；控制本组的审计工作进度，保证按预计时间完成审计工作；定期编写、上报审计工作小结；控制本项目组的审计风险，随时获得审计中发现的特殊事项和重大问题，并做出处理，无法处理的及时上报；针对委托方的审计要求，积极反馈。

（3）审计组成员。

分工1：对被审计单位历年来主要经济指标的完成情况进行分析；负责审计对外投资、关联方交易、企业改制、债务重组、国有产权转让、对外担保等情况；负责内部控制审计，包括制度的建立健全性，重大的经营决策情况，各个业务循环的流程及运行效果评价；协助完成经营管理绩效审计评价工作；协助完成绩效评价工作。

分工2：负责审计实物资产的真实性，包括存货、固定资产等；审计无形资产、其他资产的真实性；审计在建工程的真实性，包括基建工程和大修工程等；协助完成财务绩效审计报告的草拟。

分工3：负责审计往来款项的真实性，包括其他应收款和其他应付款等；负责审计待摊费用、递延资产、预提费用的真实性；负责审计货币资金、长短期借款、所有者权益的真实性。

分工4：负责经营成果真实性审计，包括主营业务收入、成本情况，其他业务利润情况，营业外收支情况，国家税金缴纳情况。

2.审计终结阶段

（1）现场总负责人，负责审核、汇总各审计组的审计情况总结，针对重要问题召开审计项目协商会议；草拟总体审计报告，包括财务绩效审计报告，协助撰写绩效审计报告；组织与被审计单位交换意见，确定重大问题的处理；出具正式审计报告，并向委托单位汇报整体工作。

（2）分组组长，负责整理、上报各组负责范围内的子公司审计情况，根据汇总、复核中存在的问题进一步落实，协助撰写各项审计报告。

（3）审计组成员。

分工1：审计实施阶段结束前，对审计工作底稿和审计证据等资料进行初步整理，检查审计方案所列全部审计事项是否已按要求全部实施，对取得的审计证据进行综合分析，对审计工作底稿进行复核，对审计事项进行初步评价，并与被审计人员、被审计单位就一些必要事项初步交换意见。

分工2：对全部审计事项实施审计结束后，在综合分析审计工作底稿及审计证据的基础上，提交审计报告所需审计证据资料。

分工3：被审计人员、被审计单位对审计报告有异议的，进一步研究、核实。如有必要，应当修改审计工作底稿与报告。

八、企业访谈和问卷调查工作方案

（一）访谈对象的选择

访谈对象主要包括三类：一是企业领导班子成员；二是主要子公司和总部主要职能

部门负责人；三是需要核实有关审计事项的当事人。初步确定如下人员作为访谈对象，在进行访谈工作时，将根据审计进行情况进行适当调整。

…………

（二）访谈的主要问题

（1）审计期间企业领导班子主要工作。包括贯彻国家政策、企业战略规划、改组改制、重大投资融资、企业基础管理、人力资源建设和职工薪酬、科技进步、社会责任等方面的建设与改进的措施及实施过程。

（2）审计期间企业取得的主要成效。包括企业的保值增值、可持续发展状况、技术进步与新产品开发、改组改制成效、管理改进情况、人力资源建设成效及履行社会责任方面的成效。

（3）审计期间企业发生的失误和损失。主要关注企业重大投资、改组改制、经营、高风险业务、安全生产、廉政建设方面产生的问题及由此导致的损失。

（4）企业目前存在的突出问题。主要关注企业发展战略、可持续发展、内部控制机制、内部管理等方面存在的不足和薄弱环节，比较企业与同行业的标杆企业之间的差距，同时明确造成企业管理现状的主要责任人。

（5）对企业今后改革与发展方面的建议。重点在把握企业战略方向应做的调整措施（如明确主业、重组合并、改组改制等）、企业需要进一步发挥的优势、企业当前应强化的内部控制建设及内部管理措施等方面的基础上，明确企业当前迫切需要解决的有关问题。

（6）审计中需要核实的具体问题。主要是核实财务基础审计过程中发现的有待进一步明确的问题。

以上内容将根据不同被访谈人的职务职责做适当调整。

（三）调查问卷的设计

调查问卷的内容参照国资委提供的内容执行，将根据不同二级企业进行适当调整。

（四）调查问卷的发放方式

考虑到×公司地域分布广、下属子公司较多的情况，调查问卷由各审计小组分别发放。调查问卷采取不记名方式。问卷调查工作由财务审计人员监督实施。

（五）调查问卷的发放范围

调查问卷的发放范围为总部和纳入审计范围的主业二级子公司，发放的对象为中层以上管理人员和普通员工、二级子公司中层以上管理人员，采取随机抽取的方式确定。

九、审计组织和质量控制

（一）审计工作组织情况

1.组织机构

针对本次审计区别于常规财务收支审计，业务要求高的特点，为保证审计质量，委派业务能力突出，有较强沟通、分析、综合能力的人员参与本项目的审计，总负责由主管业务工作的副总经理，各项目小组负责人均为公司部门经理以上级别。同时为了便于协调，本次审计将单独指定协调小组负责人，负责协调其他审计小组开展现场审计工作并进行问题汇总。

2. 报告程序

为保证审计工作质量，本次审计遵循逐级负责的原则，即各审计小组成员对审计小组组长负责，审计小组组长对项目负责人负责。

（二）全过程质量控制

1. 前期控制

（1）审计目标思路明确，审计范围内容恰当，审计方案切实可行。

（2）充分进行审前准备，提前进行预审工作，深入调查企业管理情况和财务状况，保障审计方案切实可行。

（3）项目审计方案报委托方审查同意后实施，包括人员组织及分工、审计内容和重点、时间进程安排等。

2. 实施控制

（1）严格执行审计项目现场质量控制程序，保障审计实施行为满足审计需求，切实按照方案计划要求，落实指导、复核、监督职责，保障项目实施控制得力。

（2）审计组建立资料登记备查制度。向被审计单位借阅的资料、文件应登记备案，使用后应及时归还被审计单位，避免因资料缺失而发生纠纷，严守被审计单位秘密。

（3）与被审计单位的沟通过程做好记录，做到记录完整、及时、责任明确。当被审计单位提出不同意见后，必须认真进行核实，并在工作底稿上明确地提出核实后的意见。

（4）有疑问的事项，及时询问有关部门和人员，充分了解背景、过程、审批程序及有关法规依据，以全面了解情况，与被审计单位存在较大分歧时，及时与总协调组、委托方沟通。

（5）对因各种原因暂时查不清楚的问题，要有记录，说明发现的线索、疑点、可能存在哪些风险等，以及受哪些条件制约而无法继续落实。

（6）充分利用专家工作，保证报告意见准确，内容深入，评价客观；通过三级复核制度，层层把关，严格控制审计风险。

3. 报告控制

（1）审计报告应附被审计单位正式的反馈意见，报告将紧紧围绕审计目标，对于与审计目标要求没有直接关系的事项，应另行向委托方披露，有关事项要有相应的工作底稿，并需被审计单位签署意见。

（2）对于审计发现的问题要充分界定其性质，且事实内容将在报告中有所铺垫与描述。

（3）对问题定性，必须引用具体的法规依据；提出的问题和处理意见要一一对应。保证成绩、风险、问题之间的协调统一，避免"抽象肯定，具体否定"，以事实为依据，以法规为准绳，抓住重点。

4. 人员控制

根据任务特点，选派具有企业审计经验、内部控制咨询服务及相关行业审计经验的审计人员，并进行审前培训，加强执业纪律。

5. 进度控制

科学合理安排审计工作日常，建立协调沟通机制，及时向委托方汇报审计进度和审计中发现的重要问题。

（三）审计配合与沟通

1. 审计配合

（1）×公司集团总部负责所属企业审计配合的组织、监督与协调工作，及时解决审计中所遇到的需协调解决事项。具体包括下发审计通知、安排下属公司确定定点联系人、审计工作配合等工作。

（2）被审计单位按照本单位接待及差旅标准为审计项目组提供必要的食宿条件及因公外出费用，及时向审计项目组提供审计所需资料清单。

（3）被审计单位应及时对审计项目组提出的问题做出合理、客观的解释与说明，必要时形成书面文件。

2. 审计沟通

（1）定期沟通制度。审计项目组每周一向委托方上报上周审计工作进展情况、下一步审计工作安排、审计发现的问题及需协调沟通事项。

（2）专项汇报制度。在审计过程中发现的重大、重要事项或需委托方特殊协调处理事项写成专项报告。

（3）技术沟通制度。各审计项目组将定期召开审计研讨会，对审计过程中遇到的政策理解差异、疑难问题、重大审计事项等进行研究讨论确定。

（四）审计工作要求

一是实事求是，遵守规定，严守审计工作纪律。审计中充分听取被审计单位意见，历史全面客观地看待问题，做到实事求是、依法审计；审计组成员要严格按照国家审计规定程序开展工作，遵守审计纪律，严格遵守审计"四严禁"和"八不准"工作纪律及《审计人员保密守则》，加强数据资料的管理，做好审计事项的保密工作。

二是合理计划，突出重点，确保审计工作质量。各审计小组组长要安排好审计项目进度及审计重点，及时掌握审计情况。审计工作中要严谨细致、一丝不苟，确保审计工作的水平和质量，严格按照实施方案确定的内容和重点开展工作，认真做好具体审计事项，并做好相关记录和反馈，把发现问题和促进解决问题作为出发点和落脚点，在摸清真实情况、揭示风险隐患、查找突出问题的基础上，着力从全局和前瞻性视角进行深入分析。

三是密切协作，坚持创新，提高审计工作效率。审计小组之间及各小组成员之间要加强组织协调，成员之间及时沟通反馈审计情况，审计小组定期召开审计业务会，加强审计工作协作配合；审计过程中积极利用计算机财务数据与业务数据进行比对分析，切实提升审计效率和数据利用效率，着力提高审计质量；坚持审计技术方法创新，扩大审计覆盖的广度和深度，提高审计工作的效率。

（五）审计纪律要求

（1）审计人员应当认真遵守与委托方签订的审计业务约定书中所规定的各项约定，按照国家相关的法律法规和国资委有关工作规定及《中国注册会计师执业规则》的要求，按时完成受托项目的财务审计、绩效评价和经济责任评价工作。

（2）在审计中，如对审计期间或审计范围进行延伸审计，须征得委托方同意。

（3）财务审计报告应当如实反映审计结果，不得出具虚假不实的报告，不得避重就轻、回避问题或者明知有重要事项不予披露。

（4）审计人员自备个人所需的计算机等办公设备，不得向被审计单位提出不合理要求。

（5）被审计单位应按本单位一般接待及差旅标准为审计组提供必要的食宿条件及因公外出费用。审计人员不得向被审计单位提出与审计工作无关的要求，不得在被审计单位报销任何私人费用。

（6）审计人员不得索要或者接受被审计单位任何礼品、礼金和各种有价证券等。

十、附件

1. 纳入审计范围子企业基本情况表
2. 企业绩效评价调查问卷模板
3. 调查问卷统计报告模板
4. 调查问卷统计报表模板
5. 主要审计事项调整表模板
6. 审计周报模板
7. 审计意见沟通函模板
8. 审计意见沟通确认函模板
9. 客户承诺书模板
10. 审计发现问题汇总表
11. 审计所需资料清单
12. 审计工作结果报告规范

八、实施绩效审计

（一）调取审计资料

关于调取审计资料的函

×× 单位：

　　根据年度审计工作计划，审计组正在对 × 单位开展绩效审计，需调取以下与该单位审计相关资料（见表 1-2），望协助办理为盼。

表 1-2　资料清单

序号	资料名称	要求提供形式	要求提供日期

　　联系人：×××

　　联系电话：×××

×× 审计组

×× 年 ×× 月 ×× 日

（二）开展绩效审计调查

企业绩效审计调查问卷示例

　　本调查旨在了解企业员工对经营绩效的基本判断，为客观评价企业经营管理绩效提供参考素材。请您根据自己掌握的情况和认识，在最合适的□内打"√"。谢谢您的合作。

　　注：本次调查为线上无记名调查，请被调查者实事求是，独立作答。问卷中审计期间指 ×× 年。

一、企业发展战略方面

1.您是否了解本企业审计期间的发展战略目标？

知道并理解□　　　　知道但不理解□　　　　知道一点□　　　　不知道□

2. 您认为审计期间本企业的经营发展战略如何？

有，并符合企业实际□　　有，但不切实际□　　没有，经营比较盲目□　　不清楚□

3. 您认为审计期间本企业发展战略的实施情况如何？

按计划稳步实施□　　　　　　　　　　已开始实施但进展较慢□

已制定相关保障措施，但尚未真正实施□　　只是文字，形同虚设□

4. 您认为审计期间本企业实施发展战略所采取的措施如何？

措施得当，执行有力□　　　　　　　　措施得当，但未能贯彻□

措施不得当，难以保障战略目标的实现□　　未制定相关措施□

5. 您认为审计期间本企业的发展战略是否随着企业自身经营发展及外界竞争环境的变化而及时调整？

发展战略能够及时调整□　　审计期间发展战略未做调整，但能够适应企业所处环境□

自始至终一成不变□　　　　不知道□

6. 您认为审计期间本企业的经营管理是否存在短期行为？

既注重眼前利益，也注重长远利益□　　　相对长远利益来讲，更多地关注眼前利益□

只关注眼前利益□　　　　　　　　　　不清楚□

二、企业开拓创新方面

7. 您认为审计期间本企业在技术创新方面做得怎样？

比较重视，且已经取得了较好成效□　　面对竞争压力，已开始加大技术创新的投入力度□

重视不够，投入太少□　　　　　　　对技术创新基本不关注□

8. 您认为审计期间本企业在市场开拓方面做得怎样？

已经取得了较好成效□　　面对竞争压力，市场开拓意识刚刚萌发□

重视不够，投入太少□　　盲目投入，收效较小□

9. 您认为本企业在近几年取得的发展主要来源于哪个方面？

市场的良好态势□　　　　集团公司的资本运营□　　　　统一的市场管理□

规范的内部控制管理□　　其他□（请注明）

10. 您认为审计期间本企业在管理创新方面做得怎样？

已经取得了较好成效□　　比较重视，积极进行管理创新□

重视不够，墨守成规□　　基本不关注□

11. 您认为审计期间本企业在产品创新方面做得怎样？

比较重视，且已经取得了较好成效□　　面对竞争压力，已开始加大产品创新的投入力度□

重视不够，投入太少□　　　　　　　基本不关注□

12. 您认为本企业主要产品或服务的竞争优势主要来自何处？

国家政策支持□　　良好的产品或服务质量□　　先进的管理□　　不知道□

三、企业经营决策方面

13. 您认为审计期间本企业的重大决策是否正确?

决策基本正确□　　　大部分决策正确□　　　经常决策失误□　　　不清楚□

14. 您认为审计期间本企业领导班子的决策风格如何?

注重前期调研,看准了当机立断□　　　　　凭感觉决策,雷厉风行□

畏首畏尾,优柔寡断□　　　　　　　　　不清楚□

15. 您认为审计期间本企业领导班子决策程序怎样?

所有重大事项经领导班子充分讨论,集体决策□

个别事项提交领导班子讨论,集体决策□

企业经常直接决策,很少或不征求领导班子的意见□

不清楚□

16. 您认为审计期间本企业经营决策的执行效果如何?

得到严格执行,能够达成预期目标□　　　执行有偏差,但主要目标能够完成□

缺乏监督制约,决策难以有效执行□　　　不清楚□

17. 如果您找本企业领导班子成员提合理化建议,会出现什么结果?

热情接待,注重采纳建议□　　　　接待,但采纳不多□

不认真听□　　　　　　　　　　很难找到□

四、企业风险控制方面

18. 您认为审计期间本企业领导班子的风险意识如何?

很重视风险管理,并采取了切实措施控制风险□

比较重视风险管理,能够采取一定措施控制风险□

一般,说说而已□

不重视□

19. 据您了解,审计期间本企业是否能够定期或不定期对企业所面临的各种风险进行辨识、分析和评价?

定期进行□　　　不定期进行□　　　已制定相关规章制度,但尚未实施□　　　从未□

20. 据您了解,审计期间本企业风险管理策略如何?

已根据企业所面临的风险制定了合理有效的风险管理策略,并能及时修正□

已制定风险管理策略,但不太完善□

没有相应的风险管理策略□

不知道□

21. 您认为本企业目前面临的风险主要在以下哪个方面?

市场风险□　　法律风险□　　财务风险□　　运营风险□　　其他□(请注明)

五、企业基础管理方面

22. 您认为审计期间本企业基础管理制度如何？

制度精简有效□　　　制度过多过滥□　　　制度有空缺□　　　相关制度不配套□

23. 您认为审计期间企业各项基础管理制度的贯彻实施情况如何？

管理制度得到严格贯彻执行□　　　基本得到执行，但仍存在少量违反制度的情况□

仅得到部分执行□　　　　　　　　形同虚设□

24. 您认为审计期间企业本部的组织机构和岗位设置如何？

机构设置合理，岗位精简高效□　　　机构设置合理，但同一岗位人员过多□

因人设岗，机构庞大□　　　　　　　一人多岗，人手紧缺□

机构设置臃肿，冗员较多□

25. 您认为审计期间本企业的内部控制制度和业务流程如何？

拥有完善的内部控制制度和业务流程，并得到全面执行□

拥有较为完整的内部控制制度和业务流程，并基本能够执行□

基本没有内部控制制度□

不知道□

26. 您认为本企业的预算管理制度发挥了什么样的作用？

严格监督并控制了企业的经济活动，行之有效□　　　效果不明显□

没有按制度规定严格执行，形同虚设□　　　无法判断□

不了解□

27. 您对本企业的费用控制有何评价？

很严格□　　　一般□　　　很松□　　　不清楚□

28. 您认为本企业对下属子公司的管理怎样？

母公司控制很严□　　　保持一定控制，但子公司具有相对较强的独立性□

子公司独立性很强□　　　监督控制较松，近乎放任自流□

29. 据您了解，审计期间本企业内部审计监督工作如何？

建立了完善的审计监督体系，并能够充分发挥审计监督作用□

拥有内部审计监督队伍，并基本能够发挥审计监督作用□

内部审计监督作用基本没有发挥□

不知道□

30. 您认为本企业信息化建设水平如何？

领导重视，投入较大，基本实现了企业内部管理的信息化□

仅实现了部分业务管理的信息化□

企业信息化建设刚刚起步□

重视程度不够，投入太少□

31. 您认为审计期间本企业的经营管理状况是否有所改善？

显著改善□　　　有所改善□　　　还是老样子□　　　比以前还差□

六、企业人力资源管理方面

32. 您觉得审计期间本企业工作环境怎样？

环境优良，注重保护职工身心健康□　　　　环境尚可，具有一定保护措施□

环境较差，对职工身心健康有一定伤害□　　　环境恶劣，对职工身心健康影响较大□

33. 您认为本企业的凝聚力如何？

具有很强的凝聚力□　　　具有一定凝聚力□　　　一般□　　　各打各的主意□

34. 您认为审计期间本企业领导班子用人方面有什么特点？

注重德才兼备□　　　重德不重才□　　　重才不重德□　　　任人唯亲□

35. 您认为自己的能力是否得到了发挥？

得到了很好发挥□　　　得到了一定发挥，还有很大潜力□

没有得到发挥□　　　无法判断□

36. 您认为本企业工资奖金分配制度体现了什么原则？

与职位挂钩□　　　与贡献挂钩□　　　综合考虑职位和贡献□　　　平均主义□

37. 审计期间您接受过几次有组织的培训？

1 ~ 2 次□　　　3 ~ 4 次□　　　4 次以上□　　　没有□

38. 您觉得审计期间在本企业工作是否有一种优越感？

荣耀，并努力做出自己的贡献□　　　混口饭吃而已□

迟早要跳槽□　　　说不上来□

七、企业行业和社会影响方面

39. 您认为审计期间本企业是否为当地（或本行业）的龙头企业？

是□　　　不是□　　　过去是现在不是□　　　现在不是，但相信将来是□

40. 据您了解，审计期间本企业的技术装备水平在国际国内处于什么水平？

处于国际先进水平□　　　处于国内先进水平□　　　处于国内较好水平□

处于国内一般以下水平□　　　不了解□

41. 您认为审计期间本企业主要产品在市场上的竞争力怎样？

有一定的国际市场竞争力□　　　有较强的国内市场竞争力□

竞争力一般□　　　　　　　竞争力较低□

42. 审计期间，您对本企业的发展是否充满信心？

具有充分的信心□　　　有一定信心□　　　没有信心□　　　不知道□

八、企业承担社会责任方面

43. 您认为审计期间本企业是否注重资源节约和环境保护问题？

很重视，并采取了切实措施□　　　比较重视，但因资金问题无力彻底解决□

一般，说说而已□   不重视□

44. 您认为审计期间本企业是否注重安全生产？

很重视，并有严格的制度□   比较重视，并经常检查□

一般，说说而已□   不重视□

45. 据您了解，审计期间本企业在参与社会公益事业方面（如参与社区建设、慈善、捐助等）如何？

很重视，并按相应规章制度办理□   比较重视，但随意性较强□

一般，说说而已□   不重视□

九、对企业领导班子的评价

46. 您认为本企业领导班子成员的收入水平怎样？

低，与其贡献不相称□   比较高，与其贡献相称□   一般，与其贡献不相称□

一般，与其贡献相称□   比较高，与其贡献不相称□

47. 您认为审计期间本企业领导班子的创新理念怎样？

勇于创新□   理解并接受新事物□   比较因循守旧□   不了解□

48. 您认为本企业领导干部是否廉洁奉公？

廉洁□   比较廉洁□   有个别不廉洁行为□   腐败□   不了解□

十、问卷填写人基本情况

49. 您是什么身份？

职能管理部门经理（含副手）□   职能管理部门一般职工□   子公司负责人□

子公司中层干部□   子公司员工□

50. 您有多大年龄？

50 岁以上□   40 ~ 50 岁□   30 ~ 40 岁□   30 岁以下□

51. 您的学历情况？

本科以上□   本科学历□   大专学历□   大专以下□

（三）开展审计访谈

绩效审计访谈计划示例

1. 访谈目标

从总体上把握被审计单位 ×× 年经营管理工作开展情况、取得的成效，以及企业当前存在的主要问题和不足，为审计评价提供资料，为起草绩效审计报告提供重要参考。

2. 访谈对象

一是领导班子成员；二是主要子公司和总部主要职能部门负责人；三是需要核实有

关审计事项的当事人。

3.访谈人员

本次绩效审计访谈由审计组组长、项目主审和审计项目联系人等组成,并安排专人负责访谈记录、报告等工作。

4.访谈时间

本次审计访谈计划分两批进行:第一批拟于××月××日进行,访谈对象为集团总部职能部门负责人;第二批拟于××月××日进行,访谈对象为领导班子成员。

5.访谈内容

(1)企业经营管理主要工作与成效,重点包括战略规划、"三重一大"决策、经营管控、绩效考核、监督管理等方面的建设与措施,所属企业管控、境内外项目等所取得的主要成效。

(2)企业发生的重大失误和损失,重点包括企业重大投融资项目、资产经营、高风险业务、安全生产、廉政建设方面产生的问题及由此导致的损失。

(3)企业目前存在的突出问题或薄弱环节,重点包括战略规划、可持续发展、内部控制机制、风险管理等方面存在的不足和薄弱环节,与同行业标杆企业的差距,造成企业管理现状的主要原因。

(4)对企业今后改革与发展方面的建设性意见与建议,重点包括企业战略调整措施、企业应发挥的主要优势、应强化的内部控制机制、迫切需解决的主要问题等。

(5)审计中需要核实的具体问题,主要是核实审计过程中发现的有待进一步明确的问题。

绩效审计访谈笔录如表 1-3 所示。

表 1-3 绩效审计访谈笔录

访谈对象		工作单位		职务	
访谈时间		访谈地点			
访谈人		记录人			

说明:访谈内容记录采用问答方式。

（四）召开绩效审计业务会

绩效审计业务会会议纪要

1. 会议时间及地点

…………

2. 会议参加人员

…………

3. 会议议题

…………

4. 会议形成的意见

…………

5. 参会人员签名

…………

说明：审计业务会不定期召开，审计组组长、项目主审可以提议召开，会议召开前应提前一天告知参会人议题（特殊情况除外），重大议题应由提议人准备会议材料。会议主要通报审计项目进展情况、审计过程中遇到的障碍、重大审计发现、调整审计方案等。

（五）编制审计取证单

审计取证单如表 1-4 所示。

表 1-4 审计取证单

项目名称			
被审计（调查）单位或个人			
审计（调查）事项			
审计（调查）事项摘要			
审计人员		编制日期	
证据提供单位意见			
	（盖章）		
	证据提供单位负责人（签名）		日期

（六）编制审计工作底稿

审计工作底稿如表 1-5 所示。

表 1-5　审计工作底稿（通用类）

项目名称			
审计（调查）事项			
审计人员		编制日期	
审计过程： （说明实施审计的步骤和方法、所取得的审计证据的名称和来源。多个底稿间共用审计证据，且审计证据附在其他底稿后的，应当在上述内容表述完毕后，注明"其中，× 审计证据附在 × 号底稿后"）			
审计认定的事实摘要及审计结论： （审计结论包括未发现问题的结论和已发现问题的结论。对已发现问题的结论，应说明得出结论所依据的规定和标准）			
审核意见： （审核意见种类包括：1. 予以认可；2. 责成采取进一步审计措施，获取适当、充分的审计证据；3. 纠正或者责成纠正不恰当的审计结论）			
审核人员		审核日期	

（七）编制审计发现问题汇总表

审计发现问题汇总表如表 1-6 所示。

表 1-6　审计发现问题汇总表

序号	单位名称	事实描述	定性	金额 / 万元	定性法规依据	责任界定	界定责任依据	处理意见或整改建议

九、撰写绩效审计报告征求意见稿

三泰恒天 ×× 年度绩效审计报告征求意见稿（示例）

根据 × 通知书要求，我们接受委托于 ×× 年 ×× 月 ×× 日至 ×× 年 ×× 月 ×× 日对 × 公司（以下简称"× 公司"）× 年度经营绩效进行了审计。提供真实、完整的财务及相关资料是 × 公司管理当局的责任，我们的责任是对以上会计报表及经济责任相关资料发表审计意见。我们按照《中华人民共和国审计法》《审计署关于内部审计工作的规定》及集团内部审计管理办法开展审计工作，审计工作包括在抽查的基础上检查支持会计报表金额和披露的证据、调查核实企业重大经营活动和经营决策，对审计中发现的重要事项进行延伸审计。我们相信，我们的审计工作为发表意见提供了合理的基础。× 公司高度重视本次审计工作。审计期间，× 公司和所属被审计企业及负责人指定专人负责审计工作联系，并按规定程序和时间向 × 公司职工公告本次审计，确保本次审计工作顺利完成。针对审计中发现的问题，审计组与 × 公司及其所属企业进行了充分的交流与沟通，现将审计情况报告如下。

一、基本情况

（一）企业概况

（二）业务板块

（三）组织机构

（四）企业财务状况

（五）人员情况

（六）审计实施情况

二、企业经营绩效情况

（一）企业贯彻执行党和国家重大决策部署及国家法律法规政策，落实国资监管制度规定和企业依法合规经营情况

（二）企业经营绩效目标完成真实性、完整性、效益性情况

（三）发展战略规划建立与执行情况

（四）重大经济决策制度制定、执行和效果情况

（五）重要业务领域内部控制制度建设执行及重大风险评估应对情况

（六）以往国家审计、出资人监督检查及企业内部审计发现问题的整改情况

（七）其他需说明事项

三、审计发现的主要问题

1. 贯彻执行有关方针政策和决策部署不到位，推进企业改革发展不力

（1）推进国有企业改革不力。企业改革与国家国资国企改革要求存在较大差距，企业改革重组进展缓慢、效果不佳，未实现企业发展预期目标，非主业投资问题突出。

（2）未按规定健全完善企业法人治理结构；在未经充分论证的前提下参与高风险融资性贸易；以参与无贸易实质、循环交易虚增销售收入等方式违规做大收入规模。

（3）落实国家关于企业提质增效决策部署不到位。未严格执行转型发展战略和"三去一降一补"相关政策，清理低效无效资产进展缓慢。

（4）落实国有资产保值增值和国有资本经营预算管理要求不到位，未全面完成国资

部门下达的经济考核指标。

2. 企业发展战略定位违背经济规律、脱离实际，规划执行不到位

对企业发展策略缺乏科学充分的论证、分析，导致决策失误；战略规划效益有待整改提升，主业战略具体规划需进一步细化；规划期间产业结构调整、内部整合不到位；子企业多、小、散，亏损、微利企业多，管理链条长的问题未得到有效解决；科研、人才、信息化、品牌、文化等建设滞后；董事会决议执行监督不到位，集团及成员企业管控力度弱。

3. 重大经济决策或者决策执行不规范

（1）决策规则和决策程序不健全。"三重一大"决策制度缺失或者内容不实不细，应该纳入"三重一大"决策的有关事项未按要求纳入，或者纳入决策的标准不统一、决策程序不具体。

（2）决策规则和决策程序执行不严格。未严格执行"三重一大"决策制度，擅自违规决策或者以少数人决策代替集体决策，甚至越权决策；按公司章程应由董事会决策的事项，违规交由总经理办公会决策，甚至由下属子公司越权代位决策。

（3）违反政策法规决策。未按规定报经相关部门批准，擅自投资建设工程项目；违反有关规定，在未报经有关部门核准，或者未取得国土、环保等部门相应批复情况下，擅自开工建设工程项目；重大投资项目违反审批程序，应报未报国资部门核准或者备案；未经批准，违法违规进入自然保护区等限制开发区域建设工程项目。

（4）重大投资未按规定进行充分、深入的可行性研究或者风险分析。投资并购未按规定开展尽职调查或者尽职调查未进行风险分析；财务审计、资产评估违反相关规定；对存在的重大疏漏未及时采取有效弥补措施；盲目决策致使投资或者并购未达到预期效果，甚至造成损失。

（5）违规执行或者实施重大事项。收购、兼并、重组和重大资产处置未按要求进行资产评估；违规对外担保，特别是为民营企业贷款提供担保；引进不成熟技术或者技术引进不合理，致使不能正常投入生产；以邀请招标、比选或者直接指定代替公开招标，违规确定工程施工单位或者物资供应商；违法转包、分包项目；未经企业董事会研究，未形成董事会决议，未按规定上报国资部门核准，甚至未经企业集体研究决策，违规擅自对外捐赠，或者超范围捐赠。

（6）对下属企业的重大经济决策管控不力。下属企业脱离监管，应报的重大经济决策事项未报集团公司审批，违规决策。

① 股权投资管理方面。

×公司所属企业存在个别未经集团董事会审批对外投资，部分项目未能达到可行性研究预期收益，对外投资未按批复清理到位，个别被投资企业中层以上领导持股，子企业多、小、散，亏损、微利企业多，管理链条长等问题，反映出部分项目可行性研究前期论证不充分，责任追究制度需落实，子企业清理力度需加大。

② 基本建设项目投资管理方面。

在基本建设项目投资管理方面，×公司所属企业存在基本建设程序、投资主体不规范，未经批复擅自改变项目资金用途，项目招投标合同管理不规范，项目投资超规模、超概算、未实现预期效益等问题，基本建设项目投资管控不到位。

4. 企业财务收支及国有资产管理不规范

（1）合并财务报表不真实。应纳入合并范围的未按要求合并报表，或者不应纳入合并范围的违规合并报表；内部交易未予抵销，虚增收入、利润；无任何依据直接调整合并报表有关事项。

（2）未按规定核算资产、负债及所有者权益。应入账资产未及时入账，债权债务长期挂账，资产、负债或者所有者权益入账科目错误，未按规定核算工程成本，在建工程未及时转入固定资产。

（3）未按规定核算收入。推迟或者提前确认收入，虚构业务虚增收入或者隐瞒业务少计收入，将应计入成本费用的支出直接冲减销售收入，未及时结转收入。

（4）未按规定核算成本费用。提前或者推迟结转成本费用，虚列或者少计成本费用，违规计提固定资产折旧和资产减值准备。

① 实物资产管理方面，×公司所属企业存在实物资产产权不清晰，固定资产清理核算不及时，投保管理不到位，处置程序不规范及资产闲置等问题。

② 财务核算管理方面，×公司及所属企业存在被投资企业未能纳入对外投资核算，财务决算未按产权关系全级次规范填制上报，货币资金管理不规范，财务监管不到位，收支核算不规范，费用支出票据不规范，税项管理不到位，合并报表编制抵销不规范等问题。

③ 货币资金管理方面，存在现金收支管理不规范，银行账户收支管理不到位，向集团外部企业出借资金，个人账户办理现金业务，大额资金分级授权审批程序不完善等问题。

④ 其他基础管理方面，存在合同管理不规范，合同执行不到位，经济事项未按规定订立合同等问题。

⑤ 薪酬管理方面，存在薪酬收入未通过应付职工薪酬核算，超范围列支福利费等问题。

⑥ 对外担保方面，存在对外担保超出内部制度规定限额，因担保产生诉讼存在或有负债，因对外担保账户资产被查封等问题。

5. 法人治理及内部监督管理制度不健全或者执行不到位

（1）法人治理结构不完善。董事会、监事会、管理层结构和机制不健全、不完善，未形成健全有效的制衡机制。

（2）未建立健全内部管理制度。未及时修订完善已不适应经济发展和市场要求，甚至违背现行政策的内部管理制度；内部管理制度衔接不畅，相互冲突；未按要求建立健全战略规划、投融资、财务、环境保护、安全生产等方面的内部管控制度。

（3）内部管理层级过多。内部管理层级过多导致信息交流不畅、执行力差、组织及管理成本高、工作效率低，存在管理失控和国有资产流失等风险。

（4）重大风险管控力度不够。未有效结合自身实际开展企业风险管控体系建设；针对企业重大资本运作、投资收购、金融衍生品交易等经营高风险领域，未制定相应重大风险管控措施；内部重要管控制度执行不力，导致重大违规违法问题发生；对下属企业经营监管不到位，致使下属企业违规采购、违规招投标问题突出。

（5）未按国有资本经营预算支出管理要求进行收入分配。工资总额以外提取和列支工资性支出，企业年金管理不规范，违规为职工购买应由个人承担的商业保险，违规转移收入，以及以假发票等方式套取资金为职工发放奖金或者购买购物卡。

6. 履行全面从严治党主体责任不到位，落实党风廉政建设要求不力

（1）落实全面从严治党主体责任不到位。对所在企业领导班子和领导人员日常教育管理不严，企业内部干部职工违规经商办企业，或者利用工作便利与所在企业发生项目转包和提供货物、服务等经济交易。

（2）执行廉政纪律规定不严格。违反资产售卖程序将企业房产出售给子女或者身边人员；违规发放奖金、工资、补贴，私设"小金库"；违规兼职取酬；违反国有企业领导人员履职待遇规定，违规享受待遇；违反限制职工投资关联企业规定，采取各种手段向关联企业输送利益。

7. 对以往年度审计发现的问题重视不够，问题整改落实不到位

……………

四、审计建议

……………

附：

审计发现问题汇总表

十、征求被审计单位意见

审计报告征求意见书

三泰集团函〔20××〕×号

×单位：

按照集团年度审计工作计划安排，集团审计部派出审计组，自××年××月××日至××年××月××日，对×单位经营绩效情况实施审计。根据《中华人民共和国审计法》规定，现将审计报告送你们征求意见。请在收到审计报告之日起10日内提出书面意见报送我部。如果在规定期限内没有提出书面意见，视为无意见。

附件：审计报告（征求意见稿）

集团审计部
××年××月××日

关于审计报告（征求意见稿）反馈意见的采纳情况如表 1-7 所示。

表 1-7　关于审计报告（征求意见稿）反馈意见的采纳情况

项目名称	关于对 × 绩效的审计
审计组对审计报告（征求意见稿）反馈意见的采纳情况	审计组于××年××月××日向×和×有问题的单位送达审计报告（征求意见稿）并征询意见，×月××日，审计组收到了×单位的书面反馈意见。经组内研究，对×单位反馈×条意见予以采纳、×条意见不予采纳。原审计报告（征求意见稿）披露说明问题×个，修改后披露说明问题×个，其中：修改问题×个，删除问题×个，合并处理×个，修改具体措辞×个。具体情况如下。 一、反馈意见采纳修改问题情况 （一）×反馈意见 审计组根据×意见将……修改为……，同时根据相关建议对报告内容进行了相应修改。 （二）×反馈意见 ………… 二、反馈意见删除与合并调整问题情况 根据审计工作交流沟通与汇报的有关意见，将原政策制定方面的问题按政策执行的口径进行了调整，对结合政策实际及审计情况，对原审计报告的部分问题进行了删除、合并或调整。具体情况如下。 （一）删除问题事项 一是对×政策制定方面的问题，根据政策执行的口径进行了调整，将原×的问题作为建议事项，在问题中进行了删除。 二是对×政策制定方面的问题，因不属于本次政策范围事项，删除了×的问题。 三是其他政策制定方面的问题，因×政策目标为×，故删除了×的问题。 （二）合并调整事项 一是将原考核统计范围需进一步明确与支出范围与标准不明确等调整合并为政策执行不到位的问题。 ………… 三、反馈意见未予以采纳情况的说明 一是×单位反馈的×意见系对×问题的解释说明，不影响原审计事实、问题定性与审计结论，故未予采纳。 …………

（续表）

项目名称	关于对 × 绩效的审计
中介机构审计现场负责人签字	签名：　　　　　　年　　月　　日
审计组组长复核意见	签名：　　　　　　年　　月　　日
审计部业务负责人审核意见	签名：　　　　　　年　　月　　日
审计部负责人审定意见	签名：　　　　　　年　　月　　日

　　附件：被审计单位对审计报告（征求意见稿）的意见

十一、出具绩效审计报告

　　审计报告内容格式同征求意见稿，文末增加以下内容：

　　被审计单位应该组织有关部门，切实抓好对审计发现问题的整改，并自收到审计报告之日起 60 日内将整改情况书面报告我部。对本报告中反映的相关问题，我部将以适当方式公告。

　　被审计单位如果对本报告有异议，可以自收到本报告之日起 30 日内，向我部申诉。

十二、移交转办（如有）

审计移送处理书

×××：

　　我部在 × 单位经营绩效审计中发现了违法违纪需要追究责任 / 需要进一步核查处理 / 需要引起关注和研究的问题，为强化审计结果运用，推动解决审计发现问题，现将相关问题移送你单位处理。具体情况如下。

　　…………

　　请将处理结果于 3 个月内反馈我部。

集团审计部

×× 年 ×× 月 ×× 日

十三、审计要情（如有）

审计要情

审计发现的重要情况

日前，我部派出审计组对×××审计的过程中，发现×××。建议×××。

报：×××、××××

送：××××

注：

（1）审计要情主要反映审计发现的重大违法违纪、管理不善、损失浪费和失职渎职等问题，或涉嫌犯罪案件线索，性质严重、金额巨大，需要党委、政府领导及时掌握情况、明确做出指示的问题。

（2）审计要情中所反映的审计发现的重大违法违规问题或重大案件线索，一般应按事项、事件的发展过程叙述，分析问题造成的危害，明确提出进一步调查处理的建议。对审计发现的带有典型性、倾向性和普遍性的重要问题，一般应联系所反映情况的政策体制环境，尽可能汇总出审计总体的情况（包括数据等），写清问题性质、问题金额及其比重，充分揭示问题的成因、造成的危害和发展趋势，分析查找出体制、政策和监管上的原因（包括存在的问题），提出切实可行的审计意见和建议。

十四、内部通报

绩效审计内部通报的具体内容与格式同绩效审计报告，其名称为"关于×单位经营绩效审计情况的通报"。

十五、督促绩效审计发现问题整改落实

（一）关于开展经营绩效审计整改落实情况跟踪检查工作的通知

××单位：

为进一步落实经营绩效审计整改工作责任，提升审计整改工作质量和效果，我部接受委托拟于××年××月对你单位××年经营绩效审计整改落实情况进行跟踪检查。现将有关事项通知如下。

1. 检查内容

…………

2. 检查时间

…………

3. 检查方式

…………

4. 其他事项

…………

集团审计部

××年××月××日

（二）整改落实情况检查工作底稿（见表1-8）

表 1-8　整改落实情况检查工作底稿

索引号：ZG 第　　号

项目名称	××××经营绩效审计整改落实情况检查
整改事项（定性）	
问题描述： （按审计报告中列示的问题填列）	
整改情况： （填列已整改的事项，要附支撑材料） （未整改的事项填写相关原因）	
附件主要内容： （附件要与发现问题具有相关性，支撑材料只保留能直接说明问题的关键材料） 附件：张	
被审计单位（部门）意见： （被审计单位意见为"情况属实"或"情况不属实"。"情况不属实"的另附材料说明） ××单位（部门）负责人签字：　　××单位（部门）盖章	

注：

（1）工作底稿需一事一稿；

（2）被审计单位相关部门或人员需在接收工作底稿两日内完成反馈。

（三）关于××经营绩效审计整改情况的报告

　　××年××月××日至××日，检查组对《关于××经营绩效审计报告》（集团绩审报〔××〕××号）（以下简称《审计报告》）中披露的问题

93 ›

的整改落实情况进行了检查，同时，为提高检查整改效果，检查组对各类问题进行了适当延伸。具体情况如下。

一、总体情况

（一）单位整改工作组织开展情况

（对单位整改工作组织情况进行适当描述。）

（二）整改情况

《审计报告》要求 × 单位进行整改的问题共 × 个，单位已经完成整改问题 × 个，尚未完成整改问题 × 个。

（具体描述完成整改问题情况。）

（具体描述未完成整改问题情况。包含未完成原因分析、单位拟采取的措施、拟完成整改的具体时间等。）

（三）延伸检查情况

审计组对《审计报告》发现的 × 个问题进行了延伸检查。其中 × 个问题，经延伸检查单位已彻底整改；其中 × 个问题单位虽然对《审计报告》提出的具体问题未完成整改，但延伸检查未发现同类新问题发生；剩余 × 个问题经延伸检查发现有重复发生的情况或整改成效不明显，如……。

二、具体整改情况

（一）完成整改的问题情况

……………

（二）未完成整改的问题情况

……………

三、延伸检查情况

……………

四、工作建议

（针对整改进展情况提出具体的意见建议。）

附件：审计整改结果检查与对账销号清单

集团审计部

×× 年 ×× 月 ×× 日

（四）经营绩效审计整改结果清单（见表1-9）

表1-9 经营绩效审计整改结果清单

审计项目：　　　　　　　　　　　　　　　　　　　　　　　　被审计单位：

问题清单（按照经营绩效审计发现问题清单填列）				整改结果清单						
问题清单序号	与报告对应关系	单位名称	问题摘要	已整改	正在整改			尚未整改		
				整改措施	已采取措施和进度	下一步措施	完成时限	主要原因	整改措施	完成时限

（五）经营绩效审计整改结果检查与对账销号清单（见表1-10）

表1-10 经营绩效审计整改结果检查与对账销号清单

审计项目：　　　　　　　　　　　　　　　　　　　　　　　　被审计单位：

问题清单		整改结果检查与对账销号清单									是否销号	销号时间
		整改结果检查		整改类型								
				已整改			正在整改		尚未整改			
序号	摘要	检查时间	检查方式	纠正问题	完善制度	完成时间	主要原因	完成时限	主要原因	责任部门或责任人	完成时限	

十六、整理绩效审计档案

审计项目档案包括的主要内容有：审计报告、审计情况通报、审计意见书、专项报告、审计报告征求意见稿、审计报告征求意见书、整改情况报告、审计实施方案、报告中所列问题与工作底稿对应关系表、审计工作底稿（附：审计证据）、被审计单位承诺书、审计过程管理表。

说明：审计项目档案按照上述顺序排列，审计项目档案形成后要编制目录，置于档案最前页。

第 2 章

部门预算绩效审计实务指南

第 1 节　部门预算绩效审计概念

一、部门预算的概念

部门预算是指与财政部门直接发生预算缴款、拨款关系的国家机关、事业单位、社会团体和其他单位，依据国家有关法律、法规规定及其履行职能需要编制的本部门年度收支计划。通俗地讲，部门预算就是"一个部门一本账"。按照预算法的规定，部门是部门预算编制执行的主体，对预算编制的真实性、完整性、准确性及执行结果负责。

在部门预算中的"部门"具有特定含义，它是指那些与财政直接发生经费领拨关系的一级预算会计单位。主要包括三类：一是开支行政管理费的部门，包括人大、政协、政府机关、共产党机关、民主党派机关、社团机关；二是公检法司部门；三是依照公务员管理的事业单位等。

从部门预算管理的角度来看，部门预算管理主要包括部门预算编制、执行、决算、公开和部门预算会计核算，部门预算类级科目主要包括工资福利支出、商品和服务支出、对个人和家庭的补助、债务利息及费用支出、资本性支出、对企业补助、对社会保障基金补助、其他支出。

部门预算既包括行政单位预算，也包括事业单位预算；既包括基本支出预算，也包括项目支出预算。其中：基本支出主要用于保障部门机构的正常运转，包括完成日常工作任务所需的人员经费和公用经费支出；项目支出主要用于部门完成特定的行政工作任务和实现事业发展目标而安排的专门支出。

部门预算是部门单位事业发展计划的综合反映，是加强单位宏观调控能力、改善资金使用状况的有效手段，是涉及单位管理的各个方面、集预测与决策于一体的综合性工作。因此，部门单位应重视部门预算的编制、执行、决算、公开等工作，切实履行预算管理主体责任，预算执行监督、预算绩效审计亦是部门预算管理的重要环节。

二、部门预算绩效审计

《中共中央 国务院关于全面实施预算绩效管理的意见》指出，要加强绩效管理监督问责，审计机关要依法对预算绩效管理情况开展审计监督。作为绩效审计的组成部分，部门预算绩效审计旨在通过审计促进改进部门预算绩效管理，提高部门预算及执行的绩效；区别于部门预算执行审计，部门预算绩效审计系在传统部门预算执行或财务收支审计的基础上，重点查证、评估部门预算绩效的决策过程、管理状况、执行效果。

第 2 节　部门预算绩效审计目标

一、部门预算绩效管理要求

2018 年《中共中央 国务院关于全面实施预算绩效管理的意见》指出要构建全方位、全过程、全覆盖的预算绩效管理体系。

实施部门和单位预算绩效管理，就是要将部门和单位预算收支全面纳入绩效管理，赋予部门和资金使用单位更多的管理自主权，围绕部门和单位职责、行业发展规划，以预算资金管理为主线，统筹考虑资产和业务活动，从运行成本、管理效率、履职效能、社会效应、可持续发展能力和服务对象满意度等方面，衡量部门和单位整体及核心业务实施效果，推动提高部门和单位整体绩效水平。

二、部门预算绩效审计具体目标

部门预算绩效审计就是依法对部门预算绩效管理情况开展审计监督，重点审计预算支出绩效、政策实施效果、绩效责任落实和部门绩效管理等内容。部门预算绩效审计立足"服务经济社会发展大局"，牢固树立"讲绩效、重绩效、用绩效"的绩效管理理念，通过发现问题、促进整改、促进长效机制建立的方式推进预算部门高质量发展。

部门预算绩效审计就是要聚焦预算绩效管理，坚持问题导向，聚焦全面预算绩效管理的工作短板和薄弱环节及审计中发现的预算绩效管理突出问题，紧盯预算资金配置效率和使用效益，推动部门贯彻"花钱必问效，无效必问责"的绩效管理理念，进一步增强支出责任和效率意识，全面加强预算管理，优化资源配置，提高财政资金使用绩效和科学化精细化管理水平，提升执行力和公信力。

部门预算绩效审计目标区别于财务审计合法性、合规性审计，注重部门预算资金使用的经济性、效益性、效果性和时效性。其目的在于提升部门预算单位的财政、财务收支、经营管理活动的规范性与有效性，提高投入产出效率、效益与效果。

第 3 节　部门预算绩效审计依据

部门预算绩效审计依据除财务收支审计常用的财政、经济、会计法律法规外，具有多元化的特点，如应以政府部门预算的决策文件，与预算有关的定额、标准，历史数据，项目的技术参数、可行性研究报告等为依据；同时对于不同的预算部门，部门预算绩效审计依据还具有特定的部门特征与特点。部门预算绩效审计依据主要包括但不限于以下内容：

（1）国家相关法律、法规和规章制度；

（2）各级政府制定的国民经济与社会发展规划和方针政策；

（3）预算管理制度、资金及财务管理办法、财务会计资料；

（4）组织管理职能职责、中长期发展规划及年度工作计划；

（5）相关行业政策、行业标准及专业技术规范；

（6）绩效目标及其他相关材料、预决算批复、年度决算与经营情况报告；

（7）审计报告及决定、内外部监督检查报告；

（8）其他相关资料。

第 4 节　部门预算绩效审计内容

部门预算绩效管理的主要工作内容是以"三定"方案确定的部门职责为基础，依托部门战略目标，分析制定年度绩效目标并确定年度主要工作任务，同时将年度绩效目标细化为投入、产出和效果指标，并在此基础上进行过程监督、绩效自评、绩效评价和评价结果应用及公开。据此，部门预算绩效审计的主要内容包括但不限于以下事项：

（1）部门预算绩效目标、指标的设定与决策情况；

（2）部门预算资金投入、预算执行和管理情况；

（3）为实现部门预算绩效目标所制定的制度、采取的工作措施；

（4）预算部门职责履行与绩效目标实现情况及效果；

（5）部门预算绩效管理情况。

第 5 节　部门预算绩效审计指标

一、部门预算绩效目标与指标

（一）部门预算绩效目标

按照国家有关预算绩效目标管理办法规定，预算单位应编制绩效目标，绩效目标是指预算资金计划在一定期限内达到的产出和效果，是建设项目库、编制部门预算、实施绩效监控、开展绩效评价等的重要基础和依据。

部门预算绩效目标应清晰反映预算资金的预期产出和效果，并以相应的绩效指标予以细化、量化描述。部门预算绩效目标主要包括：预期产出，即预算资金在一定期限内预期提供的公共产品和服务情况；预期效果，即上述产出可能对经济、社会、环境等带来的影响情况，以及服务对象或项目受益人对该项产出和影响的满意程度等。

（二）部门预算绩效指标

在部门预算绩效目标的基础上，预算部门应对部门预算绩效目标进行细化与量化，形成部门预算绩效指标，主要包括产出指标、效益指标和满意度指标等。

（1）产出指标是对预期产出的描述，包括数量指标、质量指标、时效指标、成本指标等。

（2）效益指标是对预期效果的描述，包括经济效益指标、社会效益指标、生态效益指标、可持续影响指标等。

（3）满意度指标是反映服务对象或项目受益人的认可程度的指标。

（三）部门预算绩效目标与指标设定要求

一是指向明确。部门预算绩效目标要符合国民经济和社会发展规划、部门职能及事业发展规划等要求，并与相应的预算支出内容、范围、方向、效果等紧密相关。

二是细化量化。部门预算绩效目标应当从数量、质量、成本、时效，以及经济效益、社会效益、生态效益、可持续影响、满意度等方面进行细化，尽量进行定量表述。不能以量化形式表述的，可采用定性表述，但应具有可衡量性。

三是合理可行。设定部门绩效目标时要经过调查研究和科学论证，符合客观实际，能够在一定期限内如期实现。

四是相应匹配。部门绩效目标要与计划期内的任务数或计划数相对应,与预算确定的投资额或资金量相匹配。

二、部门预算绩效审计指标类别

部门预算绩效审计指标类别主要包括部门预算绩效前期决策、部门预算绩效过程管理、部门预算绩效目标实现等。

(一)部门预算绩效前期决策

部门预算绩效前期决策类指标主要包括部门预算绩效目标决策依据是否充分,绩效目标设定是否合理,绩效指标设定是否清晰、细化、可衡量,绩效目标决策程序是否明确规范,基本支出、项目支出资金分配是否合理,是否与绩效目标匹配,是否能够保障重大、重要与重点任务和项目。

(二)部门预算绩效过程管理

部门预算绩效过程管理类指标主要包括预算管理和财务管理制度是否健全,基本支出、项目支出与其他支出等预算执行是否到位,资金使用是否合规,资产管理是否规范,是否开展全过程预算绩效管理,结转结余资金管理是否规范,财务、业务、管理等各类基础信息数据是否全面、完整与准确。

(三)部门预算绩效目标实现

部门预算绩效目标实现类指标主要包括部门预算绩效产出指标完成情况,即产业数量完成情况、产出质量达标情况、产出进度完成情况、产出成本控制或节约情况;部门预算绩效效果完成情况等,即经济效益影响、社会效益影响、环境效益影响、可持续性影响,以及服务对象满意度等。

第 6 节　部门预算绩效审计重点

一、部门预算绩效前期决策审计

(一)部门预算绩效目标设定情况审计

一是审计部门预算绩效目标设定依据是否充分。重点关注:①部门预算绩效目标是否符合国家法律法规、国民经济和社会发展总体规划；②是否符合部门"三定"方案确定的职责；③是否符合部门制定的中长期实施规划；④绩效目标的内容是否完整，绩效目标是否明确、清晰。

二是审计部门预算绩效目标设定是否合理。重点关注：①部门预算绩效目标是否符合客观实际，是否与部门职能、事业发展规划相关，是否与部门年度任务或计划相对应，是否对申报的绩效目标设定了相关联的绩效指标，绩效指标是否细化、量化；②部门预算绩效目标设定是否适当，资金规模与绩效目标之间是否匹配，在既定资金规模下，绩效目标是否过高或过低；或者要完成既定绩效目标，资金规模是否过大或过小，绩效目标是否可实现、可完成。

三是审计部门预算绩效目标设定是否明确。重点关注：①部门预算绩效目标是否清晰、细化、可衡量；②是否将部门整体绩效目标细化分解为具体的工作任务；③是否通过清晰、可衡量的指标值予以体现。

四是审计部门预算绩效目标设定是否可行。重点关注：①绩效目标是否经过充分论证和合理测算；②所采取的措施是否切实可行，并且能确保绩效目标如期实现；③综合考虑成本效益，是否有必要安排财政资金。

（二）部门预算绩效目标设定决策审计

部门预算绩效目标设定决策程序是否明确规范，决策依据是否充分，用以反映决策程序的有效性。重点关注：①部门预算绩效目标设定决策程序是否明确、规范；②部门预算绩效目标设定是否按照部门（单位）内部决策程序与流程办理；③部门预算绩效目标决策责任是否明确清晰，决策记录是否真实、准确与完整。

（三）部门预算绩效对应资金分配情况审计

一是资金分配依据是否充分。重点关注：①部门预算资金分配是否符合法规政策；②资金分配测算依据是否充分，是否符合国家、行业定额标准。

二是资金分配结果是否合理。重点关注：①部门预算资金分配是否与部门整体绩效目标内容相一致；②部门预算绩效对应资金分配结果是否合理。

三是是否保障重点项目资金。重点关注：①部门预算重点项目支出是否能够有效保障部门履行主要职责或完成重点任务；②与本部门履职和发展密切相关、具有明显社会和经济影响、党委和政府关心或社会比较关注、一定金额以上的项目支出资金分配是否充分、合理。

二、部门预算绩效过程管理审计

（一）部门预算执行情况审计

一是管理制度健全性。重点关注为加强预算绩效管理、规范财务行为而制定的管理制度是否健全完整，预算资金管理办法、绩效跟踪管理办法、资产管理办法等各项制度是否健全，部门内部财务管理制度是否完整、合规，会计核算制度是否完整、合规。

二是预算执行率。重点关注非部门（单位）非税收入预算执行、支出预算执行、支出预算调整、结转结余资金、政府采购执行情况等。

三是资金使用合规性和安全性。重点关注部门使用预算资金是否符合国家财经法规和财务管理制度规定及有关专项资金管理办法的规定；资金的拨付是否有完整的审批程序和手续；项目的重大开支是否经过评估论证，是否符合部门预算批复的用途，是否存在截留、挤占、挪用情况；资金使用是否符合政府采购的程序和流程；资金使用是否符合公务卡结算相关制度和规定。

四是"三公经费"控制情况。重点关注部门公务接待、公务用车、公款出国费用的控制情况是否符合财政部门当年的预算要求和相关管理制度要求，"三公经费"总体支出情况是否符合财政部门当年的控制要求；"三公经费"具体支出标准是否符合相关管理制度规定。

五是部门预算信息公开性。重点关注部门预算、执行、监督、绩效等管理相关信息是否按照政府信息公开有关规定进行公开，是否按规定内容公开预算信息，是否按规定时限公开预算信息。

六是基础信息的完善性。重点关注部门财务、业务、管理等基础信息是否完善，基础数据信息和会计信息资料是否真实，基础数据信息和会计信息资料是否完整，基础数据信息和会计信息资料是否准确。

（二）部门预算绩效管理审计

在全方位预算绩效管理格局中，部门预算单位重点承担的是部门整体绩效管理、政策绩效管理和项目绩效管理工作。按照全过程绩效管理逻辑要求，即从部门预算绩效决策、部门预算绩效目标编制、部门预算绩效过程监控、部门预算绩效评价及部门预算绩效评价结果应用的角度，围绕部门预算绩效管理工作的重点内容来看，部门预算绩效管理审计重点包括以下内容。

1. 部门预算绩效管理内部控制建立与健全情况

按照《中共中央　国务院关于全面实施预算绩效管理的意见》的要求，预算部门应当建立涵盖绩效目标管理、绩效运行监控、绩效评价管理、绩效评价结果应用等各环节管理流程的工作规程或实施细则，审计中应重点关注预算部门全面预算绩效管理制度的建立与执行情况。重点关注以下内容。

一是是否建立执行部门和单位预算绩效管理体制与机制，是否成立绩效管理领导小组，是否指定相关处室和专人负责绩效管理工作；是否将部门和单位预算收支全面纳入绩效管理，定期开展预算绩效评价，对部门和单位整体及核心业务的决策、实施与效果开展自评价工作。

二是是否建立执行部门政策和项目预算绩效管理制度，对政策和项目实施绩效管理，从数量、质量、时效、成本、效益等方面，综合衡量政策和项目预算资金使用效果；是否对实施期超过一年的重大政策和项目实行全周期跟踪问效，建立动态评价调整机制，政策到期、绩效低下的政策和项目是否及时清理退出。

三是是否建立全过程预算绩效管理链条，即是否建立绩效评估机制、绩效目标管理、绩效运行监控、绩效评价和结果应用等全链条预算绩效管理，是否定期通过自评和外部评价相结合的方式，对预算执行情况开展绩效评价，绩效评价结果是否得到有效应用。

四是是否建立执行绩效信息收集管理制度；是否及时收集相关绩效信息；是否及时对绩效信息进行汇总分析；是否对绩效目标偏离情况及时进行矫正；是否及时向财政部门上报绩效信息。

2. 部门预算绩效项目和政策决策情况

一是针对预算部门年度新增安排的重大政策和项目，重点关注部门（单位）是否按照财政部门的要求对相关事项进行事前绩效评估并报财政部门审核，事前绩效评估是否履行既定的程序并做好档案管理工作。

二是抽样选取具体项目或政策，结合事前评估结果与实际执行结果进行对比分析，以结果反推评价前期绩效目标评估情况，对具体项目或政策立项必要性、投入经济性、绩效目标合理性、实施方案可行性、筹资合规性等进行分析与评价。

3. 部门预算绩效目标设定与管理情况

部门预算绩效目标设定与管理情况审计，既关注其基本经费支出绩效目标设定与完成情况审计，对其正常职责履行情况进行评价；亦关注其政策和项目绩效目标设定与完成情况，即对其以项目与政策绩效目标的编制、审核、批复、下达、调整和应用等为主要内容开展管理工作的审计。

一是重点关注预算部门在此过程中对本单位实施的政策或项目绩效目标的填制，以及对所属部门或单位填报的绩效目标的审核，关注以绩效目标作为建立项目库、编制部门预算、实施绩效运行监控、开展绩效评价等工作的重要基础和依据是否合理与充分。

二是抽样审核具体项目，是否根据决策部署，分解细化各项工作要求，是否结合本地区本部门实际情况，全面设置部门和单位整体绩效目标、政策及项目绩效目标。

三是抽样审核具体项目与政策绩效目标的完整性、相关性及可行性。其中：完整性如效果指标是否包含经济、社会、生态、可持续影响等指标；相关性即绩效目标与单位职责任务是否密切相关，是否符合如卫生、教育、安全生产、住建等分行业、分领域、分层次绩效指标和标准体系；可行性即审查绩效目标是否立足实际情况，是否符合历史标准、行业标准或计划标准等，以结果评价分析指标设定是否存在过高或过低情形。

4. 部门预算绩效运行过程与监控情况

一是重点关注预算部门对重大项目或政策绩效运行过程监控工作开展情况，关注预算部门是否按规定选定具体项目或政策对其预算执行进度、绩效目标实现程度进行"双监控"，是否定期收集具体项目或政策绩效运行信息、分析绩效运行信息和形成绩效监控报告。

二是重点关注预算部门对绩效运行监控中发现的问题是否及时予以纠正，确保绩效目标如期保质保量实现；是否建立重大政策、项目绩效跟踪机制，对存在严重问题的政策、项目是否暂缓或停止资金支付，或者调整目标或预算，避免资金闲置或浪费。

5. 部门预算绩效目标实现与评价情况

审计中应关注预算部门是否按规定组织部门本级和资金使用单位，对预算执行情况及政策、项目实施效果开展绩效自评，关注部门自评目标完成值的真实性及目标完成值与目标值的差异情况、预算绩效评价指标权重设计的合理性，以及对完成值与目标值存在差异的原因分析是否深入透彻。

（三）部门资产管理情况审计

一是资产管理规范性审计。重点关注部门的资产是否保持安全完整，资产配置是否合理，资产使用和资产处理是否规范。重点关注：①对外投资行为是否经审批，是否存在投资亏损；②是否有因管理不当发生严重资产损失和丢失情况；③是否存在超标准配置资产情况；④资产使用是否规范，是否存在未经批准擅自出租、出借资产行为；⑤资产处置是否规范，是否存在不按要求进行报批或资产不公开处置行为。

二是资产使用效率性审计。重点关注：①部门实际在用资产总额与所有资产总额的比率，用以分析评价部门资产使用效率程度；②部门是否存在闲置资产，是否存在资产使用效率低下、效果不佳，未产生资产使用效益的问题。

三、部门预算绩效实现情况审计

重点关注部门预算原定绩效目标和目的是否可能达到，绩效目标是否需要调整；部门预算原定效益是否可能实现及实现的程度；部门预算职责履行的可持续性，是否存在风险。

（一）部门预算绩效产出情况

1. 部门预算绩效产出数量

重点关注部门产出数量是否达成绩效目标，部门预算绩效计划完成率＝实际完成工作数／计划工作数。实际完成工作数为一定时期（年度或规划期）内部门（单位）实际完成的工作任务数量；计划工作数为部门预算绩效目标确定的一定时期（年度或规划期）内预计完成的工作任务的数量。

2. 部门预算绩效产出质量

重点关注部门产出质量提升及标准是否达成，质量达标率＝质量达标工作数／实际完成工作数。质量达标工作数为一定时期（年度或规划期）内部门（单位）实际完成工作数中达到部门绩效目标要求（绩效标准值）的工作任务数量。

3. 部门预算绩效产出进度

重点关注部门产出时效是否达成绩效目标，部门预算绩效按时完成率＝按时完成工作数／实际完成工作数。按时完成工作数为部门（单位）按照整体绩效目标确定的时限实际完成的工作任务数量。

4. 部门预算绩效产出成本

重点关注部门运营成本的控制与改善情况，包括但不限于：①单位产出相对于上一年度的节约额；②单位产出相对于市场同类产出的节约额；③部门公用经费的控制情况。

（二）部门预算绩效效果情况

1. 效益实现情况

重点关注：①经济效益，即部门履行职责对经济发展所带来的直接或间接影响；②社会效益，即部门履行职责对社会发展所带来的直接或间接影响；③环境效益，即部门履行职责对环境所带来的直接或间接影响；④可持续影响，即部门绩效目标实现的长效机制建设情况，部门工作效率提升措施的创新。

2. 服务对象满意度

重点关注部门的服务对象对部门履职效果的满意程度。服务对象是指部门履行职责而影响到的部门、群体或个人。服务对象满意度一般采取绩效调查的方式获得。

第7节 部门预算绩效审计步骤

部门预算绩效审计主要包括前期准备阶段、现场实施阶段、审计报告阶段、审计结果应用阶段等四个阶段。

一、前期准备阶段

（一）组建并明确审计组职责分工

（1）审计组组长是审计现场业务、廉政、保密、安全等工作的第一责任人。

（2）审计组副组长根据审计实施方案的分工，协助审计组组长履行审计现场管理和审计查证等职责。

（3）项目主审根据审计组组长的委托和审计分工，履行起草审计文书和信息、对主要审计事项进行审计查证、协助组织实施现场审计、督促审计组成员工作等职责。

（4）审计组成员根据审计分工，认真履行职责并承担相应责任。

（二）组织开展业务学习和培训

审计组组成后，审计组组长应当围绕部门预算绩效审计工作任务，组织必要的审计业务学习和培训，同时开展有针对性的廉政、保密、安全等教育。

（三）下发审计通知书

审计机构在实施审计三日前，向被审计单位送达审计通知书。审计通知书应当包括审计项目名称、被审计单位名称、审计范围和审计内容、审计时间、需要被审计单位提供的资料及其他必要的协助要求、审计组组长及审计组成员名单、审计机构的印章和签发日期。

（四）开展审前调查工作

审计组联系被审计部门，进行入户调研，根据调研提纲，初步了解部门基本情况，搜集部门基本资料，包括反映部门职能、中长期规划、年初工作计划及基本工作开展情况的有关资料。

（1）审计标准资料：与预算部门、特定项目相关的法律法规、政策文件、行业标准及专业技术规范等。

（2）立项决策资料："三定"方案，调查报告、可行性研究报告、概算批复、预算批复等。

（3）管理制度资料：预算部门（单位）管理制度与责任制度、财务管理制度等。

（4）预算决算资料：预算申报表、决算报表及其相关会计资料等。

（5）过程实施资料：预算收支、政府采购、建设项目相关计划、采购招投标文件、委托外包合同或计划任务书、结算报告、验收报告和审计报告等。

（6）产出效果资料：预算成果及其交接资料、验收报告、总结资料、社会调查资料及受益者问卷调查等。

二、现场实施阶段

（一）召开部门预算绩效审计进点会

审计组进驻被审计单位时，应组织被审计单位相关人员召开审计进点会，宣读审计通知书，告知审计工作纪律相关规定，提出配合审计工作的要求等。

（二）部门预算绩效审计公示

审计期间，审计组应当在被审计单位公示审计项目名称、审计纪律八项规定及举报电话等内容。

（三）开展审计调查，编制审计实施方案

审计组组长应当及时组织编制审计实施方案，并采取以下措施提高方案的科学性和可操作性：一是充分调查了解被审计单位及其相关情况，确保调查了解的深度和效果；二是根据审计项目总体目标、审计对象实际情况和审计人力及时间资源等，合理确定审计内容和重点；三是将审计内容和重点细化到具体审计事项，提出审计步骤方法和时限要求；四是合理配置审计资源，将审计事项分解落实到人，明确审计组成员各自承担的工作任务和相关要求。审计组应当根据审计进展及相关情况变化，按规定权限和程序及时调整审计实施方案。

（四）编制审计任务清单

审计组组长根据审计实施方案确定的审计事项，组织编制审计任务清单，对审计事项的执行、调整和完成情况进行管理，确保审计实施方案落实。审计人员应当对相关审计事项的完成情况进行确认，对未按要求完成的审计事项做出书面说明。

审计人员应当认真执行审计实施方案，按照方案确定的审计事项、分工和进度要求，依照法定职责、权限和程序实施审计，不得擅自减少审计事项和扩大审计范围。

（五）实施审计信息化管理

审计组应当充分运用审计管理系统、现场审计操作系统和项目执行管理软件等信息化手段，对审计现场的信息进行收集、分析、处理和共享，与审计机构实现信息的实时传递，加强对审计现场的动态管理，提高审计现场信息化管理水平。

（六）审计资料交接、使用与保管

被审计单位、相关单位和个人提供的资料应当包括与部门预算绩效决策、实施、效果相关的财政财务收支、业务和管理等方面的资料（含电子数据）。

在获取审计资料的过程中，审计人员应当与被审计单位、相关单位和个人做好交接手续，认真清点、核对，及时、准确、完整地填写资料交接清单。

审计人员获取审计资料时，不得超越法定审计职责，索取与审计事项无关的资料；不得影响被审计单位合法的业务活动和生产经营活动。

审计组应当加强对审计现场资料（含电子数据存储介质）的管理，采取必要的保存和保密等措施，严格履行资料借阅交接手续，妥善保管和使用，防止资料的丢失和损毁。无关人员未经允许不得接触审计现场资料和计算机等设备。

（七）获取审计证据

审计人员应当依照法定权限和程序获取审计证据，获取的审计证据应当符合适当性和充分性的要求，不得片面收集证据，不得涂改、伪造、隐匿和销毁审计证据。

（八）召开审计组会议

审计组组长应当按照审计机关的有关规定严格控制审计现场时间，把握工作进度，提高工作效率。如需延期，应当按照有关规定报批。

审计组应当适时召开会议，研究审计实施过程中的情况和问题，以及廉政、保密等事项。会议召开形式和参加人员由审计组组长视具体情况确定。对于以下事项，审计组应当及时召开会议集体研究：编制和调整审计实施方案；研究重大审计事项；讨论审计工作底稿及证据材料，研究起草审计报告；研究被审计单位或者被审计人员的反馈意见；审计组组长认为需要集体研究的其他事项。重大审计事项及存在分歧审计事项的讨论过程和结果必须如实记录，并由参会人员签字确认。

（九）编制审计工作底稿

审计人员对审计实施方案确定的所有审计事项均应当及时编制审计工作底稿，真实、完整记录实施审计的主要步骤和方法、获取的相关证据，以及得出的审计结论等。审计人员对审计工作底稿的质量负责。

（十）审计工作底稿复核审核

审计组组长、项目主审应当及时审核审计工作底稿，确认具体审计目标的完成情况和审计措施的有效执行情况。对经审核需补充审计证据或者修改审计结论的底稿，审计人员应当及时补充修改。经审核后修改审计结论的，原底稿应当附于审定的底稿之后一并留存归档。

（十一）审计事项沟通确认

审计期间，审计组针对部门预算绩效管理审计的具体事项、发现的每个问题，就事实、证据等，与被审计单位不同层级充分交换意见。

（十二）审计实施方案设定事项审核确认

审计组起草和提交审计报告前，应当确认审计实施方案中的审计事项是否完成，审计工作底稿是否经过审核，审计发现的重要问题是否如实反映，问题定性、处理处罚意见和审计评价是否恰当等。

审计现场工作结束前，审计组应当召开会议与被审计单位交换意见。审计组可商被审计单位确定其参加人员，必要时可提请审计部门质量监督部门等派人参加。对存在分歧的事项，审计组应当进一步研究核实有关情况。

（十三）撤离现场审计前检查和确认

撤离现场工作地点前，审计组应当对以下事项进行检查和确认：需补充证据的审计事项，是否进行了补充完善；审计现场形成的重要管理事项记录是否完善；是否与被审计单位结清了相关费用；外聘人员使用的审计资料是否收回，电子数据是否按规定处理；应当归还的资料和借用的设备是否如数归还被审计单位、有关单位和个人，是否认真清点、核对并做好交接手续；不需归还的审计资料是否按规定完整保存，涉密资料和数据的处理是否符合规定；需要销毁审计资料的，是否编造审计资料销毁清册并报经审计组组长批准后销毁；是否按规定完成审计数据的归集、积累工作。

三、审计报告阶段

审计报告阶段主要工作如下。

（1）审计组起草审计报告，向被审计单位征求意见。
（2）核实被审计单位反馈意见，做必要的修改并做出采纳情况说明。
（3）形成审计报告。
（4）业务部门审核。
（5）质量监督部门审核。
（6）审计报告审定、签发、印发与送达。

四、审计结果应用阶段

部门预算绩效审计报告应及时提交预算部门相关领导，为部门决策和管理提供参考，同时反馈被审计单位，为加强预算绩效管理提供依据。对绩效审计报告中反映的问题，被审计单位应采取措施进行整改、完善，并上报整改结果。

部门预算绩效审计报告发现问题的整改包括建立整改机制，财政部门可根据绩效审计中发现的问题，及时提出改进和加强部门预算支出管理的意见，督促部门整改；主管部门、预算单位要及时提出整改措施，并积极落实整改，提高绩效管理水平；财政部门、主管部门、预算单位可针对绩效审计结果对以后年度编制部门预算和安排资金做出调整。对于审计中发现的违法违纪问题线索，应当及时移送纪检监察机关。

政府部门可将预算绩效审计结果纳入政府绩效和干部政绩考核体系,作为领导干部选拔任用、公务员考核的重要参考。财政部门负责对本级部门和预算单位、下级财政部门预算绩效管理工作情况进行考核。

第 8 节　部门预算绩效审计方法

在进行部门预算绩效审计时,除常规绩效审计管理、规划、抽样、调查、评价等方法外,还可以采用比较分析法、最低成本法、成本效益分析法、因素分析法、逻辑框架法、综合指标评价法等,可根据预算部门的要求及项目特点,采取一种或多种审计方法。

一、比较分析法

比较分析法是绩效审计项目实施中最基础的方法之一,是指通过对绩效目标与实施效果、历史与当期情况、不同部门和地区同类支出的比较,综合分析绩效目标实现程度。

(一)前后对比法

将预算部门完成后的实际状况与部门预算决策前,以及管理过程中所设定的各项预期目标加以对比,分析预算部门具体项目或支出是否达成了预期目标,分析主要变化及原因。

(二)有无对比法

将项目投产后实际发生的情况与若项目未投产可能发生的情况进行对比,以度量项目的真实效益、影响和作用。对比的重点是分清项目本身的作用和其他方面的作用。

(三)横向对比法

将各项指标实现情况与行业内、可比的同类或类似项目相关指标进行对比,以评判本部门在区域或同行业的地位,评价其核心竞争力。

二、最低成本法

最低成本法是指对效益确定但不易计量的多个同类对象的实施成本进行比较,评价绩效目标的实现程度。在使用最低成本法的同时,需要明确不同对象的产出和结果,并适当选取其他方式综合进行绩效评价。

最低成本法亦是指在绩效目标确定的前提下，成本最小者为优的方法。在审计中，最低成本法经常应用于施工、设备、服务采购审计，应用于部门预算各类经济活动如预算编制、收支管理、政府采购、建设项目、资产管理等行为效率、效益、效果的分析与评价。

三、成本效益分析法

成本效益分析法是通过比较项目的全部成本和效益来评估项目价值的一种方法。成本效益分析是一种经济决策方法，将成本效益分析法运用于预算部门的计划决策之中，可以寻求在投资决策上如何以最小的成本获得最大的收益。

成本效益分析法将一定时期内的支出与效益进行对比分析，以评价绩效目标的实现程度；结合预算支出确定的目标，比较支出所产生的效益和付出的成本。成本效益分析法主要适用于成本和效益都能准确计量的项目，如公共工程项目等。

四、因素分析法

因素分析法是指通过综合分析影响绩效目标实现、实施效果的内外因素，评价绩效目标的实现程度的一种方法。许多支出项目都可运用因素分析法，通过不同因素的权重评比，进行综合分析。

因素分析法主要是利用统计指数体系分析现象总变动中各个因素影响程度的一种统计分析方法，包括指标分解、差额分析等。此方法需要将一组反映事物性质、状态、特点等的变量简化为少数几个能够反映出事物内在联系的、固有的、决定事物本质特征的因素，重点应用于绩效审计发现目标差异对比分析、问题产生原因分析，如将绩效审计发现的问题在决策、实施、监督等环节进行深度分析。

五、逻辑框架法

逻辑框架法是将几个内容紧密相关，必须同步考虑的动态概念组合起来，通过分析它们之间的关系来评价一个设计完整、目标明确的项目（或计划、方案、活动等），并找出其中重要的相关关系的一种方法。逻辑框架法适用于项目宏观、微观目标的实现与变化分析，适用于部门预算绩效的综合分析与评价。常规的后评价项目逻辑框架如表 2-1 所示。

表 2-1　常规的后评价项目逻辑框架

描述	实施效果（可客观验证的指标）			原因分析		项目可持续能力
	原定指标	实现指标	变化情况	内部原因	外部原因	
宏观目标						
直接目标						
产出 / 内容						
投入 / 活动						

六、综合指标评价法

综合指标评价法是指运用多元化指标对预算部门绩效目标完成情况进行评价，通过多元化评价对预算部门绩效目标决策、管理、效果进行综合分析与评价，从而判断总体目标是否达成的一种方法。其基本思想是将多个指标转化为一个能够反映综合情况的指标来进行评价，如对不同项目决策、实施与效果的评价。

1. 定性分析总结法

定性分析总结发又称矩阵分析总结法，是指将评价的各种定量与定性分析指标形成矩阵表，将各项定量与定性分析的单项评价结果，按评价人员研究决定的各项目标的权重排列顺序，列于矩阵表中，进行分析，将一般可行且影响小的指标逐步排除，着重分析考察影响大和存在风险的问题，最后分析归纳，指出影响项目的关键所在，提出对项目的总结评价的一种方法。

2. 多目标定量分析综合评价法

多目标定量分析综合评价法是指组织若干专家，根据国家有关社会发展的政策目标，结合预算部门的具体情况，对各分项指标进行分析、评分，确定其在评价中的重要程度并给出相应的权重，最后计算出综合效益，得出评价结论的一种方法。

第 9 节　部门预算绩效审计结果

一、部门预算绩效审计报告框架

审计部门或机构开展部门预算绩效审计并撰写部门预算绩效审计报告，必要时形成部门预算绩效审计结果报告，对审计发现的重要情况形成审计要情。部门预算绩效审计报告应当包括但不限于以下内容。

（1）审计概况，包括部门预算绩效审计目标、审计范围、审计内容及重点、审计方法、审计程序及审计时间等。

（2）审计依据，即实施部门预算绩效审计所依据的相关法律法规、审计准则等规定。

（3）部门概况，包括预算部门职能、预算绩效目标设定与完成情况，部门预算执行、资金、资产等管理情况，为确保实现绩效目标而采取的控制措施，预算产出与效果分析。

（4）审计发现，即部门预算绩效相关内部控制与风险管理，部门预算决策、管理、效果等方面存在的主要问题的事实。

（5）审计结论，即根据已查明的事实，对部门预算绩效决策、实施与效果等方面所做的评价。

（6）审计意见，即针对审计发现的主要问题提出的处理意见。

（7）审计建议，即针对审计发现的主要问题，提出的改善业务活动、内部控制和风险管理的建议。

二、部门预算绩效审计报告撰写路径

部门预算绩效审计报告是绩效审计工作成果的集中反映，审计人员对获取的信息进行汇总、分析，提炼形成的最终评价报告。

（一）复核确认审计相关资料

审计资料对审计报告编制至关重要，要考虑其与审计相关资料是否充分、可靠和相关。在要求预算单位提供尽可能全面的审计资料的同时，审计组应善于利用各种公开的统计数据，如政府部门政务公开信息、统计或研究机构的各类数据库及研究成果、互联网上各类相关数据信息，通过充分收集、分析和加工数据信息，形成对部门预算绩效宏观与微观层面的数据信息支撑。

（二）审核确认审计事项完成情况

审计组在撰写审计报告前，应当确认前期编制的审计实施方案所设定的与绩效审计相关的决策、实施、效果等审计事项是否均已完成，审计工作底稿是否经过审核，审计发现的重要问题是否如实反映，问题定性、处理处罚意见和审计评价是否恰当等。

（三）全面梳理审计发现问题

部门预算绩效审计发现的问题应以事实为依据，应全面充分分析问题产生的原因和结果，夯实绩效审计建议基础，审计建议应围绕问题寻求具体的解决途径与方法，应当合理、可操作，能够改善预算管理、提高预算资金运用效果。

部门预算绩效审计建议应立足于两个层面：在宏观层面，对部门职责履行、战略规划、决策执行提出建议；在微观层面，着眼于项目的必要性及科学性、预算资金投入的合理性、项目管理和资金管理内部控制的保障度等方面提出建议。同时建议应贯穿决策、实施、监督与效果全过程。

（四）客观形成审计结论

部门预算绩效审计结论的形成要基于事实、有效沟通、客观判断，应运用多种分析模型和方法综合分析与评价，系统性、全局性地提出问题。部门预算绩效审计人员需要系统、谨慎地分析所收集的资料和意见，要对相关细节问题进行核对，权衡各种观点，组织讨论，做出综合分析与评价。

部门预算绩效审计结论要说明为保障部门预算绩效目标的实现程序，以及重大项目绩效目标的实现程序，部门预算投入、产出与效果方面的成绩、经验与存在的问题；对目标值与实际值的差异情况、产生原因与预期后果等应进行具体分析，对已实现的绩效目标总结相关经验与做法，对存在的问题总结分析影响项目绩效目标及预算资金使用的主要因素。

（五）与被审计单位交流沟通意见

在出具正式的部门绩效审计报告前，审计组需要与被审计单位进行多方面的沟通。对于问题的表述，审计组要与被审计单位进行适当的沟通，征询其意见，从被审计单位获取可能的解释和补充资料，以对问题的性质和影响做进一步确认。

通常情况下，被审计单位的反馈意见包括但不限于对审计发现问题的主客观原因进行解释说明、对具体问题提出不同观点或意见、对具体问题表述提出意见等。审计人员需要深入分析研判被审计单位的反馈信息，如被审计单位反馈意见及相关证明材料对原审计发现问题确实产生影响的，审计人员需要修改报告。审计人员要恰当记录口头或书面反馈并分析被审计单位的意见分歧。

（六）撰写审计报告

部门预算绩效审计报告应涵盖审计目标、审计范围、审计方法和资料来源，以及审计发现、审计结论和审计建议等内容。报告主体内容应包括预算部门或单位基本情况、绩效目标设定与实现情况、预算资金来源和使用情况；审计工作开展情况，绩效目标产出与效果分析，从部门决策、部门管理、部门绩效等方面准确、客观地描述存在的问题，分析问题产生的原因及预期影响，为提出相关建议奠定基础；综合得出审计结论，提出审计意见与建议，既要反映部门预算绩效管理的成绩与经验，又要披露管理中存在的问题，并针对问题提出切实可行的改进建议和措施。

三、部门预算绩效审计报告质量标准

部门预算绩效审计报告应当符合国家法律法规及审计规范指引要求，要做到审计依据充分、事实真实完整、数据客观准确、分析透彻到位、逻辑合理清晰、独立客观公正。

（一）要符合审计法规政策要求

部门预算绩效审计报告的编制要符合国家法律法规政策要求，应严格按照国家有关审计及绩效审计要求开展审计并出具审计报告，审计报告要做到要素齐全，要符合经批复审计实施方案所确定的审计目标、审计范围、审计内容、审计重点等，应在规定时限完成各项规定审计程序并提交审计成果文件。

（二）要满足充分、完整、准确的要求

一是充分。部门预算绩效审计报告的各部分内容均有足够的依据，资料来源清晰，引文加以注释，绩效指标分析评价要有计算分析过程与工作底稿，社会调查要有工作记录。

二是完整。部门预算绩效审计报告包括实现审计目标所需的全部信息和观点，以确保对报告事项和情况的充分、正确理解，达到关于报告内容的要求。审计目标、审计标准、审计发现和结论之间的关系需要可证实、完整和清晰，审计建议与分析结果或审计结论之间具有清晰的联系。

三是准确。部门预算绩效审计报告要使报告使用者确信报告是可信、可靠的。审计报告中只要出现不准确之处就会令人怀疑整份审计报告的正确性。不准确的审计报告也会损害审计部门与机构、行业的品牌与信誉。

（三）要理性思考，深入分析研判

一是理性思考。部门预算绩效审计报告要客观准确反映审计事实，要理性思考，注重用数据说话；要易于阅读和理解，结构顺畅，组织合理，定量分析与定性分析结论一致，内容不重复，用词严谨，技术术语和不常用缩写词要诠释含义。

二是深入分析。部门预算绩效审计报告要全面阐述绩效目标实现程度，对部门预算的经济性、效率性、效益性等做出具体分析，对项目绩效与存在问题的因果分析等陈述清晰、分析透彻。

三是独立客观。部门预算绩效审计报告的内容和表述要公正，避免夸大或者弱化绩效不足问题；事实与意见分开陈述，使用的语言不带有偏见或暗示，避免使用可能引起抵触情绪的语言。

四是及时报告。部门预算绩效审计报告要注重时效性，审计人员需要在绩效审计实施方案通过后的约定时间内完成绩效审计报告，并在组织召开项目绩效审计报告评审会后的约定时间内提交绩效审计报告，绩效审计意见与建议要及时下发，并督促落实整

改，以提升绩效审计结果应用成效。

四、部门预算绩效审计报告模版

（一）部门预算绩效审计概述

部门预算绩效审计主要内容包括但不限于部门职能、机构设置、部门绩效管理内部控制与风险管理、部门预算绩效目标设定与完成、部门预算资金安排、部门资产情况等。

（二）部门预算绩效审计工作简述

1. 基本情况

基本情况主要包括审计目的、审计原则、审计方法、审计依据与评价标准等。

2. 审计组织实施情况

审计组织实施情况主要包括审计组织的前期准备情况、现场实施情况、审计分析与评价、审计结果沟通反馈、出具报告等。

（三）部门预算绩效审计评价

在总体系统说明部门预算绩效决策、管理和绩效情况，部门预算绩效管理中所实现的主要绩效，取得的成功经验与做法等的基础上，对下述事项进行分项分析与评价。

1. 部门预算绩效决策评价

（1）目标设定情况分析。

分析目标设立依据的充分性（与职责、规划是否相符）、目标设立的合理性（与客观实际是否相符、是否可实现）、绩效目标的明确性。

（2）部门决策情况分析。

分析部门决策程序规范性、有效性，责任的明确性。

2. 部门预算绩效管理过程

（1）预算编制情况分析。

分析预算编制依据（测算依据、定额标准）的充分性、资金分配与绩效目标的一致性、资金分配结果的合理性。

（2）预算执行情况分析。

分析预算执行与预算的相符性，包括非税收入完成情况、预算调整与执行情况、资金结转结余情况，以及"三公经费"变动情况、重点支出保障情况、公用经费控制情况等。

（3）预算管理情况分析。

分析预算管理的制度建设与执行情况，预算资金使用的合规性和安全性情况，预算信息公开情况及基础信息管理情况等。

3. 资产管理评价分析

分析部门资产配置的合理性、资产使用的规范性、资产利用的有效性等。

4. 部门预算绩效产出及效果评价

（1）绩效管理情况分析。

分析部门绩效管理组织机构的设置情况、绩效信息的收集情况及为实现绩效所采取的有效措施等。

（2）产出完成情况分析。

对比分析部门整体产出结果与目标的差异及原因，包括数量、质量、进度和成本等。

（3）效果实现情况分析。

对比分析部门整体支出实现结果与目标的差异及原因，包括经济效益、社会效益、环境效益、可持续影响及服务对象满意度等。

（四）部门预算绩效审计发现的主要问题

（1）部门预算绩效决策方面。

（2）部门预算绩效过程管理方面。

（3）部门预算绩效产出与效果方面。

（4）其他需要说明的问题。

（五）部门预算绩效审计意见与建议

··········

附件

1. 部门收入支出决算表

2. 部门绩效目标完成情况对比表

3. 部门预算绩效审计发现问题清单

第 10 节　部门预算绩效审计案例

一、部门预算绩效审计工作综述

近年来，中天恒受托开展了某商务局、某公安局、某水务局、某高校、某医院等多个部门预算绩效审计并出具了部门预算绩效审计报告，客观披露说明了部门（单位）概况，机构组成、机构职能、人员概况；对部门财政资金收入情况、部门财政资金支出情况、部门预算绩效管理制度建设情况、绩效目标管理情况、重大项目运行监控情况、绩效评价开展情况、财政监督检查情况，以及取得的绩效情况进行了分析与评价，做出了评价结果，提出了审计发现的问题及改进意见与建议。

（一）聚焦部门预算绩效，推动绩效管理制度建设

围绕经济监督职责，聚焦绩效目标、绩效监控、绩效评价、结果应用等绩效管理，在部门预算执行、专项资金、经济责任等审计中重点关注部门绩效评价与预算衔接情况、全面预算绩效管理制度执行情况，重点揭示绩效评价标准、绩效评价质量、绩效目标动态调整、绩效管理等方面的问题，推动制定完善绩效评价管理办法、绩效目标设定、加强预算执行、强化预算管理等。

（二）创新绩效审计模式，努力提升绩效审计质效

创新绩效审计模式，坚持一审多果，积极提升部门预算绩效审计质效，促进预算部门牢固树立"花钱必问效，无效必问责"绩效管理理念。一是坚持预算绩效审计与预算执行审计相结合，促进提高部门管理效能，注重揭示因追加预算过多过迟影响财政资金使用绩效、因项目前期准备工作不充分导致项目执行缓慢和资金闲置等项目管理绩效问题，促进部门加强管理、提高绩效。二是坚持预算绩效审计与专项审计相结合，关注网络舆情，深入反映社会关注的重点、热点问题。三是坚持部门本级审计与所属单位审计相结合，通过"上下联动"实现审计横向扩展、纵向延伸。四是探索预算绩效审计与经济责任审计相结合，强化对权力运行的监督和制约，强化部门履职评价。

（三）强化信息技术应用，提高绩效审计效率

强化信息技术应用，运用数据挖掘等大数据技术开展预算绩效审计工作，通过"总体分析、发现问题、分散核查、系统研究"工作方式，实现对部门本级与所属单位审计全覆盖，强化数据分析结果运用；同时将重点延伸方向和疑点线索推送给各项目审计组，各项目审计组再进一步核实取证，从中发现倾向性、普遍性、代表性的问题，为提高预算绩效管理的科学性和规范性提出可操作性强的意见和建议。

（四）注重审计结果应用，推动提升预算绩效管理

一是推动部门落实国家相关政策，建议有关部门加强结余结转资金管理、政府采购预算管理，促进有关部门不断夯实预算绩效管理基础工作，提升预算编制的规范性和完整性。二是寓服务于审计监督之中，促进部门强化预算观念和预算刚性约束意识，推动预算管理内部控制措施健全完善。三是推动部门提升预算绩效管理工作，建立健全绩效目标管理、事前评估、运行监控、绩效评价及结果应用等，促进推动部门预算公开。

二、某省直部门预算绩效审计案例

（一）案例背景

根据年度审计工作计划，审计部门对某省直部门预算执行开展了绩效审计。在审计中，坚持以习近平新时代中国特色社会主义思想为指导，心系"国之大者"、服务"省之大计"，强化省、市、县三级联动，突出问题导向，做实研究型审计，聚焦部门预算执行，扎实做好常态化"经济体检"工作。深化审计成果运用，促进了省直部门强化预算执行，推动事业发展，以高质量审计服务全省高质量发展。

（二）审计结论

审计结果表明，某省直部门能够认真贯彻落实党中央、国务院决策部署和省委、省政府工作安排，紧紧围绕部门职责，持续深化预算编制、预算管理、预算执行与预算监督，紧扣省委、省政府关于落实过紧日子、提高财政资金使用绩效工作要求，不断建立健全部门预算绩效管理制度，开展重大项目预算绩效管理事前评估、运行监控、绩效评价与结果应用、预决算公开等，持续调整优化支出结构，全面推进资金、资产、资源等"三资"清理清查，有力落实整改以前年度审计发现或巡视巡察发现的问题，部门预算执行情况总体较好，财政运行总体平稳。

（三）审计发现的主要问题

1. 部门预算决策方面

一是多编或少编支出预算、预算编制超标准、预算编制对象范围或信息不完整；部门预算编制未充分考虑客观因素影响，收入预算编制不切实际。

二是支出预算未细化到具体项目和单位，或年初预算安排不足，年中追加预算较大，占全年预算的 50%。

三是重大项目收入支出预算偏离实际，在不具备实施条件的情况下编制项目预算，导致项目支出预算无法得以有效执行。

四是政府采购和政府购买服务预算编制不规范，政府采购与政府购买服务预算编制不完整。

2. 部门预算执行方面

一是截留非税收入或收入未入账；部门预算收入征收不到位或将财政收益转移至相关协会或所属企业；漏报、少编收入预算，导致预决算差异大。

二是超预算或无预算列支、超标准超范围列支、虚列多列费用或转嫁费用；违规发放职工医疗补助、超标准发放绩效工资；未经审批自行调整预算或提前支付款项。

三是未按规定公开招投标、涉嫌围标串标或违规分包；未严格执行采购程序，先提供服务后补签合同，或招投标文件、合同条款不规范；将应由机关履职的事项未经政府采购直接交由下属单位实施。

四是决算（草案）编制不准确，多计或少计决算收支、账表支出不一致；往来款未及时清理；内部控制制度不健全或执行不力，存在财务把关不严、信息公开不到位等问题；协会学会脱钩不彻底、社企不分，或依托部门职能收费牟利等。

3. 部门预算绩效方面

一是未按规定清理实有资金账户，历年结余资金未上缴财政或未纳入预算管理，资金沉淀未发挥效益。

二是重大项目年中预算追加不合理，当年度重大项目未启动或实施迟缓，预算执行率低，年末结转结余占比较高。

三是重大设备采购未充分考虑所需的特殊场地空间条件等可能制约设备安装调试的因素，导致相关设备设施无法正常安装使用产生闲置浪费。

（四）审计意见与建议

一是深化全口径预算管理，积极推进零基预算，增强预算刚性约束，严格规范预算编制，防止中期高额追加预算。把过紧日子要求作为预算安排的基本原则，构建从预算源头控制到执行末端治理的长效机制，规范预算前期决策管理。

二是加强预算全过程管控，突出绩效导向，严格收入应收尽收，加大预算执行监督检查力度，防范超预算、无预算、虚列支出等；规范完善政府采购、合同签订与履行、决算编制、内部控制建设与执行等管理，增强预算绩效过程管理。

三是强化全预算绩效管理，对政策、项目、资金实行全周期跟踪问责，强化结转结余资金管理，做好与预算编制的衔接；加大实有资金账户清理力度，盘活沉淀存量资金，加大闲置资产处置力度，提升资产资金使用效益。

三、某高校部门预算绩效审计案例

（一）案例背景

根据内部审计工作计划，审计机构对某高校预算执行实施了绩效审计。审计组依据内部审计准则基本准则及具体准则，以及部门内部审计工作要求，实施了审前调查、编制审计实施方案、现场审计取证、编制审计底稿、撰写审计报告、征求意见、履行内部审计质量复核等必要程序，采用了内部控制穿行测试、绩效审计相关资料查阅、现场盘查、与相关人员访谈交流等方式，运用了数据式分析、比较分析、最低成本法、因素分析法等绩效审计方法，重点检查了部门预算编制、预算执行、绩效管理等。

（二）审计结论

审计结果表明，某高校作为全额拨款事业单位，能够按照国家有关规定认真履行教育、教学、科研职责，严格执行国家法律法规与政府会计准则及制度，实行"统一领导、分级管理、集中核算"的财务管理体制，不断建立健全全面预算绩效管理体制、机制与制度，落实事前评估、过程监控、绩效评价、结果应用等全过程绩效管理要求，持续强化预算编制、预算执行、预算绩效，推动了部门事业高质量发展。

（三）审计发现的主要问题

1. 部门预算决策方面

（1）项目时效指标设置不合理。

（2）项目绩效指标同一事项前后设定不一致。

（3）同一项目申报文本项目负责人填写不一致。

（4）未按规定履行项目预算调整程序。

（5）项目政府采购需求计划论证不充分，预算编制不完整。

2. 部门预算执行方面

（1）无预算支出。

（2）超标准配置办公设备。

（3）会议服务未履行政府采购程序。

（4）协议采购事项单项超预算审定金额。

（5）往来款项长期挂账未清理。

（6）房屋对外出租未履行集体决策，未向上级部门备案。

（7）对外投资未纳入账内核算。

（8）对已注销投资未进行账务处理。

3. 部门预算绩效方面

（1）项目未实现预期绩效目标。

（2）房屋出租到期延用原合同未重新评估出租价格。

（3）土地、房产、专用设备等资产闲置，未盘活使用。

（4）以前年度购置固定资产长期未启用。

（四）绩效审计经验总结

一是持续强化审前调查。提前熟悉高校法人治理、组织机构、核心业务、管理方式和财务状况，分析研判审计重点和主要风险点。同时，根据相关法规制度和本项目实际制定详细的审计实施方案。

二是大力开展数据分析。对高校所应用的信息化系统建设与应用情况开展调查研究，在绩效目标设定、资产管理、经费收支等审计事项中，运用数据式分析，提升审计工作质量和效率。

三是不断加强交流与沟通。对审计重点、审计依据、审计结论、审计建议等事项，审计组内部，以及与被审计单位多次充分讨论、交流与沟通，提高审计结果的客观性、公正性。

（五）高校预算绩效管理风险事项清单示例

（1）发展规划不明确，或规划实施不到位，可能导致资源浪费，丧失发展机遇和动力。

（2）缺乏科学决策、良性运行机制和有效执行，可能导致事业发展停滞或缓慢。

（3）预算与事业发展规划不匹配，预算与资产配置计划脱节，制约发展目标实现。

（4）无预算、超预算开支，或者预算执行进度严重滞后造成资金浪费或闲置。

（5）预算调整未按程序执行，可能导致预算控制失效或产生相关舞弊行为的风险。

（6）未开展或实施规范预算绩效评价工作，可能导致预算资金配置或使用效益低下。

（7）会计决算信息失真，可能导致决策失误的风险。

（8）内部控制不完善，货币资金可能被挪用或贪污等，进而造成损失。

（9）资产配置及过程管理不规范，可能导致资产毁损、使用效能低下或者资源浪费。

（10）对外投资论证不科学、投资不合理可能导致投资无效益或负效益。

（11）债务的举借和偿还未进行充分论证和风险评估，可能导致筹资决策不当，偿债压力过大。

（12）债务的举借和偿还与事业发展规划不衔接，融资成本过高或资金使用效益低下。

（13）收入业务管理不到位，可能导致收入应收未收、收入金额不实。

（14）收入核算不规范、收入长期挂账，可能导致单位收入不完整、不真实。

（15）支出业务未纳入预算或超过预算规定的范围、标准，可能导致经费滥用或无效使用。

（16）重大项目和大额资金支出未履行集体决策程序，可能导致资金损失或浪费。

（17）业务不真实，可能导致资金被套取或浪费。

（18）财务报销审核不严格、支付控制不到位，可能导致资金损失或浪费。

（19）应收或预付款长期挂账未清理，可能导致资金损失。

（20）合同签订与履行不严格，可能导致单位合法利益受损或承担额外的法律责任。

（21）采购管理不规范，可能导致资源的重复购置或闲置浪费。

（22）项目决策不规范，可能导致工程项目更改、失败或难以实现预期目标和效益。

（23）项目资金筹措不到位，可能导致工程进度延迟或中断、资金损失。

（24）科研管理不到位，可能导致科研项目经费流失，或被滥用、挪用的风险。

（25）科研申报立项论证不充分、项目重复申报立项，可能造成资金浪费。

（26）科研项目合同订立与履行不严格，可能产生经济损失和法律纠纷。

（27）财政专项论证、预算评审不充分，可能导致项目重复立项，资金重复配置。

（28）信息系统间缺乏统一规划和归口管理，存在重复建设或真空区域，可能导致管理效率低下。

（29）与经济活动相关的各信息系统间业务协同程度低，可能造成数据冗余无法共享，产生浪费。

（30）对所属企业管控不到位，可能导致对外投资产生资金损失。

四、部门预算绩效审计常见问题

（一）部门预算绩效决策方面

1. 部门预算绩效目标设定不明确

（1）部门预算绩效目标设定未能充分考虑国家法律法规、国民经济和社会发展总体规划。

（2）部门预算绩效目标设定与部门"三定"方案确定的职责、部门制定的中长期实施规划不匹配。

（3）绩效目标设定与相应的预算支出内容、范围、方向、效果等不相关。

（4）简单将重点支出项目绩效目标归集和汇总为整体绩效目标，或以部分工作任务目标代替整体目标。

（5）部门预算绩效目标过于宽泛，未能清晰地反映预期的产出和效果，未突出部门工作特色。

如某些部门预算绩效目标仅列举了几项工作内容，类似于年度工作计划；有的部门绩效目标表述运用"开展了"等字眼，偏向于工作总结；而有些部门的绩效目标直接运用其总体的主要工作职责，体现不出财政支出绩效指标的特点和要求，不利于发挥财政支出绩效审计的专业性与监督作用。

2. 部门预算绩效目标设定不清晰

（1）绩效目标未能从数量、质量、成本、时效，以及经济效益、社会效益、生态效益、可持续影响、满意度等方面进行细化，未能做到用数据说话，如指标值表述为"改善""提高"等，不具备可衡量性。

（2）年度主要任务照搬部门职责或年度工作要点，且均为定性描述，绩效目标无法反映部门重点工作，定性描述导致绩效目标缺乏相应的考核标准。

（3）未能明确区分产出指标与效果指标界限，存在相互混同情形。

如某些部门的绩效目标运用"以习近平新时代中国特色社会主义思想为指导""深入学习贯彻党的十九大、二十大精神"等相关理论指导、精神指导术语较多，表述宽泛，对部门本身工作内容的指向性不足，内容难以量化。

如某市园林绿化局绩效目标"保证全局所属行政事业单位正常工作和事业发展。年度完成新增造林绿化 2 000 平方千米、城市绿地 7 平方千米。全市森林覆盖率达到

44.4%，平原地区森林覆盖率达到 30.4%，城市绿化覆盖率达到 48.5% 及人均公共绿地面积达到 16.5 平方米，全面完成规划确定的各项任务，着力提升园林绿化生态质量和综合效益"。这类目标在定性基础上更多运用定量的表述，具有量化指标且可衡量。

3. 部门预算绩效目标设定不合理

（1）绩效目标设定未经过调查研究和科学论证，不符合客观实际，无法在一定期限内如期实现。

（2）预算部门未能将整体绩效目标细化分解为具体工作任务，绩效指标空间与时间逻辑不通，预算部门年度绩效目标与长期发展目标不衔接，或不同项目间绩效指标存在矛盾。

（3）绩效指标人为设置无压力，以利于顺利通过考核。如产出指标设置不合理，产出数量指标值与预算资金对比过高或过低，产出指标缺乏凝练归纳。

4. 部门预算绩效目标决策不规范

（1）部门预算绩效目标设定决策制度不健全。

（2）未按照部门内部决策制度与流程决定部门预算绩效目标。

（3）部门预算绩效目标决策责任记录不全面、不完整，未能清晰反映决策过程与结果。

（4）部门预算重大政策、专项资金项目或基本建设项目立项必要性、投入经济性、绩效目标合理性、实施方案可行性、筹资合规性等事前绩效评估不到位。

5. 部门预算绩效资金分配不合理

部门预算绩效资金分配不合理主要表现为绩效目标与计划期内的任务数或计划数不相匹配，与预算确定的投资额或资金量不匹配。

（1）在既定资金规模下，绩效目标设定过高预计无法实现，或过低产生资金损失浪费。

（2）为完成既定绩效目标，资金规模过大造成损失浪费，或不足导致绩效目标无法实现。

（3）预算资金分配无法满足重大项目、重点任务资金需求，导致项目进度迟缓、任务难以完成。

（二）部门预算绩效过程管理方面

1. 部门预算执行管理不严格

（1）结转结余资金占比较高，未按规定上缴财政。

（2）截留、挪用，或者预算收入未及时足额上缴。

（3）将预算收入存入财政专户，未及时上缴国库。

（4）违反规定扩大开支范围，提高开支标准。

（5）无预算、超预算支出，基本支出挤占项目支出。

（6）虚假票据、结算套取资金支付等非正常开支。

（7）办公费、接待费、公务用车、会议费等费用报销不规范。

2.部门预算绩效管理不到位

（1）未按规定建立健全部门预算绩效管理具体办法和操作细则。

（2）未按要求编报部门预算绩效目标。

（3）未对新增重大政策和项目进行事前绩效评估。

（4）事前绩效评估不规范。

（5）未开展预算绩效运行监控，绩效运行监控不全面。

（6）未能做到绩效目标完成情况和预算资金执行情况"双监控"。

（7）绩效运行监控失效，发现问题未及时纠正，甚至通过弄虚造假等方式掩盖问题，形成"破窗效应"。

（8）未建立执行重大政策和项目全周期跟踪问效及动态评价调整机制。

（9）对于已到期、绩效低下的政策和项目未按规定及时清理退出。

（10）未对照设定的绩效目标开展绩效自评，自评价工作不规范，自评价深度、广度不足。

（11）部门重要绩效目标、绩效评价结果未按规定进行公开，公开内容不具体、不清晰。

3.部门资产管理不规范

（1）超计划、超标准配置资产。

（2）违反政府采购和招标投标规定配置资产。

（3）对长期闲置、低效运转的资产未及时调剂处置。

（4）未履行相关程序擅自处置国有资产。

（5）未按规定上缴资产处置收入。

（6）已完工投入使用在建工程未按规定结转计入固定资产。

（7）因管理不当造成资产损失和丢失。

（8）存在闲置资产，资产使用效率低下、效果不佳，未产生资产使用效益。

（9）未按规定将对外投资纳入账内核算，对外投资效益不佳。

（10）往来账清理不到位。

（三）部门预算绩效产出与效果方面

1.部门预算绩效产出未达预期目标

（1）部门预算绩效产出数量未达成绩效目标，未完成计划完成率、计划完成数量、计划完成进度等指标要求。

（2）部门预算绩效产出质量提升及标准未达成预期目标，质量达标率、质量达标数量未达标。

（3）部门预算绩效产出进度控制不到位，产生延期、超期，未在规定时间内完成绩效目标。

（4）部门预算绩效产出成本控制不佳，成本高于市场同类同期产品或服务。

（5）重大项目资金使用未实现设定的政策和项目绩效目标，项目实施过程中形成的相关资产出现闲置。

2. 部门预算绩效效果未能得到实现

（1）未能实现预期经济效益。

（2）未能实现对社会发展产生促进作用等社会效益。

（3）未产生生态效益。

（4）未能取得创新成果与示范效应。

（5）未能得到群众满意，服务对象满意度调查低于预期目标。

五、部门预算绩效常见问题原因分析

（一）部门预算绩效管理理念不深入

未牢固树立部门预算绩效管理理念，存在重资金投入轻绩效管理、重预算支出轻绩效结果等问题。不能围绕部门和单位职责、行业发展规划，以预算资金管理为主线，统筹考虑资产和业务活动的条件，合理配置资源。未依照国家有关规定，研究制定部门预算绩效管理具体办法和实施细则，或者制定的办法、细则并未上会研究，未作为部门层面内部控制制度正式印发，部门预算绩效管理体制机制刚性不足。对于部门预算绩效管理，领导重视程度不够，导致工作人员积极性不高从而限制了预算绩效管理工作的有效推进。

（二）部门预算绩效管理深度和广度不足

部门预算绩效管理的广度和深度不足，尚未覆盖所有财政资金，一些领域财政资金低效无效、闲置沉淀、损失浪费的问题较为突出，克扣挪用、截留私分、虚报冒领的问题时有发生。部门内部未形成工作合力，业务部门、财务部门融合不到位，专业能力不足，致使部门预算绩效管理人员业务水平不高，从而导致绩效指标设置不科学、不合理、不准确的问题。

（三）部门预算绩效管理监督约束不强

部门预算绩效管理监督约束作用不强，未建立执行绩效评价结果与预算安排和政策调整的挂钩机制。部门预算绩效监督管理工作跟进不到位，未真正开展预算绩效管理工作，开展部门绩效管理工作多是为了应付上级考核，机械性地转发上级文件、安排任务，多以文件落实文件，未将部门预算绩效管理真正落到实处，绩效目标审核、重点项目监督、评价等工作落实不到位。

（四）部门预算绩效审计结果应用程度不高

部门预算绩效审计结果应用机制缺失，部门不重视预算绩效目标与审计结果公开，工作中无反馈整改。未将预算绩效结果纳入部门绩效和干部政绩考核体系，作为领导干部选拔任用、考核的重要参考；未与单位下一步预算安排挂钩，从而使预算绩效审计结果缺乏约束力，起不到促进预算绩效审计效果提高的作用。

六、部门预算绩效审计能力提升思考

（一）建立健全预算绩效管理体系

提高政治站位，充分认识到实施预算绩效管理是推进国家治理能力现代化和治理体系现代化的必然要求，对提高政府工作效能，实现资源优化配置具有十分重要的意义；建立健全部门预算绩效管理体系，加强内部沟通协调，形成工作合力，将预算绩效管理构建成全员参与、业务全覆盖及工作全过程的体系结构。同时，加强培训学习，促使工作人员对预算绩效管理产生深刻的认识，创造良好的工作环境，促进工作质量及工作效率的提高。

（二）努力提升绩效管理深度广度

坚决做到部门预算资金花到哪，绩效审计跟到哪；遵循国家全面预算绩效管理意见精神，深入开展部门预算绩效管理工作，将部门和单位预算收支全面纳入绩效管理，统筹考虑资产和业务活动，从绩效产出、效益和服务对象满意度等方面，全面深入分析评价部门和单位整体及核心业务实施效果，揭示问题与风险，提出针对性意见与建议，推动提高部门和单位整体绩效水平。

（三）着力消除预算绩效监督盲区

一是要坚持如影随形，围绕部门预算绩效决策、实施与效果，明确评价标准，选择运用适当的审计程序与方法，兼顾质量和效率，着力消除预算绩效监督盲区和死角；重点做好部门预算重点区域、重点领域、重点项目、重点政策绩效审计，审计报告要有深度与广度，反映的所有问题都有对应的财政财务数据支撑，得出的所有结论都用数据说话、用事实说话、用现场发现说话，始终做到论从事出、以事立论。

二是要完善预算绩效审计评价标准体系，既要关注部门预算资金筹措和使用"对不对""实不实"，还要关注"好不好"，设计涵盖财政支出活动的正当性、效率性、效果性、公平性的绩效标准体系及指标的标杆值，有选择地对部门预算开展整体绩效、重点绩效及单项绩效审计。

三是综合运用绩效审计方法，充实如统计分析法、比较法、因素分析法、图表法和分析性复核等传统方法，由微观的就事论事向宏观审计转变，从简单局限在真实性和合规性，向部门预算执行绩效转变；运用鱼骨图法、五问法等，将问题查清审透，抓住预算绩效的重点问题、主要矛盾进行综合分析，真正发挥审计保障国家经济社会健康运行的免疫系统功能。

（四）不断提升绩效审计能力水平

部门预算绩效审计要坚持做好研究型审计，以高质量的审计成果为决策提供参考。一是要做好审前调查，深入开展部门规划、行业规划、地区规划、预算安排、项目计划调查，熟悉部门发展战略规划、重大政策、重大项目，抓住预算执行部门（行业）特点和预算管理特点。二是要找准问题方向，要围绕揭露影响效益的问题，抓住决策失误和损失浪费等关键问题，以经济性、效率性和效果性评价审计发现的问题，从决策、实施与监督环节分析问题，查找体制、机制、制度上的缺陷与漏洞。三是要注重投入产出，将有限的审计资源投入关键部门、领域、项目或政策，要在全面客观真实反映问题揭示风险的基础上，沿着"资金—项目—政策—政治"主线，做到首尾循环、双向贯通、正反可逆，切实促进部门加强财政资金绩效管理，严肃财经纪律。

（五）持续推进绩效审计结果应用

一是坚持审计须严格、责任须追究、问题须整改的工作思路，严格按照国家有关绩效管理规定，全面反映部门、单位年度预算执行情况、政策和项目实施效果，以及绩效管理中存在的问题，并提出解决问题的方案，加强做好审计整改"下半篇文章"，坚持边审计、边建议、边督促整改。

二是建立健全预算绩效审计结果运用机制，着力推动将单位整体绩效、项目支出绩效与预算安排挂钩；对绩效较好的政策和项目原则上优先保障，对绩效一般的政策和项目要督促整改，交叉、碎片化的政策和项目予以调整，低效甚至无效的项目一律削减资金或取消，长期沉淀资金一律收回。

三是建立预算绩效评价结果公开制度，通过信息公开达到全程监督的效果，推动预算部门加强绩效管理。

七、部门预算绩效审计质量控制

（一）建立全面质量控制机制

一是部门预算绩效审计人员要严格遵循职业道德原则，恪守独立、客观、公正原则；审计人员要有专业胜任能力，要具备同行业同类审计工作经验，以及分析问题、处理问题能力；做好工作委派，将工作分派给具有相应专业能力的人员。

二是部门预算绩效审计要做好分级督导，并要求督导人员对各层次审计工作给予充分的指导、监督；要建立咨询专家库，应变各种审计情况，充分考评自身承接业务独立性及承接业务能力。

三是部门预算绩效审计要做好监督控制工作，要监督全面质量控制政策和程序执行情况，完善质量控制方针，降低审计风险。

（二）严格落实项目质量控制

一是部门预算绩效审计具体实施要做好指导工作，明确责任、程序及目标，要明确被审计单位的业务性质和审计工作中需特别关注的重大会计和审计问题，以及其他可能影响具体审计程序的性质、时间和范围的事项。

二是部门预算绩效审计具体实施要做好培训学习工作，项目实施前及过程中应通过充分、及时有效的培训保持审计人员的专业程度，培训主题包括但不限于绩效审计发展现状、项目立项背景、绩效审计案例分析、数据资料收集与分析、绩效审计报告撰写，以及公共管理、公共政策、社会科学或信息技术等。

三是部门预算绩效审计具体实施要做好监督工作，审计组组长要及时掌握审计进度，了解重要业务、审计与管理问题，解决审计员之间执业判断的分歧，必要时向适当人员咨询。

四是部门预算绩效审计具体实施要做好复核工作，要做好取证单与审计工作底稿等的交叉复核，一级全面复核，二级重大问题复核，三级质量控制委员会或审理部门、法规部门复核监督，审计部门或机构负责人原则性复核与审批。

（三）实施全程质量控制措施

一是前期控制。充分进行审前准备，提前进行预审工作，深入调查被审计部门（单位）绩效管理内部控制与风险管理情况、预算资金投入与产出情况、预算绩效目标实现情况，制定切实可行的审计实施方案。

二是过程控制。在部门预算绩效审计实施过程中，及时指导审计人员明确审计目标，严格执行审计项目现场质量控制程序，保障审计实施行为满足审计需求。

三是报告控制。在审计组履行报告编制主责同时，充分利用审计机构或部门内专家工作，保证报告意见准确，内容深入，评价客观；通过三级复核制度，层层把关，严格控制审计风险。

（四）做好资料收集基础工作

一是要做好资料收集与分析工作。要注重应用审阅等程序检查相关文件，分析查阅历史文献资料；开展实施访谈与问卷调查，善于从人群或者组织群体中收集详细、具体的信息；以研讨会的方式获取对某专业细分领域的了解，讨论成功经验与成绩、产出与效果及改进措施；采用头脑风暴法等讨论解决不同观点和意见分歧；注重资料的有效性、可靠性，在同一环境下重复调查工作，能够得出一致的结论。

二是要注重不同类型资料的特征。要分析实物资料、口头资料、书面资料和分析性资料等相关资料的特点、特征，确保资料获取与证明力充分适当，以有效支撑审计结论，注重资料与审计目标和标准之间的逻辑关系。

三是要注重资料收集的交流、沟通。在收集资料的过程中，审计人员需要具有创造性、灵活性和谨慎性。当绩效审计资料为说服性的而非结论性的资料时，就可能获取的资料的性质及时与相关专家进行讨论，有助于降低误解风险。

四是审计人员要秉持批判态度。对所获取的信息要去粗存精、去伪存真、由此及彼、由表及里地进行分析判断，做出客观评价。审计人员要从不同的角度分析问题，并且客观、开放地接受不同的意见和看法。

（五）注重利用信息技术工具

一是要做好信息技术工作，要提升信息化建设水平，建立绩效审计数据库，包括法律法规、部门规章、指标体系、报告和底稿范本、分类专家库等，不断提高绩效审计的科学性和规范性。

二是要调查了解预算部门信息系统，以评价信息系统对审计工作的影响。关注信息系统以确定其对绩效审计目标的重要性，检查信息系统设计的合理性、系统运行的有效性、系统一般控制与应用控制的适当性，确定需要进行信息系统审计的范围与内容，考虑如何利用预算部门信息系统数据信息。

三是要关注预算部门信息系统重点领域建设与运行效果。包括但不限于信息系统的范围、内容、业务流程和潜在风险；信息系统是否支持预算部门的目标和经营战略，预算部门业务活动的必要组成部分；信息系统运行是否高效，是否能够提供绩效审计必要的数据信息。

四是要注重提取与应用信息系统数据。包括但不限于访问并提取预算部门数据库中的信息；对数据进行加总、概括、分类、比较，或按照某个标准从大量数据中进行抽取；对数据进行制表、核对和计算；进行抽样、统计处理和分析；帮助完成审计方案和工作底稿，如提供电子工作底稿、支持有效索引、复核和报告；开展网络问卷调查；设计自动化分析评价工具。

（六）注重定量定性分析结合

一是定量分析。要了解绩效审计相关数据的分布与变化，要以结构性、趋势性图表分析数据变量，关注数据分布集中趋势、分布范围及分布形态，通过概率分布评价风险，评估样本数据能否代表总体；开展回归分析，对变量之间的关联程度进行分析，确定变量之间可能存在的相关关系，识别与预期不同的异常事件，对未来数值进行预测。

二是定性分析。定性分析是一个智力性、创造性、循环往复的过程，定性分析通常包括讨论和思考、头脑风暴分析及常用的非定量技术分析，如内容分析、比较分析及专家咨询团队帮助下的分析等。

第 3 章

大额专项资金绩效
审计实务指南

第 1 节   大额专项资金绩效审计概念

一、大额专项资金的概念

大额专项资金通常是指为履行政府经济社会宏观调控职能或完成某项特定重大工作任务，经政府批准而专门设立的，在部门预算之外由财政性资金安排，保持稳定的资金投入规模，在一定时期内具有专门资金来源与用途的资金。大额专项资金主要用于政府重点支持方向和事业发展支出及专项转移支付。

二、大额专项资金绩效审计

大额专项资金绩效审计是指审计部门按照国家有关大额专项资金管理规定，对大额专项资金的经济性、效率性和效益性进行审计并出具审计报告；审计部门在对大额专项资金管理的合法性、合规性发表审计意见的同时，重点揭示大额专项资金决策失误、违规使用、损失浪费及效益低下的问题，提出改进意见与建议，以提高大额专项资金的使用效率与效果，提升大额专项资金绩效管理水平，推动大额专项资金相关部门履行绩效职责，实现大额专项资金政策绩效目标。

第2节 大额专项资金绩效审计目标

一、大额专项资金绩效审计总体目标

（一）监督大额专项资金预算执行

检查大额专项资金预算与拨付是否充足，并及时纠正各类挤占或挪用资金的行为，保障从源头上合理分配大额专项资金。

（二）督促大额专项资金规范管理

大额专项资金使用分散，通常涉及多个管理部门及中央、地方各级政府，拨付渠道长、管理环节多，对大额专项资金管理与拨付进行审计，有助于促进资金管理体制机制制度建设。

（三）跟踪问效大额专项资金效果

大额专项资金绩效审计要关注决策、实施与监督，更要关注资金使用效率、效益与效果，这样才能促进项目目标实现，推动经济发展，提升群众获得感。

（四）保障大额专项资金政策落实

大额专项资金绩效审计，应关注资金分配是否足额、稳定且符合法律规范，还要检查各项政策是否落实到位，以保障国家宏观政策能够有效落实与执行。

二、大额专项资金绩效审计具体目标

（一）大额专项资金真实性审计

真实性是大额专项资金绩效审计的基础，通过审查与评价与大额专项资金绩效目标相关的管理信息、业务信息、财务信息的真实性，即是否如实反映管理、业务与财务实际状况，为绩效审计奠定数据基础。

（二）大额专项资金合规性审计

合规性是大额专项资金绩效审计的根本，通过审查和评价大额专项资金组织、管理、实施与监督等有关经济活动的合法性、合规性，即是否符合国家的法律、法规、方针政策、财经纪律和财经制度，切实保障大额专项资金合法、合规使用。

（三）大额专项资金经济性审计

经济性是指大额专项资金项目为获得一定数量和质量的产品或者服务及其他成果时

所耗费的资源最少，包括资金投入、人力投入、物力投入及管理投入的经济性。

大额专项资金绩效审计通过审查与评价资源的取得、使用与管理是否节约及合理，从而判定资金是否控制在合理的成本范围，是否存在浪费，是否以最少的资金消耗额度实现大额专项资金政策目标。

（四）大额专项资金效率性审计

效率性是指大额专项资金项目在符合一定质量标准的情况下，投入资源与产出成果之间的对比关系，既包括人、财、物和其他资源的运用效率，还包括管理、组织、执行、监控和评价效率。

大额专项资金绩效审计通过审查与评价大额专项资金项目组织或管理的投入产出关系，从而判定资金使用效率，优化业务流程，提升大额专项资金项目组织与管理，达成高效率配置大额专项资金目标。

（五）大额专项资金效果性审计

效果性是指大额专项资金项目目标的实现程度，归结起来看，就是花最少的钱办最多的事，还要将事办好，包括但不限于：经济效益、社会效益、生态效益等效益指标是否实现，是否具有可持续性，是否得到社会公众或服务对象满意；分析未达目标的原因，提出改进措施。

大额专项资金绩效审计通过审查与评价大额专项资金既定目标的实现程度，从而判定资金是否达到预期效果，与政策、规划是否一致，促进大额专项资金决策、组织和管理提升。

第3节　大额专项资金绩效审计依据

大额专项资金绩效审计依据与部门预算绩效审计基本相同，但还应注意大额专项资金相关政策、决策、实施与效果资料，与大额专项资金预算有关的定额、标准、历史数据，大额专项资金项目的技术参数、可行性研究报告等。

第4节　大额专项资金绩效审计内容

大额专项资金绩效审计坚持以专项资金政策执行效果为目标，从大额专项资金政策效果入手，以大额专项资金的来源与使用为主线，涉及与资金相关的部门与单位，关注重大项目，关注与大额专项资金相关的管理、组织、项目、政策等，关注与大额专项资金管理相关的设立管理、项目及资金申报、资金拨付与使用管理、绩效管理、调整与撤销管理、监督管理等全过程，审查政策制定及项目设立的科学性，对资金的经济性、效率性和效果性进行综合评价。大额专项资金绩效审计的主要内容包括但不限于以下事项：

（1）大额专项资金政策制定与项目设立情况；

（2）大额专项资金绩效目标的设定情况；

（3）大额专项资金投入和使用管理情况；

（4）为实现大额专项资金绩效目标的决策过程，所制定的制度、采取的工作措施；

（5）大额专项资金绩效目标的实现程度及效果；

（6）大额专项资金的监督检查管理情况。

第5节 大额专项资金绩效审计指标

一、大额专项资金绩效目标

大额专项资金的绩效目标主要包括预期产出与预期效果，其中预期产出是指大额专项资金提供的公共产品和服务的数量目标、质量目标、时效目标、成本目标，预期效果是指大额专项资金产生的经济效益、社会效益、可持续影响及服务对象满意度目标。

二、大额专项资金绩效审计指标类别

（一）大额专项资金前期决策

大额专项资金前期决策类指标主要包括大额专项资金决策所确定的整体目标是否符合国家与地方战略规划、区域规划，子项目绩效目标设定是否合理，绩效指标是否明确，决策主体、决策依据、决策标准、决策程序等是否规范，大额专项资金分配方法和结果是否合理、适当，是否与目标任务相匹配。

（二）大额专项资金过程管理

大额专项资金过程管理类指标主要包括国家、地方等不同层级大额专项资金拨付到位率、到位及时率、资金使用率，大额专项资金预算管理和财务管理及资金使用情况是否规范；大额专项资金管理体制、机制、制度是否健全有效，组织机构是否明确，管理制度是否齐全，是否编制具体可行的项目实施方案；绩效目标填报是否及时，是否建立执行大额专项资金项目事前评估、过程监控、事后评价、结果应用等全过程预算绩效管理制度，结转结余资金管理是否规范，财务、业务、管理等各类基础信息数据是否全面、完整与准确；与大额专项资金使用相关的重大事项决策制度是否健全，执行是否到位，是否达到预期效果。

（三）大额专项资金目标实现

大额专项资金目标实现类指标主要包括大额专项资金绩效产出数量完成率、产出质量达标率、产出进度控制、产出成本是否节约，是否达到预期经济效益、社会效益、环境效益，是否具备可持续影响，以及服务对象是否满意。

第 6 节　大额专项资金绩效审计重点

一、大额专项资金设立管理审计

大额专项资金设立管理审计主要审查大额专项资金设立的规范性与有效性，包括但不限于大额专项资金是否纳入国家或地方政府事业发展总体规划，大额专项资金整体目标、子项目目标的合理性，绩效指标的明确性，决策主体、决策依据、决策标准、决策程序是否规范合理，资金分配方法和结果是否有效。

一是重点关注大额专项资金的设立是否符合政府支持方向和重点事业发展需要，是否存在重复设立问题，是否增设与已有大额专项资金使用方向、用途一致或者相似的大额专项资金。

二是重点关注大额专项资金设立是否报经地方政府批准，是否按规定履行业务主管部门申请、财政部门审核、政府批准等程序。

三是重点关注大额专项资金申请设立是否组织开展合法性、必要性、可行性、资金规模和绩效目标等充分论证，是否建立健全公众参与、专家论证和集体讨论决定的大额专项资金设立决策机制，是否采取公众听证、专家咨询、专业机构测评、公开征求意见等方式听取社会意见，对设立的大额专项资金的科学性、合理性进行评价。

四是重点关注是否根据政府支持方向和重点事业发展需要，编制设立大额专项资金的绩效目标、可行性研究报告等材料。

二、大额专项资金使用管理审计

大额专项资金使用管理审计主要审查大额专项资金管理和实施情况，分析大额专项资金管理制度是否健全，执行是否到位，制度执行程序是否规范有效；审查大额专项资金预算安排及到位情况、资金使用情况和资金结余情况，是否做到专款专用、单独核算及跟踪监管；分析大额专项资金预算的合理性、拨付的及时性，以及使用的真实性、合法性和效益性；审查大额专项资金是否按照规定的范围和标准开支，有无挤占、挪用、截留和损失浪费等现象，有无擅自变更大额专项资金使用计划等。

一是重点关注是否建立健全大额专项资金具体管理制度，管理制度是否明确了大额专项资金的绩效目标、使用范围、管理职责、分配办法、支出管理、绩效评价和责任追究等主要内容；是否建立执行大额专项资金支持项目决策制度和程序，完善项目决策风险评估机制，以加强项目绩效跟踪反馈和责任追究；是否建立与大额专项资金使用相关的重大决策制度。

二是重点关注大额专项资金支持方式选取是否合理。例如，对发展公共事业的社会效益类大额专项资金，采取前补助、以奖代补、定额补助等资金支持方式是否规范；对支持重点产业发展的经济效益类大额专项资金，是否采取后补助、贷款贴息、股权投资、创业投资引导、政府采购政策引导等资金支持方式。

三是重点关注大额专项资金支持项目的申报审核工作是否严格，申报材料是否真实、合法，是否存在以虚报、冒领、伪造等手段骗取大额专项资金的情况；是否按照大额专项资金规模、项目实施进度和绩效目标实现程度，编制大额专项资金使用计划。

四是重点关注是否严格执行大额专项资金支出预算，是否按照批准的大额专项资金使用计划组织实施，是否无故滞留、拖延大额专项资金的拨款，是否存在将大额专项资金用于规定用途之外的工资福利和公用经费等一般性支出的情况；是否严格执行与大额专项资金相关的重大决策制度。

五是重点关注项目单位是否按照规定用途使用大额专项资金，是否存在未经批准变更项目内容或者调整预算的情况；对确需变更具体项目使用方向或者资金规模的，是否按照预算调整的要求报财政部门批准。

六是重点关注结余结转资金管理是否符合政府有关市级行政事业单位财政性结余资金管理有关办法的规定。

七是重点关注预算单位使用大额专项资金采购货物、工程和服务的，是否按规定依法实施政府采购，合同签订与履行是否规范、有效。

三、大额专项资金绩效管理审计

一是重点关注是否建立执行大额专项资金绩效目标管理、绩效跟踪反馈和评估制度，是否对大额专项资金开展全过程绩效管理，是否定期对大额专项资金预算执行、管理和绩效目标运行等情况进行跟踪管理和督促检查，是否能及时发现问题并采取有效的措施予以纠正。

二是重点关注是否建立执行大额专项资金绩效评价制度，业务主管部门是否按规定定期报送年度大额专项资金执行情况和绩效情况总结报告，是否对大额专项资金执行情况进行年度绩效评价、执行期内绩效总体评价。

四、大额专项资金监督管理审计

一是重点审查是否建立执行大额专项资金监督管理机制，推进信息化平台建设，健全大额专项资金使用情况动态监管机制。

二是重点关注是否开展大额专项资金使用的合规性、安全性和效益性日常与专项监督检查，是否对大额专项资金的设立、使用、调整和撤销进行全过程监督管理。

五、大额专项资金绩效实现审计

重点关注大额专项资金原定绩效目标和目的是否可能达到，绩效目标是否需要调整，大额专项资金原定效益是否可能实现及实现的程度；分析大额专项资金管理和使用的经济性、效益性和效果性；在评价经济效益的同时，要关注大额专项资金的社会效益。

（一）大额专项资金绩效产出情况

重点关注大额专项资金产出数量是否达成绩效目标，大额专项资金产出质量是否达到标准，大额专项资金产出时效是否达成绩效目标，运营成本是否得到有效控制与改善。

（二）大额专项资金绩效效果情况

重点关注大额专项资金是否实现预计对经济发展所带来的直接或间接影响，对社会发展所带来的直接或间接影响，以及对环境所带来的直接或间接影响；关注大额专项资金实施是否产生可持续效应，以及服务对象是否满意。

第 7 节　大额专项资金绩效审计步骤

大额专项资金绩效审计与其他绩效审计类似，主要包括四个阶段：前期准备阶段、现场实施阶段、审计报告阶段、审计结果应用阶段等。下面主要介绍大额专项资金绩效审计的前期准备阶段和现场实施阶段，重点做好以下工作。

一、前期准备阶段

（一）大额专项资金政策调查

一是以大额专项资金政策落实情况作为重点内容，取得大额专项资金规划及具体实施方案、大额专项资金工作总结、大额专项资金任务完成情况等总结性资料。

二是在对中央、省、市各项精准大额专项资金政策进行总体把握，对大额专项资金政策落实情况和大额专项资金效果实现情况进行掌握的基础上，通过调阅大额专项资金相关文件资料，以及与大额专项资金管理部门、业务部门采用座谈、数据分析等方式初步了解政策落实情况和存在的困难，确定审计重点。

（二）大额专项资金项目调查

一是结合大额专项资金总体情况，调阅大额专项资金项目年度总结、项目台账等资料，对大额专项资金项目基本情况做出把握。

二是通过大额专项资金管理或业务部门提供的项目台账和基本情况，全面掌握各项目立项批复情况、资金投入、资金类别与级次、实施时间、建设状况、实施单位、招投标信息等，了解各类大额专项资金项目的规模、建设、效益、困难等方面信息。

（三）大额专项资金情况调查

一是调阅相关年度各级部门下达的大额专项资金指标文件，了解大额专项资金总体规模，核实大额专项资金的种类、规模、投向和项目安排。

二是在掌握大额专项资金基本情况的基础上，收集重点资金管理使用情况的年度工作总结、资金项目台账、基础数据等，掌握重点大额专项资金分配使用的总体情况。

三是通过调阅大额专项资金管理或业务部门文件资料、与大额专项资金管理或业务部门座谈、数据分析等方式了解资金管理模式、资金使用总体情况和存在的困难，确定审计重点。

二、现场实施阶段

按审计内容实施审计，时间顺序可根据实际情况进行调整，审计内容可交叉进行。审计组在实施审计的过程中，发现方案不适应实际需要时，可以根据具体情况，按照程序和规定及时调整。

（一）大额专项资金政策执行审计

重点关注：①贯彻执行大额专项资金政策情况、大额专项资金政策措施落实情况，以及大额专项资金制度建立完善情况；②与大额专项资金使用相关的重大决策事项、重大项目安排、大额资金使用等重大事项决策制度、执行与效果情况。

（二）大额专项资金项目实施审计

一是关注大额专项资金项目申报、审批和立项情况。通过查看会议记录、项目申请审批表等资料，检查大额专项资金项目是否因立项不准、责任不清、管理不善等出现损失浪费、工程事故隐患等问题，是否严格按批准的计划实施项目。

二是关注大额专项资金项目的实施管理情况。①项目进度方面，通过核查项目台账，检查项目实施进展情况，对照项目资金下达文件、规划批复等要求的开工、完工时间，检查大额专项资金项目建设是否按期完成，是否存在长期应开工未开工、应完工未完工影响大额专项资金项目效果的问题并深入分析原因。②项目实施方面，重点审查基建程序合规性，关注大额专项资金项目审批、建设、招投标过程中是否存在重大违法违规问题，有无违规审批、未批先建、违规招投标、违规转分包等问题。③通过现场勘查、查阅档案等方法核查工程项目是否真实、达标，是否存在以虚假工程和虚假工程量骗取套取大额专项资金等问题，注重审查大额专项资金项目招投标、大额专项资金项目补贴发放、贫困人口培训中容易出现的违规招投标、骗取套取、贪污挪用等监管风险。

三是关注大额专项资金项目的绩效情况。①对大额专项资金项目进行审查，对项目的实施情况进行全面评估，如完工验收的项目是否达到预期效益、有无工程质量问题、是否存在损失浪费等；②对管理、运营中可能存在的问题进行重点关注和抽查核实，结合实地延伸和入户调查、询问贫困户，发现是否存在项目效益低、群众未受益等问题；③对产业项目的收益和分红情况进行审查，重点关注和核实投资项目的收益和分红情况，确定项目收益是否按照规定进行分配。

（三）大额专项资金管理情况审计

一是关注大额专项资金项目筹集、申报审批和分配环节。①梳理各级专项资金指标，重点核查拨付进度与支出去向，关注资金拨付不及时、长期不结转结存资金、存量资金不真实、资金投向不精准等问题。②调阅相关资金分配和项目实施方案、共管账户支付数据、项目报账材料进行比对分析，重点关注项目集中、金额大、支付给个人的异常情况，审查资金分配过程中是否存在利用资金分配权，违规、超标准、超范围分配或发放大额专项资金，或向利益关联方倾斜等问题。③根据大额专项资金项目安排情况，重点延伸审查是否存在借机牟利、违规使用大额专项资金、骗取套取大额专项资金等问题。

二是审核大额专项资金管理情况。①通过分析数据资料、大额专项资金专户财务资料等，关注是否存在大额专项资金"以拨作支"及其他虚列支出情况，是否存在大额专项资金违规出借情况，是否存在将大额专项资金用于其他项目建设、弥补经费支出等非大额专项资金用途等情况。②顺着资金拨付流向，对获取大额专项资金的单位、个人等进行外部调查，结合谈话、走访、实地查看等方法，从报账原始票据、合同、补贴或实物发放花名册等入手，核实大额专项资金是否用于规定用途，有无通过虚假报账资料、合同、伪造花名册等方式骗取套取大额专项资金等问题，并进一步查处有无向申报审批环节各职能部门和工作人员输送利益，或失职渎职等线索。（3）查看大额专项资金账户支付数据资料、大额专项资金专户财务资料，查看大额专项资金是否存在无故滞留、拨付不及时及长期不结转结存资金的现象。

三是审核大额专项资金使用情况。①重点关注大额专项资金分配和管理的财务数据，通过调阅与大额专项资金项目相关的银行对账单、记账凭证等财务资料，并与大额专项资金专户支付数据及报账凭证进行比对分析，关注是否存在向个人账户直接支付、公款私存、账实不符等异常情况。②对照资金拨付凭证和项目建设内容，重点审计是否存在违规使用大额专项资金、套取挪用、私设"小金库"、违反中央八项规定及实施细则精神等情况，从中发现腐败作风问题线索。

第8节　大额专项资金绩效审计方法

在进行大额专项资金绩效审计时，除常规绩效审计管理、规划、抽样、调查、评价等方法外，还主要采用比较分析法、综合指标评价法、成本效益分析法、最低成本法、因素分析法、逻辑框架法等；同时应根据大额专项资金特征与特点，采取一种或多种审计方法。

第9节　大额专项资金绩效审计结果

大额专项资金绩效审计报告框架、撰写路径、质量标准及质量控制程序与其他绩效审计类似，此处不赘述。大额专项资金绩效审计报告框架如下。

（1）大额专项资金概述。此部分包括但不限于大额专项资金实施主体、主要内容，以及立项依据、背景等，大额专项资金预算、资金组成，以及预算执行、结果等，大额专项资金绩效总体目标和阶段性目标。

（2）大额专项资金审计工作简述。此部分包括但不限于大额专项资金审计目的、依据、原则、方法等，审计前期准备情况、现场核查情况、资料信息汇总情况、分析评价、沟通反馈、出具报告等内容。

（3）大额专项资金审计评价结论。此部分应在系统说明大额专项资金绩效决策、管理和绩效情况，大额专项资金绩效管理中所取得的主要成效、成功经验与做法等基础上，对大额专项资金决策情况、管理情况、产出及效果情况进行分析与评价。

（4）大额专项资金绩效审计发现的主要问题。主要涉及以下方面。

① 大额专项资金绩效决策方面。

② 大额专项资金绩效过程管理方面。

③ 大额专项资金绩效产出与效果方面。

④ 其他需要说明的问题。

（5）大额专项资金绩效审计意见与建议。

第 10 节　大额专项资金绩效审计案例

一、大额专项资金绩效审计工作综述

随着社会经济的不断发展，大额专项资金支出规模逐渐增大，大额专项资金的决策、使用与监督管理等方面存在的问题倍受社会关注。大力开展大额专项资金绩效管理，实施绩效审计，对改进大额专项资金管理、统筹资金使用产生了积极作用。除前述理论、程序与方法外，在大额专项资金绩效审计项目实施中，还要注意做好以下工作。

（一）始终聚焦社会关注的大额专项资金项目，强化绩效审计

严格贯彻落实国家宏观政策要求，紧紧围绕大额专项资金政策效用、体制效益、管理效能、资金效益、工作效果等目标任务，重点关注如扶贫、教育、社会保障等民生资金，重点检查相关资金政策落实情况，分析评价资金投入、管理和使用的经济性、效率性、效果性。以"政治—政策—资金—项目"为主线，重点关注资金使用及项目建设绩效情况，着力揭示因项目前期决策论证不到位导致资金损失或效益低下、资金闲置，专项资金拨付使用不规范，违规调整资金预算，挤占挪用专项资金，政府采购执行不到位，合同履行不严格等问题。

（二）坚持围绕大额专项资金政策绩效目标确定审计范围

大额专项资金绩效审计应结合其履行政府经济社会宏观调控职能或者完成某项特定

重大工作任务的特征与特点，调查了解其所涉及行政区域、行业领域、资金规模、资金投向、工作任务、总体工作目标与子项目绩效目标、实施主体与参与单位等，以资金来源与使用效果为核心，关注其决策、实施、监督等全过程。例如，对某大额专项资金绩效审计，确定审计对象涉及市级机关等相关单位 5 个，所辖区县 18 个，审计资金规模 150 余亿元，涉及财政专项资金与市场化融资资金，审计业务领域包括大额专项资金相关项目投资、建设、分配、使用和后续管理等。

（三）聚焦大额专项资金的特征、特点与特性，明确审计重点

大额专项资金通常具有覆盖范围大、政策性强、监管难度大及时效性强等特点。例如，以涉农资金为例。一是覆盖范围广。涉农资金涉及林业、牧业与渔业等领域，涉及中央到地方各级政府投入大量专项资金用于农业农村发展，改善农民生活条件，故在审计中要关注其贯彻执行政策情况。二是政策性强。凡涉及大额专项资金，中央到地方均会出台多项政策，大额专项资金要专款专用且要严格遵循涉农法律、法规与政策，故在审计中不仅要关注资金，还要关注业务、关注管理，不仅要关注决策与实施，还要关注项目实施效果。三是监管难度大。涉农资金涉及农林牧渔等行业，不同行业经营特点千差万别，且农林牧渔行业地域性特征、特点又极其明显，监管难度着实较大，需要因时、因地制定切实可行的审计策略与方法。四是时效性强。大额专项资金政策与项目通常具有一定的时效性，且关乎群众切实利益，资金量大，无疑成为政府、行业与群众关注重点，需要及时有效地开展审计监督，以保障资金使用效果。

（四）全面梳理总结大额专项资金主要成效，客观分析评价

大额专项资金绩效审计应围绕其总体目标与绩效指标，对所取得的主要工作成效进行审计调查，并结合审计发现做出客观评价。例如，对某大额专项资金贯彻落实党中央及国务院决策部署、大额专项资金项目资金分配和管理、全过程管理制度建设等情况进行审计，需要对涉及大额专项资金项目工程建设管理，配套基础设施建设，所取得的稳投资、稳就业、促进经济平稳等社会效益、经济效益，群众满意度及对以前年度审计发现的问题的整改情况等进行评价，对本次审计发现大额专项资金管理使用、工程建设管理、分配使用等方面存在的问题进行披露说明。

二、扶贫专项资金绩效审计案例

（一）案例背景

2016 年 11 月 23 日，国务院印发《"十三五"脱贫攻坚规划》，按照精准扶贫、精准脱贫基本方略的要求，因地制宜，分类施策，从产业发展脱贫、转移就业脱贫、易地搬迁脱贫、教育扶贫、健康扶贫、生态保护扶贫、兜底保障、社会扶贫等 8 个方面实化

细化了相关路径和措施。

为保障脱贫攻坚规划落地实施，中央财政全力保障扶贫资金投入。为保证扶贫资金投入达成预期目标，国家与地方持续开展扶贫专项资金绩效审计，即以资金为抓手，关注扶贫资金的增收实效，从资金分配、拨付、使用、效益评估环节着手，围绕"规范性、精准性、持续性、效益性"目标，对扶贫专项资金使用的真实性、合规性、经济性、效率性、效益性进行审计与评价。

党的二十大报告指出，"我们坚持精准扶贫、尽锐出战，打赢了人类历史上规模最大的脱贫攻坚战，全国八百三十二个贫困县全部摘帽，近一亿农村贫困人口实现脱贫，九百六十多万贫困人口实现易地搬迁，历史性地解决了绝对贫困问题，为全球减贫事业作出了重大贡献。"

（二）审计结论

中央财政扶贫资金的投入，积极推进扶贫重点任务，脱贫攻坚战取得决定性进展，大大减少贫困人口，贫困发生率持续明显下降。

（三）审计发现的主要问题

1. 审计署有关扶贫专项审计工作报告

审计署在有关扶贫专项审计工作报告中指出以下问题。

一是少数地方擅自拔高或随意降低脱贫标准，即提高住房补助标准、过度医疗，对未实现"两不愁三保障"的贫困群众进行脱贫处理，压缩任务年限、提前拨付资金等赶进度、搞冲刺，虚报集体经济收入和易地搬迁入住人口等数据。

二是扶贫领域腐败和作风问题仍然存在。干部利用职务便利优亲厚友，甚至贪污侵占等，涉及扶贫专项资金；扶贫专项资金被骗取套取。将扶贫专项资金用于景观修建、外墙粉饰等"面子"和形象工程；将扶贫信贷等资金投向企业、合作社和大户，未与贫困户建立利益联结；将产业扶贫等"造血"资金直接发放给贫困户。

三是市、县扶贫主体责任落实不到位。未开展扶贫绩效评价工作，将人为分户、转移资产、隐瞒收入等"致贫"户认定为贫困户，账务不规范等。

四是部分扶贫专项资金和项目管理绩效不佳。将扶贫专项资金用于房地产开发、市政建设等非扶贫领域，扶贫专项资金闲置；产业扶贫项目因缺乏充分论证和后期管护等种养存活率低；扶贫建设项目闲置；易地搬迁和以工代赈项目存在未落实后续帮扶措施、未吸收贫困群众参与等问题。

2. 扶贫专项资金绩效管理中发现的共性问题

相关人员对近年来国家与地方对扶贫专项资金政策执行、资金拨付与使用、绩效目标实现等总结梳理发现，扶贫专项资金绩效管理中普遍存在以下问题。

（1）扶贫政策落实不到位，扶贫专项资金未达到预期效果。

一是挤占挪用，将扶贫专项资金用于非扶贫领域。中央及省级拨付的扶贫专项资金到达各个贫困县政府后，部分本应用于落实扶贫项目的资金被侵占挪用，用于其他非扶贫项目。

二是违规招投标。部分地区对扶贫项目运行缺乏监管，缺乏严格的招投标管理机制，扶贫项目实际运行中标单位并未参与扶贫项目建设，转包及投机取巧现象时有发生，导致扶贫专项资金未精准帮扶到贫困群体，政策红利被一些非贫困人员窃取。

三是盲目决策。未经决策论证盲目上马扶贫项目，最终导致扶贫项目与地区发展不匹配，项目进展缓慢，甚至部分项目建成后无法使用和出现闲置等情况。

（2）扶贫专项资金多头管理，资源整合协同问题突出。

一是扶贫专项资金多头管理影响资金效率。扶贫专项资金分散于财政、扶贫办、农业农村、发展改革委等多个部门，不同扶贫项目的资金由不同部门分开管理，各部门之间沟通成本大、信息共享程度较低、工作交叉部分互相推诿，致使资金拨付与使用效率低下。

二是扶贫专项资金分散未能形成资金合力。扶贫专项资金投入力度虽逐年加大，但资金安排使用"权责不匹配""打酱油的钱不能买醋"等，资金分散难以统筹形成合力，造成扶贫专项资金沉淀与滞留，制约精准扶贫项目的实施。

（3）扶贫专项资金绩效评价体系有待完善，存在漏洞。

一是绩效评价不够全面和深入。扶贫专项资金绩效评价体系未涵盖中央扶贫专项资金、省级财政扶贫专项资金，以及各市、县拨付的用于扶贫的资金等不同层级，以及易地扶贫搬迁资金、少数民族发展资金等不同资金类型，未贯穿资金使用全过程。

二是绩效评价指标设计不合理。目前，审计部门考察的扶贫专项资金绩效评价指标主要包括资金投入、资金拨付、资金监管及资金使用成效等，未能从可持续发展的角度去考虑资金使用的评价问题，注重短期收入上升，未注重抗贫能力的培养。

（四）扶贫专项资金绩效审计经验总结

1.持续树立合规性、精准性、效益性审查思路

一是扶贫专项资金绩效审计应以提高扶贫工作监督管理效率，健全完善相关制度，保证扶贫专项资金真正用于扶贫开发，防止出现挤占挪用、层层截留、虚报冒领、挥霍浪费等问题为基本目标，重点关注管理机制不健全、内部控制薄弱的地区和部门。二是应强化大数据对扶贫专项资金绩效审计工作的支持，应扩大三维电子地图、航空测绘、卫星遥感等数据的应用范围，结合"总体分析、发现疑点、分散核实、系统研究"的数字化审计模式，充分发挥数据的引领作用。三是应重点关注扶贫项目主管单位职责履行，关注基础设施建设质量，关注项目可持续性，巩固脱贫攻坚成果。

2. 坚持做好事前事中事后全过程审计监督

一是要做好立项审前调查，将审计重点由"资金使用了没有"转向"资金用好了没有"，围绕资金项目确定审计区域，突出重点审计大额资金；要以项目绩效目标为审计依据。二是要熟悉惠农政策法规，加强法规、政策文件学习，熟悉农业项目工程管理流程的业务知识。三是要强化项目预决算审计，坚持项目申报、实施、验收与资金划拨结果审计相结合，注重项目、财务、管理融合审计，资金、项目、政策、政治形成闭环管理。

3. 建立健全扶贫专项资金绩效审计的标准体系

在真实性、合规性审查的基础上，按照经济性、效率性、效果性、公平性和环境性等原理，科学合理设定包括精准科学扶贫指标（涉及对象范围、对象意愿）、安置区选址指标、公共服务与基础设施指标、资金投入及使用指标、可持续指标、满意度指标等在内的综合审计评价指标体系。

三、征地拆迁资金绩效审计案例

（一）案例背景

为了加强某拆迁建设项目资金的管理，合理使用国家建设资金，发挥国家建设资金的使用效益，根据《中华人民共和国国家审计准则》及某区县审计局年度审计项目计划的要求，我们对某项目拆迁资金实施了绩效审计。

1. 项目概况

某重大项目征地拆迁范围区属永定、恒天、三泰等三镇，涉及村庄 10 余个，涉及院落 3 000 余个，住宅与非住宅面积约 7 000 余亩，涉及人口约 2 万人。

某重大项目征地拆迁工作由某项目公司负责管理，项目公司主要负责某重大建设项目范围内征地动迁、安置及开发用地配套设施建设；负责征地拆迁和回迁房建设所需经费计划、筹措、管理与使用；制定回迁房建设工作计划和方案，办理各项建设手续。某项目拆迁部分责任主体主要为区建委、区房屋征收事务中心及属地县、乡（镇）政府，其中实施主体为属地镇政府。

2. 审计目标

根据《中华人民共和国国家审计准则》的要求，对重大拆迁项目立项审批决策的规范性、内部控制制度的有效性、资金筹措与使用的合规性，以及资金投入的经济性、效率性、效益性进行审计并出具审计报告；对与重大拆迁项目相关的内部控制制度，项目立项可行性研究报告、初步设计概算、报批报建等决策审批文件，与项目实施相关的招投标文件、合同、协议等，以及财务资金账簿、凭证、票据等进行审查，在对征地拆迁资金支出的真实性、合规性进行重点审查的基础上，对征地拆迁资金使用效果发表审计意见，客观评价项目实施效果，揭示和反映项目决策、资金使用、项目实施中存在的违法违规和损失浪费问题，促进项目规范管理，提高项目管理水平，发挥投资效益。

3. 审计内容

本次绩效审计内容包括基本建设程序履行情况，项目实施资金来源及使用、征地拆迁、工程结算、招投标管理、拆迁补偿安置协议签署与补偿情况，批复资金预算执行，批复设计实际建设情况，项目资金管理与成本核算，项目预期任务目标完成情况等。

4. 审计方法

完成审计内容除采用常规审计方法外，在征地拆迁资金绩效审计中还应结合具体征地拆迁补偿方案要求，采用以下符合该类审计项目的特殊审计方法。例如：获得特定时点的航拍影像资料，将其比对被拆除房屋建筑的具体建设情况，以判断房屋是否真实存在、房屋建设时间、房屋院落实际占地面积等；与地方政策规划部门、土地部门、乡（镇）政府机构相关部门沟通，取得被拆迁房屋院落历史详尽资料，以研判土地房屋产权、使用的合规性与真实性、适用的补偿标准；在审计过程中，结合对被拆迁房屋设备及附属物现场踏勘、测量、统计核对、复核、走访群众、询问等方法，对被拆迁房屋设备及附属物数量进行核实。

（二）审计结论

经审计，区政府所属建委、规划、项目管理单位及相关乡镇、村能够按照重大投资项目总体规划要求，加大加紧加快征地拆迁工作；为加强征地拆迁资金管理，保障资金使用的真实性、合规性与有效性，聘请中介机构对征地拆迁资金开展全过程跟踪审计；项目管理单位能够积极筹措资金，严格项目决策、实施、监督，切实保证重大建设项目范围内征地动迁、安置及开发用地的配套设施建设；项目实施单位基本按照征地拆迁补偿方案要求有序开展拆迁实施工作，合理解决拆迁过程中发生的民生、民意问题，为征地拆迁工作的顺利完成、为推进重大项目建设奠定了坚实基础。

（三）审计发现的主要问题

1. 征地拆迁法规政策执行方面

（1）拆迁许可证照取得时间滞后于拆迁启动时间。

（2）拆迁、拆除、测量、评估等服务单位未按规定招标采购。

（3）拆迁、拆除清登结果公示不及时，未满足征地拆迁补偿方案规定时限要求。

（4）土地征收补偿协议、房屋及青苗补偿调查表等重要信息填列与签名确认不完整。

（5）村、镇两级对宅基地权属、面积、范围确认不规范。

（6）拆迁补偿协议签订审批程序倒置。

（7）超出补偿方案范围与标准的补偿无集体决策审批程序。

2. 征地拆迁资金拨付使用方面

一是超额支付征地拆迁补偿款。①拆迁服务、评估公司对被拆迁房屋区位、权属、面积、家庭人口等入户调查信息编制不准确，与航拍信息存在差异，导致超标准、超范围、超额补偿；②伪造营业执照、法院判决书、离婚协议书、户口本等证照，伪造村民签名，以堆积假坟头、私搭乱建等方式骗取征地拆迁补偿款或多申请停业补偿等；③将违建、抢建房屋作为合法建筑支付征地拆迁补偿款；④虚增拆迁面积骗取拆迁补偿资金，如被拆迁人和拆迁公司、测量单位、拆迁实施单位串通弄虚作假，虚增房屋拆迁面积或者虚构拆迁房屋骗取拆迁补偿资金；⑤人为虚假拆分立户，突击抢栽、抢种、抢盖骗取征地拆迁补偿款；⑥评估作价监管不力导致多支付征地拆迁补偿款，如随意提高房屋成新率、构造级别、装修水平，多测多评房屋面积，选取高档位成交价格作为所征收旧房的评估参照价格，导致评估不实，抬高房地价格，增加征地拆迁成本。

二是重复或扩大支出范围。①重复支付征地拆迁补偿款，对已按土地补偿协议并支付了补偿款的，在房屋拆迁补偿协议中未予以扣除，导致土地重复补偿，造成项目投资增加，产生资金损失；②扩大征地拆迁范围，将红线外建筑拆迁费用纳入项目成本导致资金损失，如被拆迁户和拆迁公司串通将红线附近无利用价值的房子拆除获得征地拆迁补偿款；③被拆迁土地上进行的拆除、资源环保工作项目存在交叉，扩大拆迁成本；④超标准超范围动用拆迁项目资金；⑤项目管理费计取标准不正确，虚增拆迁成本；⑥未及时对已实施补偿腾退资产项目进行拆除或处理，增加看护管理费用；⑦未及时对已完工或已入住回迁安置房进行成本结转，将维护及其他维修支出计入安置房成本；⑧将应移交的市政建设项目的成本计入回迁安置房成本；⑨将管理费计入征地拆迁成本；⑩将代拆代建项目成本计入征地拆迁成本；⑪转非安置人员不符合规定，超标准支付转非费用，扩大征地拆迁成本；⑫实际综合征地补偿标准超过规定标准；⑬列支已免征或由其他部门支付的相关税费，如军用征地列支已免征的耕地占用税、森林植补恢复费，扩大征地拆迁成本；⑭不可预见费列支项目无依据，虚增征地拆迁成本。

三是挪用征地拆迁资金。①挪用、截留被征收的土地、房屋附属物拍卖后变现收入，未将拆迁拆除物变卖收入冲减拆迁成本，挪用作为本单位的日常开销或者其他用途；②拆迁补助发放不规范，同一人同期在多个项目中领取拆迁补助，或向非拆迁项目人员发放拆迁补助；③未经审批擅自动用征地拆迁结余资金用于支付工程款。

3. 征地拆迁绩效目标实现方面

一是进度控制不严。①政府公共信息资源共享机制不完备，导致户籍、婚姻、房产、住房公积金、工商注册、纳税登记和生育信息等信息采集工作难以正常进行，影响征地拆迁资金审核拨付进度，延误项目实施进度；②征地拆迁补偿款已支付完毕，未及时对被拆迁土地房屋进行拆迁、拆除工作，影响整体拆迁进展及重大建设项目按期推进；③回迁安置房建设进度滞后导致周转费支出持续增加，加大拆迁补偿成本。

二是存在群众上访与社会稳定风险。①同一区域征地拆迁项目实行不同补偿标准，征地拆迁政策不被被拆迁人认同，引发上访事件；②征地拆迁补偿款发放差错，土地权属变更审核把关不严加之土地使用权所有人未主张权利，导致出现补偿对象错误，从而引发群众上访投诉事件；③被征地农民"先保后征"社保政策落实不到位，从而影响被征地农民持续稳定生活保障，产生社会稳定隐患风险。

三是存在已补偿房屋未及时拆除潜在风险。①对已签订拆迁补偿协议并支付了征地拆迁补偿款的关联房、骑线房，因不影响工程建设而未及时拆除，或未收回征地拆迁补偿款，导致项目投资增加；②由于房屋没有及时拆除，某些人可能涂改房屋编号，将房屋列入后续项目拆迁范围，存在重复补偿风险。

（四）征地拆迁资金绩效审计经验分享

1. 全面树立项目全程风险管理理念

将风险管理理念融入重大投资项目建设与征地拆迁资金绩效审核全过程，构建重大项目征地拆迁、工程招标、合同签订、设计变更、工程洽商、资金拨付、工程建设等全过程风险管理体系，对相关利益主体可能存在的风险点进行全面梳理、深入排查，按照风险大小、危害程度、发生概率，确定风险等级，分层分级建立风险台账，并结合征地拆迁资金绩效审核要求制定相应防范措施，以保证征地拆迁资金逐笔逐项纳入审核监督之中，有效防范征地拆迁资金合规风险。

2. 建立健全征地拆迁资金审核制度

建立健全征地拆迁资金绩效审计总体方案、专项工作制度、实施操作指引，以及审计业务流程等体系文件，分工到人、分级授权，规范审计工作流程，强化审计监督，建立现场清登、评估跟踪、初审、复审、终审等制度；对如超标准、超范围补偿或弄虚作假骗取补偿的，第一时间上报，对重大重要事项及时提交集体决策，确保征地拆迁资金拨付及时、规范、有效，切实防范审计风险。

3. 公开透明，勇于接受监督检查

在整个征地拆迁资金绩效审计过程中，将征地拆迁政策制度、补偿方案、补偿标准、分户补偿面积、补偿数额全部按规定公开，做到征地拆迁资金支付全流程都有章可循、有据可查。建立"决策留痕、结果查究"制度，将重大事项决策内容、研究方式、意见表达、研究结果等要素记录于审计工作底稿，同时，积极配合并接受上级部门及群众的监督检查，确保审计公开透明、客观公正。

四、大额专项资金绩效审计常见问题

（一）大额专项资金设立管理方面

（1）大额专项资金申请设立合法性、必要性、可行性，以及资金规模和绩效目标等论证不到位，重复设立与已有大额专项资金使用方向、用途一致或者相似的大额专项资金。

（2）大额专项资金总体目标、子项目绩效目标设计不合理，未能做到用数据说话，不具备可衡量性。

（3）绩效目标设定不符合客观实际，无法在一定期限内如期实现。

（4）大额专项资金绩效目标与工作任务数不匹配，与预算确定的投资额或资金量不匹配，存在过高或过低情形。

（5）未及时将大额专项资金分解下达或明确到具体项目，扩大范围将非大额专项资金项目等纳入本项目。

（二）大额专项资金使用管理方面

（1）大额专项资金管理制度不健全，制度执行不到位。

（2）大额专项资金支持项目申报审核工作不严格。

（3）大额专项资金拨付不到位，存在滞留、拖延大额专项资金拨款情形。

（4）将大额专项资金用于规定用途之外的工资福利和公用经费等一般性支出。

（5）未经批准变更项目内容或者调整预算，结余结转资金未按规定使用或上缴。

（6）大额专项资金采购货物、工程和服务不规范，存在应采未采、采购程序不规范、合同订立与执行不严格等问题。

（三）大额专项资金绩效实现方面

（1）大额专项资金原定绩效目标和目的未达成。

（2）未根据内外部环境变化或政策影响对大额专项资金绩效目标进行调整。

（3）未实现大额专项资金预期产出数量、质量、时效等目标。

（4）未实现预期经济效益、社会效益，不具有可持续性。

（5）大额专项资金形成资产存在闲置、浪费，发生群众上访投诉事件等。

（6）项目形成资产因验收不合格、配套设施建设滞后等无法正常使用。

（7）分配使用资产条件发生变化的，未及时清理收回已分配资产。

（8）违规将大额专项资产形成资产挪作他用。

五、提升大额专项资金绩效审计思考

（一）坚持效益导向、结果导向、全过程绩效审计思路

坚持效益导向、结果导向、全过程绩效审计思路。一是在审计内容与重点设计上，要围绕决策、管理和绩效，设立多项量化指标，逐步修正偏重合规合法性审计倾向；二是在分析问题时，强化项目集合的概念，从专项的顶层设计和整体建构出发，力争在

高度、深度和广度上有所突破；三是在审前调查、过程实施与撰写报告全过程管理中，紧紧围绕资金的经济性、效率性和效益性，加大对资金绩效的分析力度；四是在工作方式上，主要采取访谈、现场勘察、数据统计、对比判断、专家咨询和问卷调查等形式，深入大额专项资金绩效审计工作。

（二）围绕政策落实，维护资金安全，确保资金绩效

一是围绕政策落实，着重审查相关部门落实国家与地方各项有关大额专项资金政策情况和履职尽责情况，推动相关部门用足政策，力求打通政策措施贯彻落实的"最后一公里"；二是维护资金安全，深入揭露不作为、慢作为、假作为和形式主义、官僚主义等典型问题，揭示骗取套取、截留挪用、贪污侵占、挥霍浪费、违反中央八项规定精神等问题，深刻分析导致问题产生的人为管理因素和机制体制漏洞，提出建立长效机制的审计建议，完善管理制度和工作机制，全力确保财政资金安全；三是确保资金绩效，通过审计着力揭示人为因素或制度原因导致的资金分配不合理、拨付不及时、资金回笼慢、违规设置提高标准、项目效果达不到预期等问题，厘清资金要求与资金预算不协调的矛盾、资金投入巨大与项目效能低下的矛盾，及时提出解决矛盾和提高资金绩效的审计建议，以发挥审计价值功能作用，推动大额专项资金绩效审计取得实效，助力绩效目标实现。

（三）着力做好大额专项资金基础工作审计

按照大额专项资金预算绩效管理要求，大额专项资金均有完整的预算申请、绩效目标、绩效运行监控、绩效自评等，其中：绩效目标申报表是对大额专项资金立项依据、项目申报可行性及必要性、项目概况、测算依据等情况的介绍，并细化预算用途；绩效运行监控是对绩效目标执行情况的阶段性监测，分析偏差产生的原因，并预测目标完成的可能性；绩效自评则是对年初设定的目标在年度执行、产出指标、效益指标、满意度指标等四个方面进行自评打分，从而完成对资金管理自查的最终环节。在审计中重点审查各类信息数据填报是否准确，重点关注有无未编制绩效目标、自评与目标脱节等问题，分析发现疑点资金，重点查证核实大额专项资金项目决策、实施、监督与效果情况。

（四）认真做好财务业务管理数据逻辑审核

通过审查业务、财务、管理数据，交叉重叠分析，重点揭示年初绩效目标不细化、可执行性差，项目资金执行率低，支出绩效不佳等原因。例如：未充分考虑资金项目实际，大口径申请预算资金，导致资金执行率不佳；绩效自评不客观，评价指标得分与实际明显不符；资金支出方向与绩效目标不符，甚至将部分项目工作经费用于临时人员的工资发放，与绩效目标明显不相符。

（五）加强绩效评价揭示问题整改审核力度

通过审查被审计单位开展的大额专项资金绩效评价工作，对其绩效评价工作组织、实施与效果进行审计评价，重点关注组织实施是否规范，是否全面有效揭示问题与风险，整改意见建议是否具有可操作性；审查被审计单位对自评价或绩效评价发现问题整改是否到位，是否存在整改重视程度不够、评价发现问题整改不到位等问题。

六、强化大额专项资金绩效管理建议

（一）加强大额专项资金绩效目标基础审核

绩效目标管理是全过程预算绩效管理的基础，也是从源头上把控资金绩效的关键点和着力点。项目单位和业务主管部门要按规定用途使用专项资金，严格执行支出预算。如遇到特殊情况确需调整预算或追加预算，必须报财政部门对绩效目标进行全面审核。建议财政部门采取公众听证、专家咨询、专业机构测评、公开征求意见等方式听取社会意见，确保项目资金追加的合法性、合理性和必要性，防范预算调整的随意性。

（二）强化大额专项资金绩效运行过程监控

绩效运行过程监控处于预算绩效管理工作的"第二步"，是项目管理中承前启后的重要环节，是促进专项资金进度达标和绩效目标完成的重要手段。财政部门应通过实地核查，以及绩效运行信息采集、汇总分析的途径和项目资金运行的动态纠偏机制等方式不定期对有关项目进行跟踪抽查，查找资金使用和管理及项目执行过程中的薄弱环节，提出解决问题的方法和措施，促使部门、单位改进项目管理，确保绩效目标的实现。

（三）做好大额专项资金绩效评价问责问效工作

做好大额专项资金及其追加资金的绩效评价工作，以绩效结果为导向，客观公正地反映资金使用效益和绩效目标完成情况；将大额专项追加资金绩效评价结果统一纳入绩效评价结果应用体系，与政府绩效考核、预算安排挂钩，对未达成绩效目标的大额专项资金及其追加，对其支持方向、支持方式、规模、执行年限等予以调整，对存在的违规违纪违法情形，严肃责任追究。

第 4 章

固定资产投资项目绩效审计实务指南

第 1 节　固定资产投资项目绩效审计概念

一、固定资产投资项目的概念

固定资产通常是指行政及企事业单位为满足自身开展业务活动或其他活动需要而控制的，使用年限超过 1 年（不含 1 年）、单位价值在规定标准以上，并在使用过程中基本保持原有物质形态的资产，包括房屋及构筑物、专用设备、通用设备、文物和陈列品、图书、档案、家具、用具、装具等。

固定资产投资项目是指行政及企事业单位生产和非生产设施构建，设备购置、安装及改造等投资（不含房地产开发投资），主要分为基本建设、更新改造和其他固定资产投资项目三个部分。

二、固定资产投资项目绩效审计

固定资产投资项目绩效审计是指审计机构或部门在对固定资产投资资金的真实性、合法性进行审计的基础上，分析评价其投入、管理和使用的经济性、效率性和效果性，提出改进建议，促进固定资产投资项目管理，提高固定资产投资决策水平和投资效益，完善固定资产投资决策机制。

经济性是指在充分考虑固定资产投资项目工程质量标准的前提下尽量减少固定资产投资项目成本，即尽可能地少支出成本费用。

效率性是指固定资产投资项目建设与其所用的资源（如土地、建筑安装工程、设备、其他费用等）之间的关系，即一定的资金投入能够同比得到最大产能产出，或一定的产出所需的投入最少，即支出合理。

　　效果性是指固定资产投资项目的预期结果和实际结果之间的关系。也就是说，固定资产投资项目在多大程度上达到政策目标、经营目标及其他预期效果，即支出得当。

第2节　固定资产投资项目绩效审计目标

一、固定资产投资项目绩效审计总体目标

　　固定资产投资项目绩效审计的总体目标是通过项目资金的绩效审计，在保证项目资金真实、合规的基础上，揭露项目资金管理中存在的效益性问题，提出加强和完善项目资金管理的建议，促进项目资金合理、有效地使用、规范管理，促进项目的后续运营达到预期效果，促进项目达成公共服务目标，提高资金的使用效益、使用效率和使用效果。

二、固定资产投资项目绩效审计具体目标

（一）对项目规划合规性进行审查和评价

　　审查内容包括固定资产投资项目立项是否符合国家法律法规、国民经济和社会发展总体规划，是否符合部门制定的中长期实施规划，项目规划目标是否合理、明确、可行。

（二）对项目建设经济性进行审查和评价

　　审查内容包括项目立项、招标、设计、施工等各环节的质量、投入和项目造价控制，项目运营成本是否节约。

（三）对项目建设行为效率性进行审查和评价

　　审查内容包括项目立项、招投标、设计、施工等各环节的管理政策、原则、制度、措施、组织结构、资金利用及其执行情况，建成的项目是否有利于提高运营效率。

（四）对项目建设效果性进行审查和评价

　　审查内容包括项目的预期目标、经济效益、社会效益，以及环境保护设施与工程建设的同步性、有效性，是否具有可持续性。

（五）对项目建设成果进行综合分析评价

　　在绩效审计过程中，根据项目前期可行性论证设定的各类标准，对项目决策、实

施、监督与效果等进行分析评价，总结项目建设成果经验与教训，完善项目建设规范化管理体制、机制与制度建设。

（六）对项目绩效审计成果进行推广应用

项目建设单位在固定资产投资项目中所取得的经验、教训和政策建议应成为编制投资规划和投资决策的参考和依据，为新的投资项目策划提供参考。新项目可参考项目绩效审计标准体系，建立项目管理信息系统，随项目进程开展监测分析，改善项目日常管理，并为规范项目管理积累资料。

三、重点揭示固定资产违规经营投资情形

在固定资产投资项目绩效审计中，应结合国家有关国有企业违规经营投资责任追究制度要求，重点关注企业是否存在国有企业经营管理有关人员违反国家法律法规和企业内部管理规定，未履行或未正确履行职责致使发生下列固定资产投资方面的责任追究情形。

（1）未按规定进行可行性研究或风险分析。

（2）项目概算未按规定进行审查，严重偏离实际。

（3）未按规定履行决策和审批程序擅自投资。

（4）购建项目未按规定招标，干预、规避或操纵招标。

（5）外部环境和项目本身情况发生重大变化，未按规定及时调整投资方案并采取止损措施。

（6）擅自变更工程设计、建设内容和追加投资等。

（7）项目管理混乱，致使建设严重拖期、成本明显高于同类项目。

（8）违反规定开展列入负面清单的投资项目。

第3节　固定资产投资项目绩效审计依据

一、固定资产投资项目绩效审计通用依据

固定资产投资项目绩效审计通用依据主要如下。

（1）国家相关的法律、行政法规和规章制度。

（2）国家制定的国民经济发展方针政策。

（3）项目建设单位部门职责和绩效目标。

（4）项目建设单位制定的年度工作计划和中长期发展规划。

（5）项目建设单位申报的投资估算、概算、预算和批复文件。

（6）项目建设单位申报的项目预算论证材料和项目验收报告。

（7）项目年度收支决算和竣工决算报告。

（8）国家、地方有关绩效审计法规、政策、办法及工作规范。

（9）其他相关材料。

二、固定资产投资项目绩效审计常用法规

固定资产投资项目绩效审计常用法规主要如下。

（1）《中华人民共和国审计法》及其实施条例。

（2）《第 3201 号内部审计实务指南——建设项目审计》。

（3）《会计师事务所从事基本建设工程预算 结算 决算审核暂行办法》。

（4）《中华人民共和国民法典》。

（5）《中华人民共和国建筑法》。

（6）《中华人民共和国政府采购法》。

（7）《中华人民共和国招标投标法》。

（8）《建设工程价款结算暂行办法》。

（9）《基本建设财务规则》。

（10）《基本建设项目竣工财务决算管理暂行办法》。

（11）《基本建设项目建设成本管理规定》。

（12）政府会计准则及其具体准则。

（13）企业会计准则及其具体准则。

（14）内部控制制度及其具体规范。

（15）《固定资产等资产基础分类与代码》。

（16）其他与绩效审计相关的法律法规。

三、固定资产投资项目绩效审计相关资料

固定资产投资项目绩效审计相关资料主要如下。

（1）项目可行性研究报告及批复文件。

（2）项目初步设计及概算批复和调整批复文件。

（3）历年资金预算下达文件。

（4）项目规划、开工及施工许可证及批复文件。

（5）项目环保、安全、消防等报批报建文件。

（6）项目施工、采购、服务等招投标文件、合同、结算资料。

（7）与项目决策、实施与监督管理相关的内部控制制度。

（8）与项目决策、实施与监督管理相关的会议记录、纪要。

（9）项目竣工决算报表及说明书。

（10）项目工程竣工验收及专项验收报告。

（11）历年监督检查、审计意见及整改报告。

（12）其他项目相关资料。

四、固定资产投资项目绩效审计数据来源

固定资产投资项目绩效审计数据来源主要如下。

（1）项目投资估算以批复可行性研究报告为依据。

（2）项目初步设计概算价值以最终批准的概算为依据。

（3）项目资金来源与使用以正确的会计核算与竣工财务决算报表为依据。

（4）单项工程价值确认以完工结算及竣工结算审核定案表为依据。

（5）各项技术经济指标，以有关职能部门提供的实际数为依据。

（6）各项计划指标以上级计划部门下达的计划数为依据。

（7）工程质量以鉴定验收委员会正式验收鉴定书及有关文件为依据。

（8）经济效益分析以可行性研究报告及建成后的实际经济效益和作用为依据。

（9）其他与项目绩效审计相关的数据文件。

（10）项目招投标、合同、价款支付等台账数据文件。

第 4 节　固定资产投资项目绩效审计内容

固定资产投资项目绩效审计的对象主要为投资主体与项目公司，必要时可延伸审计勘察、设计、监理、施工、设备材料采购、征迁，以及其他与项目建设有关的经济活动。审计期间为自项目立项之日起至最近一个会计期间（月）。固定资产投资项目绩效审计内容主要包括建设资金的筹集、管理和使用效益情况，涉及建设阶段绩效审计与交付运营后绩效审计。

一、建设阶段绩效审计

建设阶段绩效审计主要涉及以下方面。

（一）投资决策

投资决策方面主要审查项目规划是否符合国家宏观政策与部门组织规划、计划，项目论证是否充分可行、项目立项设计和决策等环节是否规范，固定资产投资项目的科学性、可行性、规范性等。

（二）资金筹集

资金筹集方面主要审查项目资金来源是否合规、资金数额和到位时间是否按计划进行、是否满足项目进度需要，资金筹集的合规性、资金到位率和及时性等。

（三）资金使用

资金使用方面主要审查与项目相关的财务管理制度和措施是否健全，项目预算管理、资金管理、财务监督等关键制度和管理环节是否有效，项目资金使用是否合理、是否达到预期效果，财务内部控制制度有效性、资金使用范围合规性、资金支出结构合理性、资金支出合法性，是否存在无效投资和损失浪费现象等。

（四）建设管理

建设管理方面主要审查项目法人责任制、招投标制、合同管理制、工程监理制等内部控制制度是否健全并得到有效执行，项目完成进度是否与预期（设计）目标一致，项目质量是否达到规定的标准、功能是否达到设计要求，项目建设是否存在超规模、超标准、超概算问题，有无擅自增加建设内容等。

二、交付运营后绩效审计

交付运营后绩效审计主要涉及以下方面。

（一）经济效益

经济发展是社会发展的物质基础和前提，尤其是固定资产投资项目，应着力加大对其经济效益方面的评价考核。经济效益方面重点对净现值、净现值率、投资回收期及相关经济收入等指标是否完成进行分析与评价。

（二）社会效益

社会效益方面重点对固定资产投资项目政策符合性、社会就业、社会人文、社会满意度和其他社会影响等指标是否完成进行分析与评价。

（三）环境效益

环境效益方面重点对固定资产投资项目是否执行"三同时"制度，环境质量、废弃物再利用等指标是否完成进行分析与评价。

除重点审计上述内容外，固定资产投资项目绩效审计还应当关注项目是否按规定取得规划、施工等许可，决策程序及报批报建手续是否规范、齐全，有无因决策失误和重复建设造成重大损失浪费等问题；应当注重揭示和查处工程建设领域中的重大违法违规问题和经济犯罪线索，促进反腐倡廉建设；应当注重揭示固定资产投资项目管理体制、机制和制度方面的问题。

第 5 节 固定资产投资项目绩效审计指标

一、全过程合规性审计

合规性是对建设项目进行效益评价的基础，主要以现行法律、法规为审计依据，针对项目前期决策阶段、工程建设准备阶段和工程建设实施阶段涉及的"四制"落实及资金来源与使用等方面进行评价，主要以定性指标为主、资金使用定量指标为辅进行评价。

（一）项目前期决策阶段

该阶段主要审查立项程序是否合规，审批手续是否齐全，有无违反决策程序、擅自立项的行为发生；审查项目前期论证工作的充分性，论证结果是否具有科学性和公正性，是否存在可行性论证为"可批性论证"倾向。具体评价指标如下。

（1）是否严格执行基本建设程序。

（2）立项的资料是否齐全，手续是否完备。

（3）可行性研究报告编制的内容是否完整、真实、科学，可行性研究报告的报批程序是否符合规定，手续是否完备。

（4）是否编报建设项目环境影响报告书、实施环境影响评价或者环境影响备案。

（5）环境影响评价工作是否由取得相应资格证书的单位承担。

（6）环境影响评价报告是否经过有关部门评估。

（7）是否有建设项目用地预审。

（8）项目决策的依据是否充分。

（二）工程建设准备阶段

该阶段主要包含规划、征地、拆迁、报建等环节。对该阶段进行合规性审计主要依据《中华人民共和国城乡规划法》《建设项目选址规划管理办法》《中华人民共和国土地管理法》《城市房屋拆迁管理条例》《工程建设项目报建管理办法》，以及国家有关环保、消防、安全等规定。具体可采用以下指标。

1. 规划选址方面

是否办理了建设工程规划许可证；是否有在批准临时使用的土地上建设永久性建筑物、构筑物和其他设施的行为；是否有城市规划行政主管部门的建设项目选址意见书。

2. 征地方面

建设项目是否存在化整为零征地行为，是否存在违规征地行为；是否存在先征待用建设用地的行为；是否按规定支付了土地补偿费和安置补助费，是否存在压低补偿标准的问题，是否存在超额补偿的问题；投资占用耕地面积是否合规。

3. 拆迁方面

拆迁人是否办理了拆迁许可证；是否在超拆迁许可证规定的拆迁范围拆迁；是否存在房屋拆迁管理部门作为拆迁人的行为；委托拆迁的拆迁人是否向被委托的拆迁单位出具委托书并订立拆迁委托合同；是否存在被委托的拆迁单位转让拆迁业务的行为；拆迁人是否与被拆迁人订立拆迁补偿安置协议；是否存在强行拆迁的问题；是否存在压低标准或超额补偿的问题；是否存在拆迁人挪用补偿安置资金的行为。

4. 报批报建方面

建设单位是否按规定履行交通、水利、风景名胜区、海洋、民航、水土保持、煤矿、宗教、国家安全、核设施、文物及军事设施保护意见，职业病危害预评价，建设项目安全预评价，地质灾害危险性评估，气候可行性论证，地震安全性评价等报批报建审批手续。

（三）工程建设实施阶段

该阶段主要包含勘察、设计、工程施工、生产准备（试运转）等环节。该阶段审计以资金流为基础，用关于资金使用的法律法规等规定与资金的实际运行相对比，从资金的流入、使用和流出等环节查找资金问题。

1. 项目管理方面

项目管理方面合规性审计主要依据《中华人民共和国招标投标法》《中华人民共和国民法典》《建设工程勘察设计管理条例》《国务院关于加强固定资产投资项目资本金管理的通知》《关于实行建设项目法人责任制的暂行规定》等法律、法规和规章。具体可采用以下指标：招投标管理有无将依法必须进行招标的项目化整为零或者以其他任何方式规避招标；有无违法限制或者排斥本地区、本系统以外的法人或者其他组织参加投标；招标代理机构是否具备规定的条件；招标公告的内容、发布招标公告的方式是否符合规定；邀请招标单位是否少于三个，投标人是否少于三个，若少于三个，招标人是否按照规定重新招标；中标人是否符合规定条件；招标文件编制的内容是否符合规定。

2. 资金筹措使用方面

资金筹措使用方面合规性审计主要依据《中华人民共和国会计法》《基本建设财务规则》《基本建设项目竣工财务决算管理暂行办法》《基本建设项目建设成本管理规定》《财政违法行为处罚处分条例》、企业会计准则及其具体准则等财务方面的法律、法规和规章。

（1）资金使用方面。

资金使用方面合规性审计主要指标如下：是否按规定设置独立的财务管理机构或指定专人负责基本建设财务工作；对基本建设活动中的材料、设备等各项财产物资采购是否及时做原始记录；建设资金是否按年度计划及时足额到位；是否存在建设资金滞留闲置问题；是否存在建设资金转移、挪用问题；是否存在建设资金挤占、侵占问题；是否存在虚列工程支出问题；管理费、招待费是否超支；是否存在超付工程款问题。

（2）财务核算方面。

财务核算方面合规性审计主要指标如下：是否严格执行国家财务规定的开支范围和标准；工程经济活动是否全部纳入财务核算；是否存在违规（收据、白条或其他不合规票据）列支问题；成本是否按规定归集。

二、项目管理情况审计

项目管理情况审计主要评价建设单位是否为确保项目的经济性、效率性和效果性而建立健全有效的内部控制制度；通过对概算执行情况、勘察设计管理、招投标管理、合同管理、施工管理、质量管理、资金管理、造价管理、工期管理、竣工验收等方面的检查，揭露因管理混乱等造成的损失和浪费问题，分析各项经济活动指标是否遵循经济高效的原则，提高工作效率，节约社会资源。

（一）概算执行情况

概算执行情况审计主要审查项目是否按批准的建设内容和建设规模进行建设，有无提高建设标准、降低建设标准情形；有无超规模建设或甩项未建项目；未实施建设内容是否经过有关部门批准。

（二）勘察设计管理

勘察设计管理审计主要审查设计收费是否符合国家规定的收费标准；设计变更审批手续是否齐全；勘察单位资质、能力能否满足项目需要，有无建立完善的质量控制体系；勘察报告和设计文件是否符合相关规范，内容是否完整，设计商提供的现场服务是否全面、及时。

（三）招标投标管理

招标投标管理审计主要审查是否存在未按规定进行招投标的现象；是否存在无必备资质单位中标的现象；是否存在违法分包、转包的现象；是否存在一家投标多家陪标的现象。

（四）项目合同管理

项目合同管理审计主要审查合同签订是否规范，有无以合法的形式签订损害国家利益、社会利益或其他人的合法利益的合同，有无与招投标文件中约定的主要条款相违背的合同条款；在具体实施过程中，合同双方是否全面准确地履行合同。

（五）工程施工管理

工程施工管理审计主要审查施工是否违反环保等有关规定，是否出现安全事故，施工组织设计、施工方案是否合理。

（六）工程质量管理

工程质量管理审计主要审查是否建立了三级质量保证体系；审查工程合格品率［工程合格品率＝（单项工程合格数量／全部单项工程数量）×100%］、工程优良品率［工程优良品率＝（单项工程优良数量／全部单项工程数量）×100%］。

（七）项目资金管理

项目资金管理审计主要审查项目资金到位率［项目资金到位率＝（实际到位资金／计划到位资金）×100%］、工程款支付比率［工程款支付比率＝（实际支付工程款／审定工程结算值）×100%］；审查建设单位是否按规定预留质保金。

（八）工程造价管理

工程造价管理审计主要审查建安工程费用偏差（建安工程费用偏差＝建安工程实际发生费用－建安工程合同规定费用）、设备购置费用偏差（设备购置费用偏差＝设备购置实际发生费用－设备购置合同规定费用）、建设投资偏差（建设投资偏差＝建设投资实际完成额－建设投资计划完成额）；审查非生产性投资占总投资的比例是否符合规定。

（九）工期进度管理

工期进度管理审计主要审查项目进度偏差（项目进度偏差＝工程实际完成时间－工程计划完成时间）、进度偏差程度［进度偏差程度＝（工程实际完成时间／工程计划完成时间）×100%］。

（十）竣工验收管理

竣工验收管理审计主要审查是否进行了竣工验收；有关主管部门是否参加了项目的竣工验收工作；竣工验收的依据是否充分；与主体工程相配套的环境保护设施是否同时验收。

三、项目绩效审计

固定资产投资项目绩效审计指标主要包括：项目总投资和负债状况；财务评价指标、经济评价指标等。财务和经济评价应通过投资增量效益分析，突出项目对企业效益的作用和影响。重点评价以下指标。

（一）净现值

净现值是将项目寿命期内各年的净现金流量按照规定的折现率折现到项目实施初期的价值之和，它反映的是项目在整个寿命期内的获利能力。

（二）净现值率

净现值率是净现值占项目总投资现值的比例，它表示项目单位投资现值能够获得净收益现值的能力。作为相对指标，它弥补了净现值反映绝对效果的缺陷。

（三）内部收益率

内部收益率是固定资产投资项目投资决策时的重要依据，是指项目在计算期内净现金流量现值累计等于零时的折现率。内部收益率是考察项目盈利能力的主要动态评价指标。一般情况下，内部收益率大于等于基准收益率时，项目可行；反之，则项目不可行。

（四）投资回收期

投资回收期指以项目的净收益回收全部投资（包括固定资产投资和流动资金）所需要的时间，通常以年表示，一般从建设开始年份算起。投资回收期是反映项目财务上投资回收能力的重要指标。投资回收期＝投资总额／年平均利润。一般认为，投资回收期越短越好，且投资回收期不应超过项目或固定资产综合寿命。

（五）单位生产能力投资

单位生产能力投资亦称单位生产能力造价，是指项目建成投产或单项工程平均新增每一单位生产能力所实际耗用的投资额。例如，火电厂新增每千瓦装机容量所耗费的投资，汽车制造厂新增每辆汽车所耗费的投资。它反映固定资产投资项目活动的消耗与其有效成果的对比关系，是从投资是否节约的角度考核投资经济效果的指标。形成单位生产能力所耗费的投资越少，投资经济效果越好。单位生产能力投资可按单项工程（如一口矿井、一台发电机组）计算，也可按整个投产项目（如一个矿区、一个发电厂）计算。

（六）实际达到能力年限

实际达到能力年限是指项目从建成投产之日起，到达到设计生产能力为止所经历的全部时间。将该指标与可行性研究和概算文件中预测的达产年限相减，正值表示实际达到能力年限长于设计达到能力年限，负值则表示实际达到能力年限短于设计达到能力年限。

四、项目社会效益审计

固定资产投资项目社会效益审计主要审查项目在促进国民经济、地区经济和部门经济发展，以及技术进步、节约时间、社会劳动就业、收入分配和节约自然资源等方面的作用。重点审查以下指标。

（一）就业效益指标

直接就业效益＝本项目就业人数／本项目投资。由于各地的就业压力不同，在具体操作时，可分别以行业、地区相应的平均就业效益水平作为衡量的标准。

（二）节约资源指标

单位投资占用耕地＝项目占用耕地面积／项目总投资；单位产品生产耗水量＝项目年生产耗水量／主要产品生产量。

同时开展定性分析，重点关注项目对科技进步及节约时间的贡献。例如，对于先进性技术或新开发工艺技术，其推广应用的前景，以及对国家、地区及部门科技进步有何影响；项目有无节约时间的效益；项目对地方经济及国民经济发展的影响。

五、项目环境效益审计

固定资产投资项目环境效益审计主要包括环境控制指标及实际达标情况（空气质量标准、水质标准、噪声控制标准、振动控制标准、固体废弃物指标、辐射污染标准、光污染标准）、生态指标（物种数量、水土保持、植被保护、土壤改良）、文化及自然遗产保护等，主要依据为《中华人民共和国环境保护法》《建设项目环境保护管理条例》《建设项目竣工环境保护验收管理办法》等与环境保护有关的法律法规。通常可以采用下列指标。

（一）环境影响

主要审查项目对自然环境中已知的各种不利影响是否都已采取了措施，有哪些未采取措施，其中近期和远期的影响如何；项目试生产期间，建设单位是否对环境保护设施运行情况和建设项目对环境的影响进行过监测；环境质量（优、良、轻度污染、严重污染）；废弃物再利用指标。

（二）生态影响

主要审查项目有无破坏森林、植被等，是否存在导致水土流失、影响野生动植物保护和破坏生态平衡等问题及其影响程度；是否按国家规定缴纳超标准排污费；是否引进不符合我国环境保护规定要求的技术和设备；是否存在将产生严重污染的生产设备转移给没有污染防治能力的单位使用的行为；是否执行了"三同时"制度。

对于以发挥公共服务作用为主的固定资产投资项目，重点对其社会效益、生态环境效益进行评价，分析影响项目社会效果发挥的诸多因素，以便更好地促进项目投资效益的提高。对于社会效益、环境效益，应通过社会调查和国民经济综合指标分析评价项目建成后对社会的经济文明、政治文明、生态文明等方面所产生的影响，以及对提高城市品位、改善投资环境和人民生活的作用等方面进行评价。

六、目标实现程度审计

固定资产投资项目目标实现程度审计主要指标如下。

项目工程（实物）建成，项目的建筑工程完工、设备安装调试完成、装置和设施经过试运行，具备竣工验收条件。

项目技术和能力，装置、设施和设备的运行达到设计能力和技术指标，产品质量达到国家或企业标准。

项目经济效益产生，项目财务和经济的预期目标，包括运营（销售）收入、成本、收益率、利息备付率、偿债备付率等基本实现。

项目影响产生，项目的经济、环境、社会效益目标基本实现，项目对产业布局、技术进步、国民经济、环境生态、社会发展的影响已经产生。

七、项目持续能力审计

固定资产投资项目持续能力审计主要指标如下。

持续能力的内部因素，包括财务状况、技术水平、污染控制、企业管理体制与激励机制等，核心是产品竞争能力。

持续能力的外部条件，包括资源、环境、生态、物流条件、政策环境、市场变化及其趋势等。

第6节 固定资产投资项目绩效审计重点

固定资产投资项目绩效审计重点总体包括战略匹配、项目决策、建设准备、建设实施、竣工验收和投入运行等，具体实施中可根据审计的类型确定侧重点。

一、战略匹配绩效审计

战略匹配绩效审计主要内容包括项目与国家宏观政策、行业政策、地区发展战略、集团与专业化公司战略的一致性，包括外部环境、行业发展、商业模式、竞争对手分析等。

审计重点揭示项目决策是否存在与国家宏观政策、行业政策等相悖情况，是否根据区域发展战略、区域交通环境、行业发展状况及时调整项目运营模式等；是否存在开展产能过剩、低水平重复建设和不具备竞争力的非主业投资项目；非房地产主业企业是否存在非自有土地的竞拍和开发，以控股方式开发自有土地等问题。

二、项目决策绩效审计

项目决策绩效审计主要审查项目的立项报告、可行性研究报告、环境影响报告的申请审批程序，审查有无违反决策程序、擅自立项的行为，各个环节有无省略或遗漏；审查重要环节的论证研究是否充分和科学，编制深度是否达到要求等。

前期资料的审查应把握科学性，检查立项决策的科学性、正确性，具体审查：项目是否进行了充分和必要的可行性研究，可行性研究内容是否齐全，深度能否达到规定的要求并满足设计需要；项目决策、勘察、规划、设计各阶段的审批程序是否规范、有效，能否在保证质量的前提下有效控制建设项目的投资，特别要重点分析设计变更是否合规。

三、建设准备绩效审计

建设准备绩效审计主要审查勘察设计单位资质、报批程序是否符合要求，设计文件是否齐全，勘察设计规模、设计标准是否符合初步设计批复的要求，是否合理；项目建设报批报建手续是否完备，用地审批手续和程序是否合规，拆迁程序是否合规，是否取得拆迁许可证；是否按规定缴纳各项前期费用；是否办理了规划许可证、施工许可证；重点关注涉及老百姓切身利益的土地补偿、安置补偿和房屋拆迁补偿等资金是否合规。

由于固定资产投资项目具有的功能、行业、规模特点，建设准备绩效审计还应关注交通、水利、风景名胜区、海洋、民航、水土保持、煤矿、宗教、国家安全、核设施、文物及军事设施保护意见，职业病危害预评价，建设项目安全预评价，地质灾害危险性评估，重大规划、重点工程项目气候可行性论证、地震安全性评价等是否按规定报请批复。

四、建设实施绩效审计

建设实施绩效审计主要审查初步设计概算执行、招投标管理、合同管理、施工管理、质量管理、资金管理、造价管理、工期管理等，揭露因管理混乱等造成的损失和浪费问题；重点对投资的经济性和效率性进行评价。

一是设计、监理、施工单位选择和材料采购环节。检查项目招投标是否按"公开、公正、公平"的原则进行，有无因暗箱操作、虚假招标、违法分包或层层转包谋取利益，造成损失浪费、质量隐患及影响工期等问题；同时应将招投标过程中存在的各种违法违规行为与审计是否存在腐败行为结合起来，发现案件线索。

二是工程施工和质量检查环节。检查是否实施有效的项目法人责任制度、建设监理制度，监理是否忠实履行职责，是否存在偷工减料、高估冒算、质次价高等问题；工程建设是否按设计内容全部施工完成。

五、竣工验收绩效审计

竣工验收绩效审计主要审查竣工决算报表的编制依据和方法是否符合国家有关基本建设财务管理的规定，项目验收是否按国家规定的时间和程序进行，环境保护设施是否同时验收，工程价款结算是否按规定的比例预留了质保金等。

一是资金的来源、管理、使用和到位情况。分析建设资金的实际来源渠道、数额、到位时间是否满足工程进度的要求；分析资金使用是否合规，是否存在资金滞留、挤占、挪用、截留等违规违纪问题。

二是资金结算情况。审查工程造价和价款结算是否真实、合法，通过审查项目的工程总量，对照最初预算及项目实施中的变更情况，核准工程的实际造价和各种税费的计提是否正确，确定建设成本的真实性、合法性。

六、投入运行绩效审计

投入运行绩效审计主要审查项目的经营能力、管理能力和盈利能力，以及项目的社会效益、环境效益等内容。重点从是否达成了预期目标或达到目标的程度、成本效益分析评价、对社会经济的影响、项目可持续性等方面对项目进行审查评价。

第 7 节　固定资产投资项目绩效审计步骤

固定资产投资项目绩效审计同其他绩效审计类似，主要包括四个阶段：前期准备、现场实施、审计报告、审计结果应用等，在此不赘述。固定资产投资项目绩效审计还需重点关注以下事项。

一、审前调查

审前调查应重点关注以下事项。

（1）建设单位（或代建单位）职责范围或业务经营范围、机构设置、人员编制情况、财务会计机构及其工作情况。

（2）项目立项及可行性研究报告批准情况。

（3）项目概算或预算的批准与调整情况。

（4）基本建设程序执行情况。

（5）项目勘察、设计、施工、监理、采购、供货等方面的招投标和承发包情况。

（6）建设资金筹措计划与实际筹集、到位情况。

（7）工程现场管理、工程财务核算、工程物资收发、工程价款结算、工程合同管理等内部控制制度的建立情况。

（8）工程竣工验收、决算及投入使用、管理情况。

（9）其他需要了解的情况。

二、审计需要取得的资料

（一）项目前期文件

项目前期文件主要包括项目建议书（或项目申请报告）、环境影响评价报告、项目可行性研究报告、项目评估报告，以及相关的批复文件。

（二）项目实施文件

项目实施文件主要包括初步设计文件、开工报告、招投标文件、主要合同、工程概算调整报告、监理报告、竣工验收报告及其相关的批复文件与资料。

（三）项目竣工文件

项目竣工文件相关资料。

（四）其他资料

其他资料主要包括项目运行和企业生产经营情况、财务报表及其他相关资料等；与项目有关的审计报告、稽查报告和统计资料等。

三、审计取证要求

固定资产投资项目绩效审计的审计取证工作过程，主要是收集数据、计算指标、做出评价。各项审计取证工作可平行开展。需要特别注意的是，绩效评价标准有两大类：一类是规范性标准，如有关的法规、制度、相关程序要求等强制性标准；另一类是推荐或建议标准，如用来衡量绩效的计量标准和其他实务与规范化控制模式等非强制性标准。在审计中采用非强制性标准进行评价时应注意以下事项。一要注意评价的客观性；二要加强审计人员与被审计单位管理人员的交流与沟通，尽量达成双方都能接受的评价标准；三要向专家和权威机构进行咨询，确定评价标准；四要把握好分寸，做到适度评价，尽量减少审计人员的主观判断。

四、审计评价重点

（一）审查和评价项目目标达成情况

审计人员开展对一系列建设目标是否实现的复核和比较，主要参照对象是项目可行性研究预测值、行业参考值或同类项目实现值。主要的项目建设目标如下。

（1）工程竣工质量验收合格。建设项目工程质量合格是首要目标，主体工程不合格的项目应当视为建设失败，非主体部位局部质量缺陷应当在竣工验收中指出并及时修补，消除缺陷。

（2）工期控制在设计工期内。建设工期控制在设计工期之内是建设项目的主要目标之一，工期延长应有合理原因。

（3）工程投资控制在项目概算之内。项目概算是初步设计提出的投资控制目标值，其中已经包含了必要的基本预备费和价差预备费。如果工程竣工后总投资突破概算值，应当深入分析原因。

（4）工程施工过程安全受控。建设项目应当以不出现施工安全事故为目标，至少应当确保不出现较大或重大安全事故。

（二）审查和评价项目效益实现情况

项目效益实现情况审计主要考核建设项目运营后实际实现的财务效益、经济效益等指标，重点关注运营技术指标、运营单位财务效益状况及项目内部收益率、净现值等指标，以定量分析为主。常用指标主要反映项目盈利能力、清偿能力等特征。其中，盈利能力方面的指标主要有投资收益率、投资回收期、净现值、净现值率、获利指数、内部收益率等。清偿能力评价主要围绕项目运营技术指标、运营单位财务效益状况、资产运营状况、偿债能力状况等多项内容，来考察分析项目在寿命期内各年的财务状况及偿还债务能力。清偿能力评价主要指标包括偿债备付率、借款偿还期等。具体计算方式如下。

（1）投资收益率=（年息税前利润或年均息税前利润/项目总投资）×100%。投资收益率是衡量投资项目获利水平的指标，投资收益率≥基准投资收益率时，投资项目才具备财务可行性。

（2）投资回收期=建设期发生的原始投资合计/运营期内前若干年每年相等的净现金流量。投资回收期≤基准投资回收期时，投资项目才具备财务可行性。

（3）净现值是将项目寿命期内各年的净现金流量按照规定的折现率折现到项目实施初期的价值之和，它反映了项目在整个寿命期内的获利能力。净现值≥0时，投资项目才具有财务可行性。

（4）净现值率=（净现值/初始投资额）×100%。净现值率≥0时，投资项目才具有财务可行性。

（5）获利指数=投产后各年现金流入量的现值合计/初始投资额的总现值合计。获利指数≥1时，投资项目才具有财务可行性。

（6）内部收益率是反映固定资产投资项目投资效益的主要评价指标，也是反映固定资产投资项目对国民经济净贡献的相对指标。它是项目在计算期内各年净收益流量的现值累计等于零时的折现率。当内部收益率≥社会折现率时，表明投资项目对国民经济的净贡献达到或超过了要求的水平，有好的经济效益。

（7）偿债备付率=（可用于还本付息的资金/当期应还本付息的金额）×100%。偿债备付率是反映可用于还本付息的资金偿还借款本息的程度的指标，偿债备付率正常情况下应大于1，且越高越好。

（8）借款偿还期=（借款偿还后开始出现盈余年份数–1）+（盈余当年应偿还借款额/盈余当年可用于还款的余额），借款偿还期＞经济寿命期时，投资项目不可行。

（三）审查和评价项目对社会的影响情况

建设项目对利益关系人、周边环境和社会带来的影响，是建设项目绩效审计和评价的重要内容。评价内容主要包括项目征地拆迁、移民对原住民的影响，既包括对其经济方面如家庭收入的影响，也包括对其生活、心理等人文方面的影响。

1. 对上下游产业的影响

对上下游产业的影响，主要是由较大的建设项目建设过程及建成后，对上下游供给、需求关系产生的影响带来的，应结合项目具体情况分析。

2. 对周边住户和环境的影响

对周边住户和环境的影响包括项目建设中产生的噪声、污水、粉尘等污染物对周边住户和环境的影响，具体可参照项目环境影响报告进行检查。其中重点关注环境质量指数、水质影响等指标，以定量分析为主。

3. 对古迹和自然景观的影响

项目的开发可能会对古建筑或历史遗迹、自然景观造成损害，此类影响的总价值可以通过价值评估的方式来计算。

4. 对自然灾害的风险分析评价

项目可能会因地形改变、植被影响、土壤渗透性等而增加（或减少）自然灾害的损失或者增加（或减少）自然灾害发生的可能性。对有可能产生自然灾害的项目，应进行环境影响的风险分析。

5. 对社会效益的影响

社会效益是指固定资产投资项目在建成投产后对国民经济和社会发展所产生的影响，主要包括社会经济、文教卫生、人民生活、就业效果、分配效果等内容。固定资产投资项目的社会效益评价，主要从项目的社会经济效益和社会影响效益、移民安置效益评价三方面来进行。

（四）审查和评价项目持续发展能力

项目持续发展能力审查和评价是指对项目建成投入运营后，项目的既定目标是否能够按期实现，并产生较好的效益，项目业主是否愿意，并可以依靠自己的能力继续实现既定目标，项目是否具有可重复性等事项的考核和评价。主要包括以下方面。

1. 政策法规因素

政策法规因素主要包括国家法律法规变化趋势因素、参与项目的政府部门各自作用和目的；根据这些目的所提出的条件和各部门的政策是否符合实际，如果不符合实际，需要做哪些修改，政策的变化是否会影响项目的持续性。

2. 管理、组织和参与因素

管理、组织和参与因素如项目管理人员的素质和能力、管理机构和制度、组织形式和作用、人员培训等对持续性的影响。

3. 技术因素

技术因素主要是指技术因素对项目管理和财务持续性的影响，即项目在技术领域的成果是否可以被接受并推广应用。

（五）项目管理审计和评价

对项目管理情况的全面审计和评价，要涵盖项目建设管理全过程，包括前期工作、建设实施、竣工验收、运行四个主要阶段，也要覆盖各参建单位。在实践中通常有重点地开展。

1. 项目前期工作管理评价

项目前期工作管理评价主要对项目前期工作是否合规开展、是否高效、是否及时取得报批报建手续并完成征地拆迁保证项目开工需要等进行评价，也要结合后续建设实施中发现的问题评价前期工作质量。

2. 项目建设实施管理评价

项目建设实施管理评价主要对项目施工管理（包括安全质量工期等管理工作）、勘察设计管理、监理管理、技术和咨询管理等逐项做出评价。

3. 项目竣工验收管理评价

项目竣工验收管理评价主要对项目组织合同完工结算、编制竣工决算、结转固定资产、组织生产培训和试生产、移交生产部门等工作管理情况进行评价。

4. 项目运行管理评价

项目运行管理评价主要对项目是否达产、是否保证运行时间、质量缺陷是否及时消除保证运行等事项开展评价。

第8节　固定资产投资项目绩效审计方法

进行固定资产投资项目绩效审计，除可采用审阅、访谈、抽样调查、观察、分析、问题解析法、碰头会、绘制结构关系图等方法，还可采用问卷调查、拍摄照片、走访权威机构、专家访谈等方法。固定资产投资项目绩效审计根据具体项目情况可采用以下方法。

一、成本效益比较法

针对财政支出确定的目标，在目标效益相同的情况下，对支出项目中发生的各种正常开支、额外开支和特殊费用等进行比较，以最小成本取得最大效益为优。

二、目标与实际比较法

该方法通过将固定资产投资项目支出所产生的实际结果与预定的目标相比，分析影响目标完成（或未完成）的因素，从而评价固定资产投资项目支出绩效。

三、摊提计算法

研究回收某项支出所需的时间，即计算投资回收期或投资风险。回收时间越短，风险越小。

四、最低成本法

在某项公共支出不易观测或计算其效益大小的情况下，可采取比较多个功能和目的相近的方案，评价和选择成本最低的方案。

五、因素分析法

该方法是通过列举分析所有影响收益及成本的内外因素，进行综合分析评价的一种方法。因素分析法重点应用于绩效审计发现目标差异对比分析、问题产生原因分析，如将绩效审计发现的问题在决策、实施、监督等环节进行深度分析。

六、历史动态比较法

将历史上各时期的公共支出按一定原则和类别分类排列，分析比较，确定公共支出效率变化的情况。

七、横向比较法

该方法将相同或近似的支出项目通过比较其在不同地区间的实施执行情况来分析判断支出的绩效。

八、公众评判法

该方法通过若干相关领域的专家对固定资产投资项目支出绩效进行分析，同时，设计不同的调查问卷，发给一定数量人员填写，最后汇总、分析各方意见进行评价判断。

九、数理模型法

该方法在科学设计评价指标体系、建立基础数据库和综合运用比较、因素分析和成本—效益分析法等评价方法的基础上，建立数理模型，利用开发的绩效评价软件系统和计算机信息处理技术来处置、评定绩效目标完成情况。

第9节　固定资产投资项目绩效审计结果

固定资产投资项目绩效审计报告框架、撰写路径、质量标准，以及质量控制程序与其他绩效审计类似，此处不赘述。固定资产投资项目绩效审计报告框架如下。

（1）项目概况。此部分主要包括项目基本情况、项目决策理由与目标、项目建设内容及规模、项目投资情况、项目资金到位情况、项目运营（行）及效益现状等。

（2）审计评价。此部分主要包括项目前期决策总结与评价，项目建设准备、实施总结与评价，项目运营（行）总结与评价，项目效果和效益评价，项目目标和可持续性评价，以及综合评价结论。

（3）审计发现的主要问题。主要涉及以下方面。

① 决策和前期工作方面。

② 项目建设目标实现方面。

③ 项目建设实施全过程管理方面。

④ 项目效益目标实现方面。

（4）审计意见与建议。

第10节　固定资产投资项目绩效审计案例

一、火力发电厂项目绩效审计案例

（一）案例背景

根据集团公司工作安排，审计组依据《中华人民共和国审计法》及其实施条例、《中央企业投资监督管理暂行办法》等，对项目公司负责组织建设的发电厂项目进行了绩效审计。绩效审计工作人员按照必要的评价程序对发电厂项目实施了现场考察、调研，查阅了项目立项审批、可行性研究、招投标、合同、施工、监理、竣工决算等资料文件，调查了解了发电厂项目投产运行后的生产经营绩效指标完成情况，对发电厂项目预期目标实现及其经济性、效益性、效果性和可持续性进行综合分析与评价，对发电厂项目建设运营过程中取得的经验进行了总结，揭示了项目建设与运营中存在的问题与风险，提出了意见与建议。

本次绩效审计的目的系通过对项目实施过程、效果及其影响进行系统调查和全面回顾，与项目决策时确定的技术、经济、环境、社会指标进行对比分析，找出差别和变化，分析原因，总结经验与教训，提出对策建议，以改善投资管理，提高决策水平，更有利于被评价项目的可持续发展，并为同类待投资项目决策提供参考依据。

（二）审计结论

根据集团战略规划调整及煤电一体化产业布局，项目公司作为项目法人，建立健全内部控制制度，深入开展前期策划，积极筹措资金，稳步开展项目建设，组织生产经营，确保国有资产保值增值等全过程管理，为集团战略布局、煤电一体化产业布局做出了贡献，为同类项目建设积累了经验、储备了人才。

发电厂项目能够严格贯彻落实集团产业结构调整战略，有力推进煤电一体化产业布局，按照国家规定履行了项目核准、初步设计审查、安全评价、环保影响等一系列审查审批，立项审批程序规范、合理；项目建设过程中，有效落实招投标、合同、工程监理制度，严格做好进度、安全、质量、投资控制，组织实施了环保、安全、消防、卫生、档案等专项验收，项目提前投产。

发电厂项目投运以来，面对"市场煤、计划电"的体制性矛盾，项目公司内抓管理，外拓市场，持续完善设备运行监测，保障了设备运行的安全性、可靠性与经济性；项目投运后 3 年内经营实现扭亏为盈，财务经营绩效指标逐年改善，同时促进当地经济、就业机会、居民收入水平不断增长，产生了较好的经济与社会效益。

经监测验收，发电厂项目建安、机电、环保等均达到设计要求，企业管理体制和运营模式、财务状况等能够有效支撑项目的可持续发展；发电厂项目开发建设符合国家、省产业政策，符合低碳、减排的经济发展模式；项目所在地交通、煤炭资源、水资源等均能满足项目可持续发展需求。

但本次绩效审计发现，发电厂项目建设运营过程中，存在建设程序不规范、水土保持专项未得到验收等问题；存在招投标制度执行不严谨、合同风险约定不当、承包方风险过大，造成工程结算困难等问题；存在生产运营绩效指标（发电利用小时数）等未能达成可行性研究预期目标等问题。

（三）审计发现的主要问题

1. 建设程序方面

一是项目实施日期早于核准日期，不符合国家发展改革委关于企业投资项目核准办法的管理规定。

二是建设方案变更未及时上报环境影响评价文件被处罚。发电厂项目在建设过程中，因对原建设方案进行了优化变更、变更建设项目地点等未及时重新报批环境影响评价文件，而被行政处罚。

三是因防治区没有恢复林草措施、贮灰场内部分林草措施没有完成等，水土保持专项尚未得到验收。

2. 项目实施方面

一是招标管理方面。招投标制度订立与执行不到位，发电厂项目招标项目均以通信方式通知中标人中标，未按规定签发中标通知书；项目公司制度规定招标文件修改截止日期为七天，不符合《中华人民共和国招标投标法》十五日前的规定；制度与招标文件规定的提交投标文件截止时间，不符合《中华人民共和国招标投标法》中最短不得少于二十日的规定。

二是合同管理方面。监理工程师的职责和权力合同约定与国家有关规定不符，个别合同实际已终止执行但未办理合同解除手续。

三是变更洽商方面。变更洽商存在个别工程联系单未经监理工程师签字，个别工程竣工验收后补工程联系单，个别设计变更未按规定上报审批，个别单位工程竣工移交资料不规范，部分变更审批及施工任务委托单资料为后补等问题，工程变更结算管理不到位。

四是造价控制方面。发电厂项目存在部分建安工程实际结算超出合同金额，原设计变更、设计蓝图较招标清单工程量增加、防火等级变化、合同工程量清单漏项、部分装饰性材料价差调整等引起结算增加，造成招投标、合同价格控制力有所减弱等问题。

3. 运营效益方面

一是由于受省内电量消纳能力和外送通道容量的限制，区域内大规模风电装机容量快速增长，加之经济下滑造成用电需求萎缩，煤炭价格居高不下等原因，发电厂项目实际利用小时数低于设计标准，从而造成项目投产前两年经营亏损，未达可行性研究预期。

二是年均利用小时数未达到设计指标。由于受省内消纳能力、新能源项目增加、外送建设滞后及煤炭供应不足申请停机等影响，发电厂项目年均利用小时数低于设计产能指标，与全国火电机组平均利用小时数亦存在一定差距。

（四）审计意见与建议

1. 项目层面意见与建议

一是建议规范完善项目建设程序。在今后的工作中，应规范完善项目立项审批程序，积极落实完善水保、环保等措施或专项验收程序，确保整个项目建设程序、验收规范。

二是建议修订完善项目招投标管理办法，确保内部招标规定与国家规定保持一致。在今后的工作中，应规范完善招标程序，细化招标文件编制，完善招标中标通知书签发等事项。

三是建议规范完善合同全过程管理，规范合同订立审批程序，及时办理无须执行合同变更解除等事宜，防范合同风险。

四是建议加强电力市场营销，重点关注电价、煤价、利用小时数等敏感因素；深化原煤采购渠道分析与优化，坚持以质定价，多渠道保障燃煤供应；做好设备运行监测与维护，保障设备正常运行，提高机组安全性和经济性，开展节能降耗，有效持续改善提升经营效益。

2. 宏观层面意见与建议

一是经验总结积累方面。本次绩效审计工作认为，发电厂项目的成功因素之一，在于集团产业结构战略调整及项目公司煤电一体化产业布局。项目公司应深入开展项目总结分析与评价工作，认真总结项目全过程管理经验，组织编制火电项目的投资、进度、质量、安全控制等基本流程和管理制度，用以指导和规范今后同类项目的基本建设管理，最大限度保障投资效益，控制投资风险；持续做好机组运行可靠性、安全性、经济性评估监测，整理完善操作规程与手册，深化生产经营、管理提升与人才储备工作，建立健全生产运行管理体系，努力改善经营效益，为进一步加快推进煤电一体化战略做出贡献，为规划扩建项目实施奠定基础，积累经验。

二是投资决策策略方面。建议集团公司及项目公司投资决策策略实现由规模思维向价值思维的转变，加强宏观经济发展对电力行业持续性影响的研究，增强风险意识、机遇意识和发展意识，做到趋利避害。在发电量需求回落、设备利用小时数下降的不利形势下，调整投资预期，完善投资战略，处理好做强与做大的关系。在与标杆发电企业集团相比无装机容量规模优势的情况下，建议以质量和效益取胜，加大火电项目优选和成功管理经验推广，进一步优化电源结构，在确保经济效益领先的前提下推进规模增长，实现价值的最大化。

三是煤电一体化建设方面。集团公司应加快推进煤电一体化发展，增强综合竞争能力。购买煤炭支出是火电企业主要成本，要充分利用国家对煤炭企业进行整顿合并及当前煤炭价格回落契机，积极推进煤田开发建设，控制潜力价值资源优势，打造煤电一体化产业链，努力实现业务转型和产业升级，由传统生产经营型企业升级为具有完整产业链的企业，逐步实现战略、运营、管理、文化转型升级，建立组织健全、机制完善、市场导向的科技创新体系；以人为本，创新人才发展机制、优化人才队伍结构、提高人才队伍素质，实现企业、社会与环境和谐发展，促进集团战略规划的实现。

四是基本建设管理方面。建议充分依托集团战略优势，依托其电力基础设施规划、勘测设计、咨询监理、建设管理、设备制造、国际工程、新能源、投资运营等集成式、全产业链、综合性基础设施建设服务能力，利用其世界一流的综合工程建设施工能力、国际领先的机电安装施工技术、世界先进的地基基础处理技术、综合总承包能力、行业一流的科技创新能力、雄厚的科技创新与技术人才队伍等优势，在今后的项目建设中，严格规范建设程序，规范完善招标、合同全过程管理，择优选择设计、施工、监理、设备供应、咨询服务等单位，创新施工进度、质量、安全、造价等全过程管理，合理筹措使用建设资金，最大限度提升管理效益、控制投资成本、扩大投资效益。

五是安全生产管理方面。机组自投运以来总体运行状况良好，未发生非计划降出力，未发生过非计划停运；但因发电厂项目投产运行时间较短，生产运行人员经验不足，专业技能培训有待加强，系统设计、设备制造安装的问题还处在不断暴露阶段，安全生产管理的各项制度、科学的管理方法手段还要不断完善。应进一步巩固既有成果，认真做好设备运行可靠性监测，确保设备运行安全，提升运行效益。建议优化机组运行管理，严格控制非计划停运和非计划降出力；加大设备治理力度，提高点检定修水平，注重技术监督、设备可靠性、设备健康状态管理；认真推行"日通报、周刷新、月分析"机制，持续开展隐患排查消除工作，杜绝违章和安全事故。

六是生产运营效益方面。发电厂项目虽扭亏为盈，但仍未足额弥补亏损。同时，经分析近三年全国、区域利用小时数逐年降低，大、小容量机组利用小时数倒挂，加之可再生能源建设增加，火电机组利用空间受到挤压，在用电量没有突破性增长的情况下，随着区域装机容量的增加，发电利用小时数提升存在压力。另外，煤炭成本一直在变动成本中占有较大比重，虽煤价下降燃煤成本降低，但煤炭等一次能源由于其稀缺性，加之装机容量扩大带来需求增大，总体价格预期可能上升，未来燃料价格仍存在不稳定性；同时随着煤炭企业限产保价，部分小矿停产，年度间高负荷期间仍存在电煤供应紧张、煤价反弹等迹象。

建议巩固发电量处于省内同类型机组较好水平成果，持续、多层次、积极地做好与电力调度机构、政府部门协调沟通，合理安排机组开机和运行方式，确保运行安全，千方百计提高利用小时数，争取发电量；进一步多渠道争取煤源，控制燃料价格，加强铁路工程建设管控，强化资源配置和力量支持，做好保煤量、保煤质、降煤价工作；深化资本运作，合理控制存贷规模，降低融资成本；做好成本监控分析，推行全员全过程成本控制，最大限度降低非生产性支出；深化管理提升活动，持续推进降本增效，全面提升管理能力和管理效率，以将企业建设成为具有持续成长性和较强自主创新能力、可持续发展能力的质量效益型企业。

七是人才队伍建设方面。人才队伍建设有待进一步加强。项目公司地处偏僻地区，经济发展较为落后，生活条件不便，职工子女受教育条件差，存在人员流失的问题。建议加强干部及人才队伍建设，着眼干部管理能力提升和职工职业技能提升，进一步丰富培训内容和手段，优化工资薪酬结构，完善绩效考核、评价、激励机制，使人才优势转化为战略推进核心竞争力，提升劳动生产率。打造集团公司火电人才基地，在集团公司火电生产国际化业务中发挥作用。

二、政府投资项目绩效审计案例

（一）案例背景

按照区政府年度审计工作计划，审计部门对区涉及城区安全治理、市容生态环境、综合交通等 10 余个建设领域项目开展了绩效审计，涉及区建设管理部门、城市管理部门等 5 家单位，审计资金 12 亿元。

本次审计重点抽查道路建设工程、交通和景观综合提升工程、城中村综合治理工程、体育休闲公园新建工程、边坡治理工程、地质灾害治理工程等政府重点投资项目，由市建委作为建设主体单位，立项时间自 202× 年 1 月至 202× 年 12 月，投资合计 12 亿元，涵盖城区安全治理、市容生态环境、综合交通等建设领域。

（二）审计结论

项目建设单位能够按照区政策重大项目工作安排，有效推进项目实施，道路建设工程、交通和景观综合提升工程项目对完善片区路网结构，提高道路使用效率，提升片区市容景观具有重要意义；城中村综合治理项目设计管道天然气入户率完成 87.50%，有效消除城中村各类安全隐患，加强道路、水电等生产生活设施的建设，进一步完善了城中村的基础设施；体育休闲公园新建工程项目已建设完成，进一步丰富和完善了片区公共环境，完善了辖区公共文体设施；边坡治理工程有效消除了危险边坡安全隐患，加强辖区地质灾害防治工作。

（三）审计发现的主要问题

1. 项目规划设计方面

一是交通和景观综合提升工程设计未经充分现场勘察和沟通协调，部分内容不具备可实施性，导致实施过程产生大量设计变更，达不到立项目的。

二是大量设计变更的产生使建设项目背离立项初衷，增加工程管理难度，影响项目建设工期、结算和政府投资项目的资金使用效益。

2. 项目造价管理方面

一是项目工程造价预算编制错误、设计变更未及时准确调减合同价款。交通和景观综合提升工程现场实际施工减少了安砌侧平石数量，取消了新做金属栏杆、特色石凳、雕塑小品等相关施工内容，未及时将上述变更工程造价予以调减。

二是个别项目结算工程量不实。交通和景观综合提升工程结算中，部分道路混凝土垫层厚度、新建人行道花岗岩厚度没有达到设计图纸要求；特色种植池现场数量比竣工图少；树池围牙、盖板（篦子）现场与设计不符等。

3. 项目实施管理方面

一是部分项目未按设计图纸施工，工程质量不符合设计要求。部分电力过路管通过机动车道的部分未按要求使用混凝土包封；部分管道回填采用再生料，与设计采用中粗砂和石粉渣的要求不符；未按施工图纸要求采用砂砾进行回填。

二是部分项目存在质量问题或安全隐患。边坡治理工程项目中，多个边坡存在泄水孔长度、加工埋设未达图纸设计要求，部分泄水孔无法正常排水的情况；个别挡土墙未按要求设置泄水孔；体育休闲公园新建工程屋面无任何安全防护，存在较大安全隐患。

三是部分项目进度滞后。剔除特殊灾害天气等不可抗力影响后，审计抽查项目均存在不同程度的工期延期情况。

四是对施工、监理人员监管不到位。建设行业有关主管部门在对在建项目的综合执法专项检查中发现，体育休闲公园新建工程项目经理存在长期不在岗现象，且安全生产主任未参加监理例会。区建委对项目经理实际到岗情况未监管到位，且未根据合同约定对施工单位予以处罚。

（四）审计意见与建议

一是项目单位应加强对项目设计的现场勘察管理，对关键环节进行充分论证，加强与相关部门、群众沟通，确保项目方案切实可行，减少因调研不充分产生的设计变更，切实保障政府投资项目的效益和效果。

二是项目单位应严格执行工程管理的相关法律法规，加强对隐蔽工程、设计变更、竣工图等的审核，切实履行设计变更造价审查的主体责任，对工程预结算进行严格把关；完善制度明确隐蔽工程及临时设施等项目必须提供现场施工照片作为结算依据。

三是项目单位应完善建设项目相关管理制度，将质量安全责任落实到人，加强对投资项目现场管理、质量安全和工期管理的分级管控，确保相关制度执行到位；进一步完善措施，落实对监理公司、安全质量评估机构等第三方机构实际履约尽职情况的监管。

（五）审计发现问题整改落实情况

一是项目单位：①学习了兄弟区优秀项目建设经验，进一步强化绩效管理理念；②在重大品质提升项目中采用代建模式，提升项目管理效能；③在新建项目中加强项目前期调研、方案公示和征求意见工作，在新项目中创新成立了以项目范围内主要业主为代表的顾问团队制度，充分与项目所在街道和社区沟通，确保立项科学合理、方案切实可行。此问题已整改完毕。

二是项目单位：①针对预算编制错误、设计变更未及时调减合同价款的问题，约谈造价咨询单位、监理单位及施工单位，并结合设计变更及实际施工情况严格审核支付进度款；②已追回多付工程款。此问题已整改完毕。

三是项目单位：①现场督促施工单位严格按图纸施工，对施工质量不符合要求的部分进行整改，监理从严复核；②本着环保和节约工程造价的原则，优先使用再生骨料回填，并按照实际变更情况进行结算；③进一步严格工程管理，压实施工单位主体责任，合理组织施工；④印发合同履约评价管理办法，组织开展合同期中、期末履约评价，对评价结果不合格的单位进行约谈、书面警告、一定期限内禁止参与工程投标等，压实各单位主体责任；⑤按照合同约定，对项目经理长期不在岗的施工单位予以处罚。此问题已整改完毕。

三、商业地产项目绩效审计案例

（一）案例背景

根据三泰集团年度审计工作计划，审计组依据《中华人民共和国审计法》及其实施条例、《中央企业投资监督管理暂行办法》等对三泰恒天商业地产实施了绩效审计。绩效审计期间为自项目立项之日起至最近一个会计年度，审计内容主要为战略匹配度、项目效率性、项目效果与影响、项目可持续能力等。三泰恒天商业地产对所提供与绩效审计相关资料的真实性和完整性负责。审计组的责任是出具绩效审计报告。

（二）审计结论

经审计，三泰恒天项目的实施符合集团专业化公司战略规划要求，较好地完成了项目决策审议通过的项目进度、安全、环保、团队培养等目标；项目决策、项目准备、项目实施、项目竣工和试运营等全过程管理基本规范；项目的投资建成有效地补充了区域商业开发短板，促进了区域经济发展，丰富了当地居民和游客的休闲娱乐生活，产生了良好的社会效益，较好地完成了分年度考核任务指标；项目依托集团良好的品牌、多年的商业操盘经验及人才储备优势，具有区域战略发展地缘优势，具有一定的可持续能力。

但本次审计发现，三泰恒天项目存在决策审批不规范，项目前端研判策划不到位，项目成本费用规划不合理，项目缺乏全局性、系统性、长远性战略规划，项目实施期间商业推广制度不健全，项目建设全过程管理不规范，项目运营管理能力需增强等问题。

（三）审计发现的主要问题

一是项目立项决策与规划策划不到位。主要问题有：项目未按规定报经集团审批；项目前端策划过于乐观，建设期间策划调整导致建造成本费用增加、收入减少；项目运营成本费用规划不合理造成实际收益与规划目标存在重大差异；项目策划事前、事中、事后管理不到位，缺乏全局性、系统性、长远性战略规划。

二是项目建设全过程管理不规范。三泰恒天项目在建设全过程管理方面，主要存在以下问题：项目建设程序不规范，勘察设计管理不到位；项目招标管理、合同管理不规范；项目产品质量控制不严格。

三是项目运营管理能力需增强。主要存在以下问题：招商运营管理不规范，运营招采与合同管理不到位；商业和物业管理能力需提升；项目部分关键运营指标未实现，风险防范需加强。

（四）审计意见与建议

1. 对项目公司的建议

一是严格执行集团投资管理办法，在项目投资计划管理、项目申请和立项、项目审查和批准、项目过程管理和变更管理及项目绩效审计管理等环节，按要求编制项目可行性研究报告等流程文件并上报集团董事会审批，确保项目投资决策规范，防范投资风险。

二是在今后的项目中应认真做好项目事前评估论证，全面深入分析国家宏观政策、行业政策、区域规划，客观评估自身资源与能力，科学、合理制定项目实施策略、计划与措施，确保项目前期规划目标、绩效指标客观、合理。

三是强化项目建设程序、勘察设计、招标、合同、进度、投资、质量等全过程管理。坚持项目立项、决策审批、规划设计、商业定位、商业策划、招商管理、项目实施等各环节有序有效衔接，避免因衔接不畅造成重大设计变更、窝工、返工、索赔等引发成本增加的情形；对于已出质保期合同，及时与总包单位协调沟通处理遗留事项，防范合同履约风险。

四是强化招商与商户管理，努力提升租金水平，提高出租率，最大限度提高收入；持续加强设施设备日常维护管理，努力提升推广活动效率与效果，合理有效节约运营、营销、管理等各类费用；建立健全商户评估体系与评估制度，优化提升商户品牌度与美誉度；加强欠缴租金催收，最大限度减少资金损失，全面提升项目运营管理效率与服务能力。

五是结合市场需求变化、经营发展趋势、行业及竞争对手状况、可利用资源水平和自身优势与劣势等影响因素，深入开展调查研究，系统分析项目优劣势，科学合理制定全局性、系统性、长远性发展规划，明确各阶段具体目标、工作任务和实施路径，持续优化项目规划与策划，保障项目可持续发展。

2. 对三泰集团的建议

一是全面梳理回顾总结评估同类产品线战略决策、实施与效果等，充分发挥资源与管理优势，建立执行同产品线、同区域等多维度对标管理体系，充分发挥集团整体管理效能，提升战略管控水平。

二是指导、监督所属企业着力做好项目事前评估，着力加强项目可行性研究报告的论证、评估与评审工作，科学审慎决策，建立健全事中、事后监督检查与考核评价机制，确保重大项目决策、实施、监督全过程合规、结果有效。

四、固定资产投资项目绩效审计常见问题

（一）项目决策方面

（1）未按事业发展规划制定园区、校区建设规划。

（2）园区、校区建设规划未经集体决策。

（3）园区、校区建设规划未经地方规划主管部门审批。

（4）固定资产投资项目与园区、校区建设规划不符。

（5）固定资产投资项目建设未经集体决策。

（6）项目建设用地、规划条件或环境评估等未通过审查。

（7）未按规定进行可行性研究或风险分析。

（8）可行性研究报告、节能评估文件或社会稳定风险评估文件编制深度不够。

（9）可行性研究报告确定建设或投资规模超出立项批复规模。

（10）可行性研究报告未报经上级部门审核批复。

（11）未按可行性研究报告批复编制设计任务书。

（12）项目初步设计或概算文件深度不够。

（13）项目概算未按规定进行审查，严重偏离实际。

（14）初步设计建设规模或概算规模超过可行性研究报告批复规模。

（15）项目初步设计及概算未经上级部门批复。

（16）未按规定履行决策和审批程序，擅自投资。

（17）非主业投资未专项报经审批。

（18）违反规定开展列入负面清单的投资项目。

①禁止类。

A. 不符合国家产业政策的投资项目。

B. 未按规定履行政府审批程序的投资项目。

C. 不符合经国资委审核的企业发展战略和规划的投资项目。

D. 不符合企业投资决策程序和管理制度的投资项目。

E. 未明确融资、投资、管理、退出方式和相关责任人的投资项目。

F. 项目资本金低于国家相关规定要求的投资项目。

G. 非主业投资超过国资委认定的非主业投资比例的投资项目。

H. 投资预期收益低于 5 年期国债利率的商业性投资项目。

I. 国资委债务风险管控企业推高企业负债率的投资项目。

J. 非房地产主业中央企业新购土地开展的商业性房地产投资项目。

②特别监管类。

A. 未纳入年度投资计划的非主业投资项目。

B. 单项投资额大于中央企业合并报表净资产 50% 的投资项目。

（二）勘察设计方面

（1）设计任务书编制不全面。

（2）设计任务书编制与可行性研究报告批复规模、标准不一致。

（3）有意肢解、缩小工程规模规避招标，直接签订设计委托合同。

（4）选择有利益关系的潜在投标人参与竞标。

（5）勘察任务书不符合勘察规定要求，有意扩大勘察范围。

（6）对设计图纸审查把关不严。

（7）设计预算超概算，概算超估算。

（8）授意选用有利益关系厂家的设备和材料。

（三）报批报建方面

（1）未按规定办理规划许可证。

（2）未按规定办理质量安全监督手续。

（3）未按规定办理施工许可证。

（4）未按规定履行安全、环保、消防、人防、卫生、防雷等有关报批报建手续。

（四）工程招标方面

（1）购建项目未按规定招标，干预、规避或操纵招标。

（2）应招标未招标，或规避招标。

（3）未经有关部门核准邀请招标。

（4）违规设置不合理的条件，排斥潜在投标人。

（5）人为因素干扰投标报名。

（6）超时接受报名。

（7）未按资格审查条款审查资格。

（8）投标企业挂靠、借用资质。

（9）控制价设置不合理。

（10）未按法定标准开标。

（11）围标、串标。

（12）招标人以各种方式影响专家评标。

（13）未按规定公示评标结果。

（14）未按照评标委员会推荐的中标候选人顺序确定中标人。

（15）招标人未按相关规定发出中标通知书。

（16）未在规定时间签订合同。

（五）合同管理方面

（1）合同条款违背招标文件、投标文件实质内容。

（2）合同条款模糊、不完善，给合同执行带来潜在风险。

（3）合同内容与现行国家规定存在明显冲突。

（4）合同审核流于形式。

（5）未严格履行合同。

（6）签订背离原合同实质性内容的补充协议。

（六）工程管理方面

（1）未及时组织施工图交底。

（2）工程质量监督不到位。

（3）分包单位资质审核不严。

（4）对材料进场验收程序把关不严。

（5）授意指定有利益关系的分包单位或材料供应商。

（6）不及时参与主要分部分项工程验收。

（7）对项目安全不监督检查或检查时降低标准。

（8）故意隐瞒检查中发现的安全隐患。

（9）未及时督促施工单位消除安全隐患。

（10）开工报告未及时批准。

（11）不具备条件擅自批准开工。

（12）批准不合理的进度计划。

（13）未定期检查进度计划的执行情况。

（14）随意办理工期签证。

（15）串通通过变更为利益相关单位谋取不正当利益。

（16）默许或串通施工单位，为利益相关单位谋取不正当利益。

（17）不及时审批变更，造成工期延误和资源浪费。

（18）外部环境和项目本身情况发生重大变化，未按规定及时调整投资方案并采取止损措施。

（19）擅自变更工程设计、建设内容和追加投资等。

（20）项目管理混乱，致使建设严重拖期、成本明显高于同类项目。

（七）资金管理方面

（1）未及时编制或据实编制投资计划。

（2）未落实或挪用、挤占项目资金。

（3）授意施工、监理单位超进度申请进度款。

（4）未按合同或形象进度审核支付申请。

（5）批准手续不完备的支付申请。

（6）审核不严谨，未核减应扣减款项，造成资金损失。

（7）未经审批提前支付。

（8）未及时督促施工企业编制工程结算。

（9）未严格审核结算资料的完整性和真实性。

（10）对审计过程监管不到位。

（11）未按合同约定严格审核结算造价。

（12）不及时办理竣工决算。

（13）内部控制制度、立项批复、招投标资料、项目合同、财务支付凭证等财务决算资料不完整。

（14）编制虚假决算报表。

（八）竣工验收管理

（1）未按规定组织验收。

（2）未及时编制竣工财务决算。

（3）项目竣工财务决算未报批。

（4）项目投资调整幅度超出国家规定范围未获批准。

（5）已投入使用资产未及时办理预转固。

（6）项目竣工财务决算获批后未及时办理固定资产移交手续。

（7）已移交固定资产未及时按有关规定组织申报国有资产产权登记。

（九）效益实现方面

（1）固定资产投资项目原定任务与绩效目标未达成。

（2）未根据内外部环境变化或政策影响对固定资产投资项目绩效目标进行调整。

（3）未实现固定资产投资项目预期产出数量、质量、时效等目标。

（4）未实现预期经济效益、社会效益，不具有可持续性。

（5）项目形成资产存在闲置、浪费等。

（6）项目形成资产因验收不合格、配套设施建设滞后等无法正常使用。

五、固定资产投资项目绩效审计思考

（一）绩效审计项目选择考虑因素

严格贯彻落实国家宏观政策要求，紧紧围绕固定资产投资项目效率、效益、效果，重点选择以下项目开展绩效审计：投资额巨大，建设工期长、建设条件较复杂，或跨地区、跨行业项目；项目采用新技术、新工艺、新设备，对提升企业核心竞争力有较大影响；项目在建设实施中，产品市场、原料供应及融资条件发生重大变化；项目组织管理体系复杂（包括境外投资项目）；项目对行业或企业发展有重大影响；等等。

（二）着力强化经验总结结果应用

项目绩效审计应根据调查的真实情况认真总结经验与教训，并在此基础上进行分析，得出启示和对策建议，对策建议应具有借鉴和指导意义，并具有可操作性。项目绩效审计的经验与教训和对策建议可从项目、部门、行业、宏观等层面分别说明。

项目绩效审计成果（经验、教训和政策建议）应成为编制规划和投资决策的参考和依据。《项目绩效审计报告》应作为企业重大决策失误责任追究的重要依据；在新投资项目策划时，部门或单位可参考过去同类项目的绩效审计结论和主要经验与教训。在新项目立项后，可参考项目绩效审计指标体系，建立项目管理信息系统，随项目进程开展监测分析，改善项目日常管理，并为项目绩效审计积累资料。

（三）寓绩效审计于专项审计之中

固定资产投资项目绩效审计可以单独开展，也可以与对建设项目各阶段工作的合规审计、财务审计、造价审计等结合进行，综合考虑建设过程中内外部环境因素变化情况，提出改进项目管理工作，提高建设项目综合绩效的意见或建议。

一是在项目决策审计中，评价投资项目立项是否符合国家方针政策和社会发展需求，是否存在后期投产即面临市场萎缩或关停并转等要求的风险。

二是在工程管理审计中，要评价项目各参建单位是否勤勉尽责，是否提升资源的运用效率，是否按期或提前完工；要评价项目建设质量是否合格，工作能力和寿命是否满足设计要求；要评价项目投资是否控制在概算内，是否采取得力措施降低了工程造价，避免投资浪费和损失；考核项目性能指标是否达成设计目标，运营效率是否达到预期，外部市场和资源条件是否符合预期。

三是在绩效审计中，要测算投资回收期、净现值、内部收益率、投资收益率等经济指标，评价项目投资的获利能力和偿债能力；要对投资项目的社会效益、环境效益做出评价；要高度重视对项目未来若干年份的运营中经营现金流所做预测固有的不确定性和经营风险不可控给审计工作带来的风险。

第 5 章

股权投资项目绩效
审计实务指南

第 1 节　股权投资项目绩效审计概念

一、股权投资概述

（一）股权投资定义

股权投资通常是指通过投资取得被投资单位的股份。股权投资是企业（或者个人）购买的其他企业的股票或以货币资金、无形资产和其他实物资产直接投资于其他单位，最终目的是获得经济利益，这种经济利益可以通过分得利润或股利获取，也可以通过其他方式取得。

（二）股权投资方式

股权投资方式主要包括新设独立法人实体、部分或整体收购其他法人实体股权、向已投资法人实体追加投资、参股投资其他法人实体等。

（三）股权投资原则

一是战略引领原则。股权投资要严格把握投资方向，项目投资要符合国家规划、产业政策和企业战略规划，有利于提升企业核心竞争力和科技创新能力；做到坚持聚焦主责主业，注重境内外业务协同，提升创新能力和国际竞争力。

二是依法合规原则。股权投资应符合国家政策及相关法律法规，遵守集团公司各项管理规定，确保风险可控，原则上不得从事非主业投资，有特殊原因确需开展非主业投资的，要依法依规定报经审批，要遵守所在国或地区政策，合规经营。

三是价值提升原则。股权投资应坚持价值理念，合理配置资源，创造良好效益，有利于提升整个产业的整体价值；股权投资项目应获取合理投资回报，确保投资预期收益满足企业要求。

四是协同发展原则。股权投资应促进集团内产融结合，推动产业协同，有利于提升产业规模优势和协同优势，产生协同效应。

五是量力而为原则。股权投资应统筹投资规模，投资规模应与投资单位自身的资产经营规模、资产负债水平、融资能力和抗风险能力等相适应，严禁超越财务承受能力的投资行为，严控资产负债率过高的企业开展股权投资。

六是风险可控原则。股权投资应当将投资前的风险识别、评估与实施过程的有效控制、投资后管理与评价紧密结合，确保投资风险可控。

（四）股权投资特点

股权投资区别于固定资产投资，主要在投资目的、投资程序、效益评价等方面有所不同。

一是投资目的。固定资产投资目的在于通过投资建设形成固定资产实物；而股权投资则是投资主体基于其战略规划，通过交易达到控股或参股目标企业，以实现战略协同和战略规划目标。

二是投资程序。固定资产投资主要通过前期可行性论证、勘察设计、项目实施、竣工验收、投入运营或使用等经济行为进行确认，其核心为建设、验收、投运；而股权投资则是投资主体在对目标企业开展尽职调查、审计、评估的基础上，通过交易方式取得股权资产，其核心为决策、交易、持有、经营。

三是效益评价。固定资产投资主要采用现金流测算法计算投资效益或投资回报率；而股权投资注重战略协同，注重项目长期持续效益、协同效应、增量效益、间接效益等。

（五）股权投资流程

股权投资流程即股权投资项目的实施流程，主要包括但不限于以下环节：目标公司选择；项目可行性论证；形成股权投资方案；履行评审决策审议批复程序；与目标企业开展实质性谈判；签订及履行合同；办理股权变更手续；调整企业治理结构；财务与人事过渡；处理遗留重大法律纠纷；安置目标企业职工；保障企业正常运转；整合重组；实现管理、财务、业务、文化等协同效率、效益与效果。

一是项目筛选。股权投资在投资决策时，需要根据企业发展战略制定投资策略，并初步设计拟收购或投资的目标企业或项目模型，涉及资产规模、生产能力、技术水平、市场占有率等，据此进行目标企业或项目的市场搜寻，并对可供选择的目标企业或项目进行初步比较。

二是项目决策。在决策过程中成立工作专班对股权投资项目的财务、管理、技术、经济、法律等开展尽职调查，开展净资产审计、资产评估，形成股权投资可行性研究报告或投资方案，进行评审、决议或批复，然后进行合同谈判及签约交割。

三是企业运营。交割完成后，目标企业将完善法人治理结构、制度建设，通过股权投资实现企业战略目标，以提升企业及其产品在市场中的核心竞争力，扩大产业链，形成产业化发展和取得协同效益。

二、股权投资项目绩效审计

股权投资项目绩效审计是指审计机构或部门通过对股权投资项目前期准备、实施过程、运营情况及其影响效果进行审计，重点对股权投资项目实际与项目决策时预期的目标进行对比，找出差异，分析原因，总结经验与教训，提出对策建议，以改善企业股权投资管理，达到提高决策水平和投资效益的目的。

第 2 节 股权投资项目绩效审计目标

股权投资项目绩效审计目标，即通过对股权投资项目决策、实施与效果进行审计并出具绩效审计报告，重点对股权投资项目前期可行性研究论证、决策审批，项目实施合同签订与履行，法人治理结构重建，公司重组整合，以及股权投资项目运营的经济性、效率性、效益性进行分析与评价，揭示股权投资项目决策、实施、监管全过程管理及影响投资运营效益的问题与风险，分析影响效益实现的因素与原因，提出改善意见与建议，促进提升股权投资管理水平。

第 3 节 股权投资项目绩效审计依据

一、股权投资项目绩效审计法规依据

股权投资项目绩效审计法规依据如下。
（1）国家相关的法律、行政法规和规章制度。
（2）国家制定的国民经济发展的方针政策。
（3）股权投资战略与中长期发展规划。
（4）股权投资监督管理体系与风险管理。

（5）股权投资项目年度工作计划。

（6）股权投资项目负面清单。

（7）国家、地方有关绩效审计法规、政策、办法。

（8）其他相关材料。

二、股权投资项目绩效审计相关资料

股权投资项目绩效审计相关资料如下。

（1）项目立项申请书及批复文件。

（2）项目尽职调查报告。

（3）项目审计报告及法定财务报表。

（4）项目资产评估报告和资产评估备案表。

（5）项目可行性研究报告及批复文件。

（6）项目实施有关合同或协议。

（7）项目法律意见书。

（8）项目公司章程及出资证明。

（9）项目营业执照和国有产权登记证。

（10）各级决策机构的议案及研究意见（决议）。

（11）项目投后运营、管理、财务资料。

（12）项目决策、实施、运营全过程监督管理文件。

（13）其他与项目绩效审计相关的资料。

第4节 股权投资项目绩效审计内容

股权投资项目绩效审计对象主要为企业集团、投资主体公司及目标公司。审计期间为自项目立项之日起至最近一个会计期间（月）。股权投资项目绩效审计内容主要包括股权投资监管体系建设、股权投资项目事前管理、股权投资项目事中管理、股权投资项目事后管理、股权投资项目风险管理、股权投资项目责任追究等。

一、股权投资监管体系建设

股权投资监管体系建设审计内容主要包括股权投资基本原则、管理流程、管理部门及相关职责；决策程序、决策机构及其职责；负面清单、信息化管理、风险管控，以及项目完成、中止、终止或退出、后评价制度、违规投资责任追究，对所属企业投资活动的授权、监督与管理制度等。

二、股权投资项目事前管理

股权投资项目事前管理审计内容主要包括企业发展战略规划、年度投资计划、年度财务预算、投资项目负面清单编制，投资项目融资、投资、管理、退出全过程的研究论证，技术、市场、财务和法律等尽职调查，投资项目可行性研究、风险防控报告，投资项目资产评估或估值，以及投资项目决策审批程序等。

三、股权投资项目事中管理

股权投资项目事中管理审计内容主要包括企业定期对实施、运营中的股权投资项目跟踪分析，针对外部环境和项目本身情况变化，及时进行再决策；投资项目中止、终止或退出等；因重大投资项目再决策导致的年度投资计划调整，以及股权投资完成情况及投资分析报告等。

四、股权投资项目事后管理

股权投资项目事后管理审计内容主要包括年度股权投资完成总体情况、年度投资效果分析、重大投资项目进展情况、年度投资后评价工作开展情况、年度投资存在的主要问题及建议等报告情况；对重大股权投资项目开展后评价情况；重大股权投资项目专项审计监督等。

五、股权投资项目风险管理

股权投资项目风险管理审计内容主要包括企业股权投资全过程风险管理体系建设情况，股权投资前期风险评估和风险控制方案制定，项目实施过程中的风险监控、预警和处置，投资后项目运营、整合风险等风险措施落位情况，风险管理体系评估与评估结果应用等。

六、股权投资项目责任追究

股权投资项目责任追究审计内容主要包括企业股权投资工作中是否存在因未履行或未正确履行投资管理职责造成国有资产损失，以及其他严重不良后果的问题，如有，是否依照国家有关规定实施责任追究。重点揭示是否存在以下股权投资并购方面的责任追究情形。

（1）未按规定开展尽职调查，或尽职调查未进行风险分析等，存在重大疏漏。

（2）财务审计、资产评估或估值违反相关规定。

（3）投资并购过程中授意、指使中介机构或有关单位出具虚假报告。

（4）未按规定履行决策和审批程序，决策未充分考虑重大风险因素，未制定风险防范预案。

（5）违反规定以各种形式为其他合资合作方垫资，或通过高溢价并购等手段向关联方输送利益。

（6）投资合同、协议及标的企业公司章程等法律文件中存在有损国有权益的条款，致使对标的企业管理失控。

（7）违反合同约定提前支付并购价款。

（8）投资并购后未按有关工作方案开展整合，致使对标的企业管理失控。

（9）投资参股后未行使相应股东权利，发生重大变化未及时采取止损措施。

（10）违反规定开展列入负面清单的投资项目。

第5节　股权投资项目绩效审计指标

一、股权投资监管体系建设

股权投资监管体系建设方面绩效审计指标主要如下。

一是股权投资主体是否根据国家有关规定，为贯彻落实发展战略、实现战略目标，规范股权投资行为，提高股权投资效益，防范股权投资风险，建立健全股权投资管理办法。

二是股权投资管理办法是否明确制度适用范围，是否明确包括但不限于股权投资方式、投资原则等以下主要内容：

（1）投资应遵循的基本原则；

（2）投资管理流程、管理部门及相关职责；

（3）投资决策程序、决策机构及其职责；

（4）投资项目负面清单制度；

（5）投资信息化管理制度；

（6）投资风险管控制度；

（7）投资项目完成、中止、终止或退出制度；

（8）投资项目后评价制度；

（9）违规投资责任追究制度；

（10）对所属企业投资活动的授权、监督与管理制度。

二、股权投资决策机制建立

股权投资决策机制建立方面绩效审计指标主要如下。

一是股权投资决策与管理机构是否健全。例如，是否明确股东大会、董事会及其授权主体等股权投资行为决策机构职责权限，是否对涉及纳入企业党委前置研究讨论的股权投资事项，明确党委前置研究讨论程序。

二是董事会专业委员会是否明确。例如，是否明确董事会下设战略与投资委员会，是否对投资发展规划、年度投资计划、需提交董事会批准的重大投资方案与资本运作项目进行专业化审核，并将审核意见提交董事会。

三是股权投资管理部门职责是否明确。例如，是否明确股权投资归口管理部门及业务部门职责，是否建立统筹协调工作机制。

四是股权投资流程是否明确。例如，是否明确股权投资项目应履行立项、尽职调查、可行性研究、决策程序后方可实施的工作流程规范要求，对于需要由国家有关部门批（核）准、备案的投资项目，是否明确企业在履行决策程序后按有关规定报批或报备。

三、股权投资方向与计划

股权投资方向与计划方面绩效审计指标主要如下。

一是企业是否结合投资规划、年度投资计划开展投资工作，投资项目是否符合国家产业政策和经济发展趋势，符合企业战略目标、主营业务方向和发展需要；是否存在属于国资委或上级主管单位负面清单列为禁止类的投资项目；对于属于国资委特别监管类的投资项目，是否获得国资委批准。

二是企业是否以战略为指引，编制股权投资规划和年度股权投资计划；年度股权投资计划是否与企业年度财务预算相衔接，规模是否与合理的资产负债水平相适应；年度投资计划是否完整包括了续投项目和新项目投资计划。

三是年度股权投资计划编制内容是否完整，是否包括但不限于计划投资项目的项目名称、项目概况，计划投资总额、资金来源与构成，年度投资计划额、项目时间、预计投资收益率，以及风险防范等。

四、股权投资项目立项审批

股权投资项目立项审批方面绩效审计指标主要如下。

一是股权投资项目立项前，投资部门是否对投资对象进行初步调研，是否就初步调研结果编制相应立项申请文件。

二是股权投资项目立项申请文件是否完整，是否包括但不限于以下与股权投资项目立项申请相关的内容：

（1）投资立项请示，包括投资目的、战略定位、拟投资金额、投资形式；

（2）项目立项报告，包括投资对象基本情况、财务初步分析和生产经营管理情况等；

（3）项目投资必要性、科学性、合理性与实施可能性分析与说明；

（4）投资工作计划及进度安排；

（5）前期费用估算等内容。

三是股权投资项目立项审批流程是否规范，是否按规定准备、提交立项申请文件资料，组织企业相关职能部门进行会签审查；股权投资项目是否报经集体决策审批，审批同意后是否开展后续实施活动；股权投资项目是否存在未取得立项审批开展或提前开展后续股权投资活动的情况。重点关注股权投资项目内部审查工作是否严格、规范、全面，项目审查是否包括以下内容：

（1）合规性审查，是否符合国家法律法规及相关监管规定；

（2）一致性审查，是否纳入集团发展规划、产业发展规划和年度投资计划；

（3）协同性审查，是否有助于提升产业协同能力，有助于服务集团发展；

（4）收益性审查，是否具有良好的投资回报和竞争力，满足项目评价的指标要求；

（5）风险性审查，是否对主要风险具有可靠完善的应对措施。

五、股权投资项目尽职调查和可行性研究

股权投资项目尽职调查和可行性研究方面绩效审计指标主要如下。

一是经审批同意立项的投资项目，是否组织开展全面、专业的尽职调查、审计、评估和详细的可行性研究，形成完整的尽职调查报告、审计报告、评估报告和可行性研究报告。

二是可行性研究报告编制是否规范，是否包括但不限于以下与股权投资项目可行性研究报告相关的内容：

（1）投资对象股权结构、历史沿革、组织架构、管理团队、人力资源、党建等情况；

（2）投资对象财务状况、经营状况、现金流量等情况；

（3）投资对象所处行业和竞争情况；

（4）战略目的和投资机会分析；

（5）投资方案、股权设置方案、公司治理安排及其他重要约定和安排；

（6）投资对象业务发展计划及整合方案；

（7）投资对象盈利预测；

（8）投资效益测算；

（9）投资风险及应对措施，重大问题及解决措施；

（10）结论与建议。

六、股权投资项目资产评估

股权投资项目资产评估方面绩效审计指标主要为：投资单位是否按照《国有资产评估管理办法》《企业国有资产评估管理暂行办法》等有关规定对股权投资开展资产评估，并实施资产评估备案（核准）。

七、股权投资经济行为审批

股权投资经济行为审批方面绩效审计指标主要如下。

一是股权投资行为经立项并完成尽职调查、可行性研究、资产评估备案（核准）后，是否逐级报送有权决策机构审批。报送文件是否包括但不限于以下内容：

（1）股权投资项目议案；

（2）可行性研究报告；

（3）尽职调查报告（含法律、财务、业务）；

（4）审计报告；

（5）资产评估报告和资产评估备案表（核准文件）（如需）；

（6）公司章程；

（7）合作协议（如有）；

（8）法律意见书（如需）；

（9）若股权投资行为导致原国有股东不再拥有控股地位，应提交投资对象职工代表大会或类似职工组织讨论通过的职工安置方案；

（10）其他文件。

二是股权投资项目是否按规定履行内部控制制度中所规定的审批程序。必要的审批程序如下：

（1）投资部门按规定准备、提交可行性研究报告等审批资料；

（2）投资部门牵头相关职能部门进行会签；

（3）纳入党委前置研究讨论的履行党委前置研究讨论程序；

（4）依据决策权限范围，报总裁办公会、董事会或股东大会审批；

（5）各级审批同意后开展后续实施活动。

八、股权投资项目实施执行

股权投资项目实施执行方面绩效审计指标主要如下。

一是股权投资项目经批准后，投资单位是否按批复要求组织实施，是否及时办理对项目投资的资金、资产或股权的让渡手续，项目公司的新设注册或者变更注册、出资证明的取得等。

二是股权投资项目正式投资协议签订前是否履行评估完成备案、审批通过等必要程序；对于发现对项目目的实现有不利变化的，是否及时进行再决策，研究启动中止、终止或退出机制。

三是项目实施过程中，投资部门是否对项目实施情况定期进行总结，评估项目风险，适时制定控制措施，降低损失。

四是投资单位是否按规定建立股权投资项目档案；档案内容是否完整，是否包括了以下内容：

（1）可行性研究报告、尽职调查报告及底稿；

（2）审计报告及法定财务报表；

（3）资产评估报告和资产评估备案表（核准文件）；

（4）有关协议、公司章程及出资证明等；

（5）营业执照和国有资产产权登记证等；

（6）法律意见书；

（7）职工安置方案及职工代表大会或类似职工组织决议等；

（8）报送各级决策机构的议案及研究意见（决议）；

（9）投资对象股东会（股东大会）、董事会及监事会相关决议文件；

（10）其他文件。

五是股权投资行为的日常管理工作是否规范，是否根据国家有关规定及时填报项目管理信息系统、产权管理综合信息系统、基本信息管理系统及"三重一大"决策事项会议系统等信息系统，并报送有关工作情况和工作总结；是否按规定将实施结果及相关文件资料备案。

九、股权投资项目投后管理

股权投资项目投后管理方面绩效审计指标主要如下。

一是是否在股权投资活动完成后，在项目价值评估的预测期内从回报与增长的维度逐年对项目进行价值检讨，形成增量业务资产价值检讨总结报告。

二是是否在股权投资企业运营过程中，根据各自职责定期检查、指导，规范业务运营。

三是是否在对股权投资完成后规定期限内，开展股权投资项目后评价工作；股权投资后评价工作是否规范，是否包括投资项目全过程的回顾、投资项目绩效和影响评价、投资项目目标实现程度和持续能力评价、项目总结等。

四是在投资项目后评价过程中，在发现投资项目整体绩效、运营指标、财务及经济效益、投资目标实现程度等方面与原可行性研究报告出现较大偏差，或在出现不合规情形而造成较大经营风险时，是否及时组织相关部门研究解决方案及措施，避免国有资产出现损失。

第 6 节　股权投资项目绩效审计重点

股权投资项目绩效审计重点主要涉及项目决策、项目实施、项目运营等方面，同时对于股权投资项目决策、实施、运营中所涉及的重大事项决策、效果亦应重点关注。

一、项目决策审计

（一）投资立项规范性审计

重点关注对外并购项目前期论证和产业趋势研判是否充分，是否并购高资产溢价、高负债企业，是否存在虽符合主业但只扩大规模、不提高竞争力的并购项目。

一是政策符合性。审查项目是否符合国家有关规划和产业政策，是否符合企业布局和结构调整方向。

二是项目必要性。审查项目的立项依据是否充分、合理，项目是否符合企业发展战略规划，是否有利于提高本企业核心竞争力，是否有利于本企业的可持续发展。

三是程序合规性。审查项目是否依照相关法律、法规和政策的规定，完成项目立项的初步论证及开展相关工作，并完成股权投资项目立项报告的编制与审查等相关工作程序，程序是否完整、合规。

四是投资合理性。审查当项目存在两个以上的目标企业作为比选方案时，是否结合其他落选目标企业的情况，对最终投资意向的正确性与合理性进行评价。

（二）决策审批合规性审计

一是程序合规性。审查项目是否依照相关法律、法规和政策的规定，完成可行性研究，取得尽职调查意见书，履行企业内部决策、独立审计、资产评估、上报国家有关部门核准审批或备案、市场交易等相关程序，程序是否完整、合规。

二是投资合理性。审查项目投融资方案的合理性，包括项目的投资时机、投资方向、投资规模、资金渠道、融资模式、资金选择、项目担保、投资代价等方面的合理性。

三是决策风险管理。审查决策时对项目各影响因素的识别是否全面，分析是否到位；是否对多方案实施全方位对比；是否实施有效的风险应对措施；决策机构或部门是否对决策过程和决策执行情况进行监督等。

二、项目实施审计

（一）协议签订完整性审计

审查投资协议覆盖内容是否全面，协议是否既保证交易的稳定性，又充分保证相关方的权益。

（二）协议签订合规性审计

审查协议条款是否严谨、相对公平，以及对应的措施是否有效控制和降低了股权投资主体的风险。

（三）项目实施计划性审计

审查股权投资比例、出资方式、融资安排等是否符合预期的实施方案，是否完成相关手续的办理，实际实施进度与计划是否吻合。

（四）投资计量准确性审计

一是审查确认股权投资是否被正确识别、记录和报告，包括检查股权证书、协议和其他相关文件，验证股权投资金额的准确性，包括购买价格等因素。

二是审查股权投资计量是否合理，确定评估股权投资是否存在减值迹象，需要进行减值测试。

三是审查关联交易与内部控制。评估股权投资与公司及其董事、高级管理人员之间的关联交易和潜在利益冲突，检查公司的内部控制体系，确保投资决策符合适当的授权程序和审批要求。

四是投资评估和收益跟踪。评估股权投资的价值和风险，包括进行财务分析、市场评估和竞争对手比较等。跟踪投资项目的回报情况，包括股利收入、股权转让收益等，并核实其准确性和可信度。

三、项目运营审计

（一）公司治理合规性审计

审查公司整合过程是否按原计划实施、有无偏差、治理效果等。分析目标公司的内外部条件和资源与投资计划决策时是否一致，若不一致，了解不一致的原因。

（二）生产经营效率性审计

审查股权投资项目实施后，目标公司的生产经营情况、经营效果、经营模式的合理性、投资收益分配的合规性等。

（三）风险管理合理性审计

在审查项目投资过程中，对项目潜在的政策风险、法律风险、市场风险、财务风险、融资风险、流动性风险、劳工风险、经营风险、资源整合风险等风险因素是否进行了客观分析，是否采取了相应的风险控制对策及实施的效果。

四、项目目标绩效审计

（一）目标实现性审计

基于立项决策阶段制定的预期目标（包括股权投资主体、转让方及其他利益相关者的目标等），重点分析投资后投资主体的企业战略目标和投资项目的具体目标实现程度，对投资决策的正确性及投资目标的实现程度进行综合评价。

（二）投资适当性审计

对股权投资项目的必要性、投资依据的充分性、投资程序的合规性、投资的合理性、投资的择优性等方面进行评价。

（三）投资效果性审计

重点对股权投资项目实施后是否优化整合内外部资源、获得协同效应、增强企业核心竞争力、提高行业地位和影响等进行评价。

（四）投资效率性审计

通过分析股权投资项目实施过程中，并购重组费用控制、项目实施进度控制、投资风险控制、符合原定投资方案程度等，对投资效率性进行评价。

（五）投资影响性审计

对股权投资所涉及的主要利益相关者及其受影响的方面和程度进行分析评价，包括但不限于取得的社会效益、生态效益及受益对象满意度评价。

（六）项目持续性审计

从内部因素和外部条件等方面，对股权投资项目在未来生命周期内的可持续发展能力进行分析与评价。

五、参股投资特殊考虑

根据国资委有关中央企业加强参股管理有关事项的通知要求，对中央企业为提高国有资本运行和配置效率、发展混合所有制经济，以参股等多种方式与各类所有制企业合资合作，在绩效审计中应重点关注企业参股投资决策不规范、国有股权管控不到位等问题，具体关注以下事项。

（一）参股投资决策审计

1. 参股股权内部控制审计

重点关注是否按照国家规定全面梳理检查参股股权在合作方选择、决策审批、财务管控、领导人员兼职，以及与参股企业关联交易等方面存在的问题，是否制定完善规章制度，细化管理措施，落实管理责任。

2. 是否严把主业投资方向

重点关注是否存在为规避主业监管，通过参股等方式开展中央企业投资项目负面清单规定的商业性房地产等禁止类业务。

3. 合作对象甄选是否严格

重点关注是否存在与存在失信记录或行政处罚、刑事犯罪等违规违法记录的意向合作方合作的情况；是否存在选择与参股投资主体及其各级控股股东领导人员存在特定关系（指配偶、子女及其配偶等亲属关系，以及共同利益关系等）的合作方合作的情况。

4. 参股方式确定是否合理

重点关注是否存在以约定固定分红等"名为参股合作、实为借贷融资"的名股实债方式开展参股合作的情况。

5. 审核决策机制是否完善

重点关注参股投资决策权向下授权是否履行经党委（党组）研究讨论，由董事会或经理层决定程序，授权的管理层级是否超过两级。对于达到内部制度规定额度的参股投资，是否纳入"三重一大"决策范围，由中央企业集团公司集中决策。

（二）参股股权管理审计

1. 是否依法履行股东权责

重点关注投资主体是否依据公司章程，向参股企业选派国有股东代表、董事、监事或重要岗位人员，有效行使股东权利；是否存在"只投不管"现象；选派人员是否实行定期轮换机制；是否在参股企业章程、议事规则等制度文件中，明确对特定事项的否决权等条款，以维护国有股东权益。

2. 参股投资回报情况审计

重点关注是否定期对参股的国有权益进行清查，核实分析参股收益及其增减变动等情况；是否通过合理运用增持、减持或退出等方式提高国有资本配置效率；对于满 5 年未分红、长期亏损或非持续经营的参股企业股权，是否及时进行价值评估；对于属于低效无效的参股企业股权，是否及时予以处置；对于属于战略性持有或者培育期的参股企业股权，是否强化跟踪管理。

3. 是否严格财务监管

重点关注是否按规定及时掌握参股企业财务数据和经营情况；对于关联交易占比较高、应收账款金额大或账龄长的参股企业，是否严格风险排查；对风险较大、经营情况难以掌握的股权投资，是否及时清理退出；是否存在对参股企业其他股东出资提供垫资的情况；是否存在对参股企业提供担保的情况，确需提供的，是否严格履行决策程序，是否存在超股权比例提供担保的情况。

4. 产权管理审计

重点关注是否及时办理参股股权的产权占有、变动、注销等相关登记手续；对于参股股权取得、转让是否严格执行国有资产评估、国有产权进场交易、上市公司国有股权管理等制度。

5. 规范字号等无形资产使用审计

重点关注是否存在将字号、经营资质和特许经营权等提供给参股企业使用的情况；对于产品注册商标确需授权给参股企业使用的，是否严格授权使用条件和决策审批程序，并采取市场公允价格。

6. 领导人员兼职管理审计

重点关注中央企业及各级子企业领导人员在参股企业兼职是否存在越级兼职，是否存在兼职"挂名"职务；确需兼职的，是否按照管理权限审批，是否存在在兼职企业领取工资、奖金、津贴等任何形式的报酬和获取其他额外利益；任期届满连任的，是否履行重新报批程序；参股经营投资主体及其各级控股股东领导人员亲属在参股企业关键岗位任职的，企业领导人员是否执行任职回避有关制度。

7. 党建管理审计

重点关注是否按照关于加强和改进非公有制企业党的建设工作有关规定，切实加强党的建设，开展参股企业党的工作。

（三）监督问责管理方面

1. 内部监督审计

在对各级企业负责人开展任期经济责任审计时，重点关注是否将其任期内企业参股投资、与参股企业关联交易等有关事项列入重点审计内容。

2. 责任追究审计

重点关注对参股经营中造成国有资产流失或者其他严重不良后果的，是否开展实施责任追究。

第 7 节　股权投资项目绩效审计步骤

股权投资项目绩效审计同其他绩效审计类似，主要包括四个阶段：前期准备、现场实施、审计报告、审计结果应用等，在此不赘述。股权投资项目绩效审计中还应做好如下评价。

（一）股权投资事前管理评价

股权投资事前管理评价主要内容如下。

（1）股权投资项目的选择、投资方案的选择、论证评审和决策环节是否科学、合理。

（2）股权投资项目是否按规定报送项目投资报告、决策文件、可行性研究报告、融资方案、风险防控报告等资料，并履行必要决策程序。

（3）股权投资项目是否从项目风险、股权结构、资本实力、收益水平、竞争秩序、退出条件等方面履行审核把关程序。

（4）股权投资项目是否按规定做好融资、投资、管理、退出全过程的研究论证，是否开展技术、市场、财务和法律等方面的可行性研究与论证，以提高股权投资决策质量。

（5）股权投资决策机制是否健全，各级股权投资决策机构对股权投资项目做出决策，是否依法形成决策文件，所有参与决策的人员是否均在决策文件上签字背书，所发表意见是否记录存档。

（二）股权投资投后管理评价

股权投资投后管理评价主要内容如下。

（1）投资双方就公司治理架构、战略规划、管理层、资源整合、生产运营、风险管理、文化融合等关键环节的处理与安排是否合规有效，是否有利于提升合资企业的管理效果与经营效益。

（2）投资双方投后管理是否达到有效协同、高度融合，战略协同、技术协同、管理协同、经营协同、市场协同等不同角度协同的效果和效益是否得到有效发挥，是否有效实现优势互补，达到预期效果。

（3）对股权投资后实际达到的经济效益（财务效益、市场经济效益）和影响进行总结评价，对项目预期目标的实现程度进行对比分析评价。

（4）对项目可持续性分析、成功度等开展分析与评价，并总结经验与教训，提出合理化管理建议。

① 通过对影响项目持续运行能力的内部因素（包括财务状况、技术水平、业务开发、企业管理等）、外部条件（包括环境政策、市场变化及其趋势等）等方面进行分析预测，对项目目标的可持续性进行分析评价。

② 总结和分析项目投资决策、运营管理、运营效益等关键环节的主要经验、教训等。

③ 根据评价结论，对不同的项目管理层级分别提出对应的管理和改进建议，用于改进和完善今后的股权投资项目管理。

（三）股权投资项目效益评价

股权投资项目效益评价通常采用"1+X"体系，"1"为投资项目的资本金内部收益率；"X"为其他辅助指标，其中控股股权投资项目通常采用平均净资产收益率，参股股权投资项目通常采用市净率。

1. 资本金内部收益率

资本金内部收益率是对某一确定的项目方案，从项目资本金的角度出发对整个项目的盈利能力进行评价，是资本金在项目内部的投资回报指标。股权投资项目整个经营期内资本金内部收益率标准应不低于集团统一规定。

2. "X" 辅助指标

一是控股股权投资项目。增资项目增资后三年内平均净资产收益率要满足集团统一要求；新设、并购项目投资后五年内平均净资产收益率原则上不低于行业平均水平；特殊行业评价标准根据行业特点适当调整。

二是参股股权投资项目。参股股权投资项目目标公司的市净率应不低于同类机构或可比上市公司。

三是竞争力评价，主要通过项目的行业综合排名和监管评级水平来反映。其中：增资项目的行业综合排名和监管评级原则上应在五年内达到行业领先水平；新设、并购项目的行业综合排名、监管评级原则上应在五年内达到行业中等水平。

（四）股权投资风险管理评价

在股权投资绩效审计中，要关注股权投资政策、法律、市场、合规管理、公司治理、交易、经营、退出等风险管理情况。

（1）政策风险：投资行为是否符合国家宏观政策导向和产业发展规划。

（2）法律风险：投资行为是否满足或符合国家法律法规要求，是否针对可能存在的风险制定风险控制和救济方案。

（3）市场风险：投资领域市场风险程度及水平是否可控及在控。

（4）合规管理风险：投资行为是否符合监管部门行政许可事项管理要求和窗口指导意见。

（5）公司治理风险：拟投资标的公司治理架构安排是否合理，是否有助于维护公司利益。

（6）交易风险：合作方股东是否具有良好的资信及投资实力，能否为标的公司提供良好的资源及业务支持。

（7）经营风险：经营期内对标的公司完成经营目标的影响和制约因素。

（8）退出风险：是否具有完善的退出保障机制。

第8节　股权投资项目绩效审计方法

股权投资项目绩效审计除可采用审阅、访谈、抽样调查、观察、分析、问题解析法、碰头会、绘制结构关系图等方法，还可采用数量分析法、比较分析法、因素分析法、量本利分析法、专题讨论会、标杆法、成本效益（效果）分析法、目标成果法、公众评价法等。

第9节　股权投资项目绩效审计结果

股权投资项目绩效审计报告框架、撰写路径、质量标准，以及质量控制程序与其他绩效审计类似，此处不赘述。股权投资项目绩效审计报告框架如下。

（1）项目概况。此部分主要包括项目基本情况、项目决策理由与目标、项目尽职调查与可行性论证、项目决策审批、项目合同或协议签订与履行、公司法人治理、战略协同等情况。

（2）审计评价。此部分主要包括项目前期决策总结与评价、项目实施总结与评价、项目运营总结与评价、项目效果和效益评价、项目目标和可持续性评价及综合评价结论。

（3）审计发现的主要问题。主要涉及以下方面。

① 项目前期决策方面。

② 项目实施管理方面。

③ 项目效益实现方面。

（4）审计意见与建议。

第 10 节　股权投资项目绩效审计案例

一、股权投资项目绩效审计案例一

（一）案例背景

根据三泰集团公司年度审计工作计划，审计组依据国有企业投资监督管理暂行办法、国有企业内部审计监督管理办法、集团公司内部审计规定及集团公司有关股权投资项目管理要求，对三泰恒天股权并购项目实施了绩效审计。

本次绩效审计的目的在于通过对项目实施过程和实施结果进行系统调查和全面审计，找出项目实际与项目决策时相关指标的变化和差异，并分析原因，总结经验与教训，提出对策建议，以改善投资管理，提高决策水平。

（二）审计结论

三泰恒天股权投资项目积极落实三泰集团董事会决议精神，有序开展各项工作，确保投资决策执行；三泰恒天持续建立健全法人治理结构，积极落实股权转让协议约定的考核期内相关事项，确保项目正常运营。三泰恒天股权投资项目的实施为集团公司在区域市场的影响力和后续拓展产生了促进作用；三泰集团依据其在区域市场良好的品牌与项目执行能力，丰富了公司的投资团队建设，扩大了公司的运营规模，履行了社会责任，实现了环保效益及社会效益。

（三）审计发现的主要问题

1. 项目前期决策方面

项目前期决策方面的问题主要表现为股权投资管理制度不完善；项目前期估值测算

不严谨，造成股权价值受损。例如，项目估值中对运营管理费用估算不完整，未合理考虑内部借款资金成本，项目投资成本预算存在缺项、漏项，改扩建整体支出金额预计不足，可行性研究报告对项目存在的问题与风险揭示不全面等问题。

2. 项目实施过程方面

项目实施过程方面的问题主要表现为合同或协议约定关键事项未落实，阶段性考核未履行报告报批程序；项目法人治理、重大决策、组织管理等内部控制体系不健全；运营管理制度更新不及时，未能与集团公司形成协同效应；物资采购应招标未招标，未按照评标结果确定中标人；合同签订授权委托不充分，运营资产未参保，不利于风险转移；已完工投入使用资产未办理验收备案；因安全、环保、消防等合规风险产生非经营性支出；所属企业管控不到位产生违法违纪行为损害企业形象。

3. 项目运营效益方面

项目运营效益方面的问题主要表现为项目前期投资测算收入预测过于乐观，更新改造成本预计不足，新拓展项目入不敷出，产品价格调整未获地方有权部门审批通过，委托运营合同未签订影响收入实现等。

（四）审计意见与建议

1. 对投资主体的建议

一是建议建立健全股权投资并购决策、实施与监督制度，明确对赌模式并购投资项目在收购协议条款、战略管理、法人治理、组织架构、制度建设、人力资源等方面的风险管控方式，加强对赌期内被并购企业的日常监督与专项监督，以保证对赌指标按时完成，防范投资风险。

二是建议明晰标的企业并购后的战略功能定位及管控模式，规避同业竞争与区域管控冲突；充分评估双方股东的价值观与理念冲突，加强并购期初双方合作意图和诉求沟通，判断并购后是否具备长远发展的基础，以为并购后双方能够实现战略、经营、文化等有效协同奠定基础；增强战略执行定力及战略执行管控力度，以确保并购目的的达成。

三是客观准确评判工程开、竣工时间，产品价格调整等不确定性因素，合理设定交易期限，分析测算债务置换规模与偿还路径，明确规建要求，全面分析说明专业尽职调查所提示的问题与风险，并针对性提出风险防控措施等，严格落实重大投资决策研究并提出建议程序，提升决策效率与效果。

四是建议强化落实对外投资管理规则，着力落实新建工程前期筹建、工艺设计、工程承包、设备采购、施工安装等监督及管理工作职责，督促相关业务主体或项目公司落实年度经营目标责任与绩效考核规定，以做好投后管理。

2. 对项目公司的建议

一是建议认真分析总结未完成协议约定重大事项的原因，全力配合做好考核期结算方案落实并及时履行上报审批工作。

二是严格落实集团对外投资管理要求，认真做好法人治理、重大决策、考核管理、内部控制体系建设、人力资源管理等经营管理各项工作，提升经营效益，确保公司经营持续健康。

三是狠抓安全生产，切实做好环保安全、危险品管理、运营资产维护维修、保险购置风险转移等，及早办理产品价格调整，合理有效化解税务风险，积极妥善解决历史遗留问题，有效规避各类风险。

二、股权投资项目绩效审计案例二

（一）案例背景

根据三泰集团年度审计计划，依据中央企业投资监督管理暂行办法、集团公司投资管理暂行办法及内部审计准则等相关要求，三泰集团审计部、三泰恒天审计部及外部中介机构共同组成绩效审计工作小组，对三泰恒天增资并购目标公司投资项目进行了绩效审计。

本次绩效审计的目的是通过对项目决策、实施、监督与结果全过程进行系统审查和全面评估，找出项目实际与项目决策时确定的各项目标及行业指标的变化和差别，并分析原因，总结经验与教训，提出对策建议，以改善投资管理，提高决策水平。

本次绩效审计涉及的企业或部门主要包括与股权投资项目审批决策相关的三泰集团公司职能部门、投资主体三泰恒天公司，以及被并购企业目标公司；审计期间为自项目立项之日起至最近一个会计期间（月）；审计内容包括但不限于项目决策过程、项目实施情况、项目运营效益，以及项目全过程管理中重大经济事项的决策、实施与效果。

（二）审计结论

三泰恒天投资目标公司符合三泰集团总体的战略发展需要，目标公司定位于勘察设计、施工安装、投资运营等基础上的装备制造业，优势在于坚持设备化、标准化的发展战略和推广模式；三泰恒天投资目标公司标志着三泰集团将进入装备制造领域，对三泰集团全产业链战略、扩大市场占有率和增强品牌影响力起到积极的推动作用。

（三）审计发现的主要问题

1. 项目前期论证决策方面

一是尽职调查不全面。未对原股东的背景及资信能力进行充分调查；未对目标公司与人力资源相关的人力资源成本、社会保障、公积金缴纳及未来人力资源规划等开展尽职调查及未来预测；未充分揭示目标公司建造合同项目实施的合规性与效益性风险。

二是财务尽职调查不严谨。未全面完整获取目标公司投融资信息，尤其是与原股东关联交易；未对目标公司应收账款进行账龄分析，未对应收账款进行减值测试；未对目标公司市场销售、销售价格、销售政策进行深入分析与研判。

三是投资风险揭示不深入。未充分揭示目标公司盈利能力弱、两金占比高、资产变现能力弱、短贷长投等风险，未提出应对措施，未充分考虑预期效益难以实现风险所带来的潜在风险与影响；对目标公司未来盈利预测过于乐观。

2. 项目实施过程管理方面

一是并购协议执行不到位。并购协议缺少重大经营风险应对措施条款；提前支付股权转让款，未按并购协议约定对章程进行全面修订；未按协议约定对不良资产进行剥离；评估日至交割日前形成的损失未向原股东追偿；未办理法定代表人工商登记变更手续；未按协议约定解除股权转让风险。

二是对目标公司管控不到位。委派董事、监事及经营管理人员未实质参与目标公司的核心经营及业务管理，未建立执行有效的管控和激励机制，导致小股东侵占公司利益；重大投资未按协议约定办理验收、移交与投入运营等手续。

三是项目运营管理不规范。并购后目标公司战略规划、经营模式不清晰，重大资产闲置，产能过剩；未及时调整重大项目的商业经营模式；"三重一大"决策制度建设与执行不到位；会计信息不真实，多计或少计收入、成本，存货账实不符，虚假结算费用票据套取资金等。

四是风险事项未得到解决。主要涉及资产产权风险，如资产产权存在瑕疵，实际占用土地面积大于证载面积，重大资产设定抵押担保风险；工程施工合同存在经济诉讼法律纠纷风险。

3. 项目投资效益实现方面

一是并购项目总体未达到预期收益。并购后实际经营数据与投资预测经营数据对比结果显示，并购项目远未达成预期目标，近三年平均仅完成预测数据的三分之一，且近两年经营亏损，目标公司已资不抵债，存在持续性经营风险。

二是并购项目未能实现协同效应。目标公司尚未与三泰恒天达到有效协同、高度融合，战略协同、技术协同、管理协同、经营协同、市场协同、文化协同等不同角度协同效果和效益未能得到有效发挥，未能实现优势互补，未能达到预期效果。

（四）审计意见与建议

1. 对三泰恒天的建议

一是审慎研究调整并购战略，努力提升投资效益水平。审慎评估目标公司市场领先优势、业务收入及利润增长趋势，妥善解决低效资产、问题项目、无效公司、关联方借款处置问题。必要时可出让或减持目标公司股权，最大限度减少投资损失。

二是充分发挥资源管理优势，着力加强目标公司管控。加强对被并购公司管控，派员实质参与被并购公司的核心经营及业务管理，建立执行管控、考核与激励机制，加大被并购公司管理层的改造，完善内部控制制度，建立同一集团下公司间协同机制，防范被并购公司投资经营损失风险。

三是规范完善前期尽职调查，强化风险揭示决策落实。在今后的投资并购中，应在开展法律、财务尽职调查的同时，关注人力资源现状，交易对手的背景及资信状况、经营状况、组织架构，重大项目的合规性与效益性风险；细化深入财务分析，充分揭示财务、经营风险，审慎做出盈利预测。

2. 对目标公司的建议

一是落实转让协议约定事项，确保经营合法规范。建议明确及时修订公司章程，对不良资产实施剥离，对交割日前所形成的损失向原股东进行追索。

二是切实加强生产经营管理，最大限度减少亏损。建议明确公司发展战略，盘活重大闲置资产，调整重大项目商业经营模式，建立健全董事会、总经理办公会议事规则，明确重大事项决策程序；规范完善财务、资金、项目、费用核算及管理，真实反映公司财务状况及经营成果；加大市场开拓，提升公司经营效益。

三是努力化解各类内外风险，保障公司健康持续经营。有效化解协议约定股权转让限制性条款，释放股权转让风险，解决资产产权及抵押担保风险，积极应诉，减少诉讼损失。

三、股权投资项目绩效审计案例三

（一）案例背景

根据三泰集团年度审计工作计划，三泰集团审计部组成绩效审计工作组，对三泰恒业股权投资并购目标公司实施了绩效审计。

本次审计是依据《中华人民共和国审计法》《国务院关于加强审计工作的意见》《第 2202 号内部审计具体准则——绩效审计》及国有企业投资监督管理暂行办法等进行的。

本次审计期间为自项目立项之日起至最近一个会计期间（月），审计内容主要包括集团管控，以及三泰恒业投资目标公司的决策、实施、效益、监督与考核等情况，重点关注投资决策程序是否规范、投资管控是否到位、是否实现预期效果，为规范与提升三泰恒业股权投资项目管控提供建议。

（二）审计结论

审计结果表明，三泰恒业股权投资并购目标公司符合三泰集团总体发展战略，投资决策程序基本规范，投资管控基本到位，初步完成全国范围内商业布局；截至最近一个会计期间，三泰恒业投资回报率为 15.41%，达成预期投资规划目标；三泰恒业利用目标公司商业地产平台实现产业协同价值，目标公司通过重资产模式进行快速扩张，规模扩张速度处于行业领先地位,开业门店数量已位居行业第一,商业品牌已得到业界认可,产生了较好的社会效益;此项目的实施使得三泰恒业在商业地产运营管理方面积累了更为丰富的管理经验,培养了一支专业化人才队伍。

(三)审计发现的主要问题

1. 战略规划目标实现方面

三泰恒业战略规划目标为完成全国范围内商业布局,快速提升三泰恒业商业运营能力和管理水平,推进三泰恒业商业模式持续优化升级,推动实现从项目布局多到经营效益好的转变。三泰恒业股权投资战略规划目标尚未得到有效实现,应进一步发挥战略引领作用。

从战略执行结果来看,三泰恒业项目投资数量与规模持续加大,但项目投运数量较规划目标略有迟缓,全国范围内商业布局尚未达成规划目标,资产负债率、投资回报率、收入增长率等与规划目标存在差距,高质量发展战略需持续推进。

2. 资本市场融资能力方面

三泰恒业股权并购目标公司虽通过收购搭建了资本市场股权融资平台,但融资能力、融资平台作用发挥不足。新增商业地产开发项目均处于开发培育期,不具备估值增值能力,股价持续下跌,目标公司快速扩张资金主要源于债务性融资,资本市场股权融资功能发挥不足,偿债压力较大。

3. 股权投资项目管控方面

三泰恒业对目标公司的运营策划环节管控不到位,审计期内10个新建项目存在4个项目未按规定编制运营策划书的情况,未按协议约定收取目标公司管理费用,对目标公司融资债券发行事项决策程序滞后。

4. 股权投资项目效果方面

目标公司部分区域项目未实现预期收益;某区域项目产权车位去化率较低,未能有效盘活项目资金资产;某区域项目投资的娱乐项目投资效果未实现;目标公司行业引领作用、品牌市场声誉和影响力有待提升。

(四)审计意见与建议

1. 对三泰集团的建议

建议三泰集团,加强顶层设计,立足产业布局和结构调整,结合"去地产化"趋势背景,统筹谋划目标公司商业地产平台的战略定位、商业模式及转型发展方向,推动目标公司可持续高质量发展。

2. 对三泰恒业的建议

建议三泰恒业:一是加强对目标公司的战略引领作用,合理把控投资节奏,适度发展,以稳致远,做好轻重资产规划,降低重资产比例;二是关注目标公司股价运行情况,发挥资本市场融资平台作用;三是加强对目标公司的投资管控,进行事前、事中、事后全方位的内部监督检查和考核管理。

3. 对目标公司的建议

建议目标公司：一是加强对投资项目的可行性研究论证和运营策划，强化风险意识，严控资产负债率，减少有息负债，压缩利息支出，压减企业户数；二是以项目运营为根基，进一步提升运营质量，提高运营效益，增强经营性现金回流，保持营业利润的稳健增长，积蓄高质量发展新动能；三是充分利用行业协会平台，提升行业话语权，维护和提升三泰品牌影响力。

四、股权投资项目绩效审计常见问题

（一）项目前期决策论证方面

（1）未按规定编制年度股权投资计划。

（2）股权投资项目偏离国家有关规划和产业政策。

（3）股权投资项目不符合企业布局和结构调整方向。

（4）股权投资项目不符合集团公司战略规划。

（5）未按规定开展尽职调查，或尽职调查未进行风险分析等，存在重大疏漏。

（6）未按规定履行决策和审批程序，决策未充分考虑重大风险因素，未制定风险防范预案。

（7）对外并购项目前期论证和产业趋势研判不充分，股权投资项目决策程序倒置。

（8）股权投资监管体系不健全、制度不完善或未得到有效执行。

（9）并购高资产溢价、高负债企业。

（10）实施虽符合主业但只扩大规模、不提高竞争力的并购项目。

（11）非主业股权投资项目未专项报经审核批准。

（12）违反规定开展列入负面清单的投资项目。

① 禁止类。

A. 不符合国家产业政策的投资项目。

B. 未按规定履行政府审批程序的投资项目。

C. 不符合经国资委审核的企业发展战略和规划的投资项目。

D. 不符合企业投资决策程序和管理制度的投资项目。

E. 未明确融资、投资、管理、退出方式和相关责任人的投资项目。

F. 项目资本金低于国家相关规定要求的投资项目。

G. 非主业投资超过国资委认定的非主业投资比例的投资项目。

H. 投资预期收益低于 5 年期国债利率的商业性投资项目。

I. 国资委债务风险管控企业推高企业负债率的投资项目。

J. 非房地产主业中央企业新购土地开展的商业性房地产投资项目。

② 特别监管类。

A. 未纳入年度投资计划的非主业投资项目。

B. 单项投资额大于中央企业合并报表净资产 50% 的投资项目。

（二）项目实施过程管理方面

（1）财务审计、资产评估或估值违反相关规定。

（2）投资并购过程中授意、指使中介机构或有关单位出具虚假报告。

（3）违反规定以各种形式为其他合资合作方提供垫资，或通过高溢价并购等手段向关联方输送利益。

（4）投资合同、协议及标的企业公司章程等法律文件中存在有损国有权益的条款，致使对标的企业管理失控。

（5）违反合同约定提前支付并购价款。

（6）投资并购后未按有关工作方案开展整合，致使对标的企业管理失控。

（7）投资参股后未行使相应股东权利，发生重大变化未及时采取止损措施。

（8）股权投资协议签订与履行不到位。

（9）股权投资会计核算确认与计量不准确。

（10）未定期对股权投资进行评估减值测试。

（11）股权投资收益核算不准确，确认不及时。

（12）股权投资投后管理不到位。

（13）未按规定开展股权投资项目后评价工作。

（14）对违规经营投资情形未实施责任追究。

（三）项目实施效益实现方面

（1）股权投资项目原定任务与绩效目标未达成。

（2）未根据内外部环境变化或政策影响对股权投资项目绩效目标进行调整。

（3）未实现股权投资项目预期产出数量、质量、时效等目标。

（4）未实现股权投资项目预期经济效益、社会效益，不具有可持续性。

（5）股权投资项目形成的重大资产存在闲置、浪费等。

（6）股权投资项目未能实现协同效应。

五、股权投资项目绩效审计思考

（一）围绕绩效审计目标，坚持绩效审计工作原则

股权投资项目绩效审计就是要围绕项目决策、实施、效益、监督与考核等全过程，

坚持全面性、重点性、客观性原则，业务领域要涵盖业务全流程及重点环节，要以股权投资的经济性、效率性、效益性评价为重点，要对投资论证决策指标、战略规划指标、年度经营目标、历年考核结果等数据进行基础审核，全面审慎分析揭示问题与风险。

（二）重在总结经验教训，用以规范指导新增投资

股权投资项目绩效审计的核心价值，除了真实性、合规性、经济性、效率性、效益性审计评价外，还应注重"总结过去、完善现在、指导未来"，应将股权投资项目中的经验与教训予以总结，对问题产生的原因深度分析，以应用于规范和提升未来同类投资项目的决策质量，逐渐积累和建立投资相关数据库，通过对标管理逐步提高项目的精细化管理水平。

（三）综合运用审计评价方法，确保审计结论客观公正

股权投资项目在其全生命周期中涉及国家有关部门、集团公司投资决策层、投资主体公司决策层及业务部门、投资管理部门、监督部门及项目公司，项目各方责权不同、利益交错，对同一事项的观点均存在较大差异。独立、客观、真实、公正的审计结论的形成，需要综合运用各种审计方法，相互印证，以确保审计依据准确、结论适当，用数据说话、用事实说话、用现场发现说话，始终做到论从事出、以事立论。

（四）组建多元专家团队，严格审计项目质量控制

股权投资项目绩效审计涉及战略规划、投资决策、尽职调查、专项审计、合同或协议、运营管理、效益测算、可持续分析等多个管理领域，对其开展综合评价需要审计人员具有丰富的知识与实践经验，只有清楚每项工作正确合规的做法是什么、优秀企业是如何做的、被审计项目实际是怎么做的，才能形成客观公正的评价意见，才能提出有效可行的对策和改进建议。

第 6 章

境外国有资产绩效审计实务指南

第 1 节　境外国有资产绩效审计概念

一、境外国有资产的概念

境外国有资产是指我国企业、事业单位和各级人民政府及政府有关部门等境内投资者以国有资产在我国境外，以及香港特别行政区、澳门特别行政区和台湾地区依据当地法律投资设立的各类企业和非经营性机构中应属国有的各项资产。

二、境外国有资产的表现形式

一是境内投资者向境外投资设立独资、合资、合作企业或购买股票（或股权），以及境外机构在境外再投资形成的资本及其权益。

二是境内投资者及其境外派出单位在境外投资设立非经营性机构（包括使馆、领事馆、记者站、各种办事处、代表处等）所形成的国有资产。

三是境内投资者在境外以个人名义持有的国有股权及物业产权。

四是境外机构中应属国家所有的无形资产。

五是境外机构依法接受的赠予、赞助和经依法判决、裁决而取得的应属国家所有的资产。

六是境外其他应属国家所有的资产。

另外，境内投资者以独立方式承揽或以联营或合作方式承揽的各类境外工程项目，以及从其他单位分包的各类境外工程项目亦涉及境外国有资产管理。

三、境外国有资产的管理要求

根据国家有关境外国有资产管理规定，境外国有资产管理包括但不限于境外国有资产经营管理、基础管理、绩效管理、监督管理等。

（1）境外国有资产经营管理，主要包括境外投资资质审查和规模准入、境外企业内部控制和风险防范机制，境外投资事前、事中、事后等全过程管理，境外企业重大经营事项管理、境外企业或机构资金管理、境外国有资产安全有效使用和保值增值管理、境外企业收益管理，以及对境外企业突发事件的处理、处置等。

（2）境外国有资产基础管理，主要包括境外国有资产产权登记、资产统计、清产核资、资产评估等基础管理工作。

（3）境外国有资产绩效管理。境内投资者应按照国家有关规定组织实施境外企业国有资产绩效管理，从总体上考核境外国有资产经营效率、效益与效果，对境外非经营性国有资产完好性和使用效率进行考核等。

（4）境外国有资产监督管理。境内投资者及境外企业或机构应加强对境外企业经营管理、内部控制、会计信息，以及国有资产运营等监督检查，开展任期及离任经济责任审计；对境外企业违规经营投资产生资产损失或不良后果的，开展责任追究等。

四、境外国有资产绩效审计

境外国有资产绩效审计是指审计机构或部门对境外国有资产内部控制与风险防控机制建设，以及境外投资管理、境外企业管理、境外企业重大事项管理、境外国有资产监督管理的经济性、效率性、效果性进行审计；重点对境外国有资产绩效目标与实际结果进行对比，找出差异，分析原因，总结经验与教训，提出对策建议，以加强境外国有资产管理，规范境外企业经营行为，维护境外国有资产权益，防止国有资产流失。

第 2 节　境外国有资产绩效审计目标

一、境外国有资产管理绩效审计目标

境外国有资产管理绩效审计目标，即通过对境外国有资产管理相关内部控制制度体系建设，境外国有资产经营管理、产权管理、绩效管理、监督管理等进行审计并出具绩效审计报告，揭示境外国有资产管理制度与执行中影响境外国有资产管理绩效的问题与风险，分析影响绩效实现的因素与原因，提出改善意见与建议，提升境外国有资产管理水平。

二、境外投资绩效审计目标

境外投资绩效审计目标，即通过对境外固定资产投资或股权投资相关内部控制制度体系建设，境外投资事前、事中、事后及风险管理等进行审计并出具绩效审计报告，揭示境外投资决策、实施、监督等全过程管理及影响投资效益的问题与风险，分析影响效益实现的因素与原因，提出改善意见与建议，提升企业境外投资监督管理，推动提升国际化经营水平。

三、境外承包工程绩效审计目标

境外承包工程绩效审计目标，即通过对境外承包工程全过程，包括但不限于投标管理、合同管理、项目履约、项目验收、项目结算等全流程管理的规范性与有效性进行审计并出具绩效审计报告，揭示境外承包工程中存在的问题与风险，分析影响绩效实现的因素与原因，提出改善意见与建议，提升境外承包工程管理水平。

第 3 节　境外国有资产绩效审计依据

一、境外国有资产绩效审计法规依据

境外国有资产绩效审计法规依据如下。

（1）国家相关的法律、行政法规和规章制度。

（2）国家制定的有关国民经济发展的方针政策。

（3）《中华人民共和国审计法》。

（4）《关于深入推进审计全覆盖的实施意见》。

（5）《企业境外投资管理办法》。

（6）《中央企业境外国有资产监督管理暂行办法》。

（7）《中央企业境外国有产权管理暂行办法》。

（8）《企业境外经营合规管理指引》。

（9）企业境外投资年度工作计划。

（10）企业境外投资项目负面清单。

（11）其他相关材料。

二、境外固定资产投资绩效审计相关依据

境外固定资产投资绩效审计相关依据如下。

（1）项目可行性研究报告及批复文件。

（2）项目初步设计及概算批复和调整批复文件。

（3）历年资金预算下达文件。

（4）项目所在国或地区报批报建资料。

（5）项目施工、采购、服务等招投标文件、合同、结算资料。

（6）项目决策、实施与监督管理相关内部控制制度。

（7）与项目决策、实施与监督管理相关的会议记录、纪要。

（8）项目竣工决算报表及说明书。

（9）项目工程竣工验收及专项验收报告。

（10）历年监督检查、审计意见及整改报告。

（11）其他项目相关资料。

三、境外股权投资绩效审计相关依据

境外股权投资绩效审计相关依据如下。

（1）项目立项申请及批复文件。

（2）项目尽职调查报告。

（3）项目审计报告及法定财务报表。

（4）项目资产评估报告和资产评估备案表。

（5）项目可行性研究报告及批复文件。

（6）项目实施有关合同协议。

（7）项目法律意见书。

（8）项目公司注册登记证明。

（9）项目国有产权登记证。

（10）项目相关决策机构议案及决议。

（11）项目投后运营、管理、财务资料。

（12）其他与项目绩效审计相关的资料。

四、境外承包工程绩效审计相关依据

境外承包工程绩效审计相关依据如下。

（1）境外承包工程项目立项决策审批资料。

（2）境外承包工程项目招投标文件资料。

（3）境外承包工程项目组织管理资料。

（4）境外承包工程项目合同签订与履行资料。

（5）境外承包工程项目进度、成本、安全控制资料。

（6）境外承包工程项目完工验收与结、决算资料。

（7）境外承包工程项目财务核算资料。

（8）其他与境外承包工程项目绩效审计相关的资料。

第 4 节　境外国有资产绩效审计内容

一、境外国有资产管理绩效审计

境外国有资产管理绩效审计主要包括但不限于境内投资者在境外以境外股权投资、境外固定资产投资、境外承包工程、设立境外代表处（分公司、办事处）等各种形式形成的境外国有资产管理的规范性与有效性。

二、境外投资全过程管理绩效审计

境外投资全过程管理绩效审计主要包括但不限于境外投资监管体系建设审计，境外投资事前管理审计、事中管理审计、事后管理审计、风险管理审计，以及境外投资责任追究管理审计等。

三、境外经营投资责任追究情形

境外国有资产管理审计中应重点关注境外经营投资中是否存在因未履行或未正确履行投资管理职责造成国有资产损失，以及其他严重不良后果的情况，如有，是否依照国家有关规定实施责任追究。重点揭示是否存在以下境外经营投资方面的责任追究情形。

（1）未按规定建立企业境外投资管理相关制度，导致境外投资管控缺失。

（2）开展列入负面清单禁止类的境外投资项目。

（3）违反规定从事非主业投资或开展列入负面清单特别监管类的境外投资项目。

（4）未按规定进行风险评估并采取有效风险防控措施对外投资或承揽境外项目。

（5）违反规定采取不当经营行为，以及不顾成本和代价进行恶性竞争。

（6）违反其他有关规定或存在国家明令禁止的其他境外经营投资行为的。

第5节　境外国有资产绩效审计指标

一、境外国有资产管理的规范性与有效性

境外国有资产管理的规范性与有效性审计指标主要如下。

（1）境外股权投资企业国有资产管理是否规范、有效，是否有效贯彻落实境内及所在国或地区法规政策，依法合规经营。

（2）境外股权投资法人治理、组织管理、人力资源管理、预决算管理、采购管理、生产管理、销售管理、资金管理、资产管理、合同管理、利润分配、内部监督及绩效考核等内部控制、风险管控是否到位。

（3）境外企业重大事项、重大国有资产产权变化、突发事件等是否按规定及时上报，是否有效实现投资效益与并购协同。

（4）境外固定资产投资项目国有资产管理是否规范、有效，是否严格遵循境内及所在国或地区固定资产投资法规政策，依法合规开展相关工作；固定资产投资项目决策、实施与效益全过程控制是否到位，项目质量、进度与效率、成本及效益等是否达到控制要求；投资运营管理是否规范，投资项目各项指标是否达成预期目标，是否实现投资效益最大化。

二、境外投资管理的规范性与有效性

境外投资管理的规范性与有效性审计指标主要如下。

（1）境外投资管理制度体系是否健全并得到了有效执行。

（2）境外投资事前管理项目融资、投资、管理、退出全过程研究论证是否全面深入，决策程序是否规范。

（3）境外投资事中管理是否规范，过程监控是否到位，是否建立执行境外投资项目阶段性评价和过程问责制度。

（4）境外投资投后法人治理、经营管理等是否到位，是否建立执行境外投资报告、

后评价与审计监督制度。

（5）境外投资风险管控是否到位，是否建立执行境外投资风险管理制度。

（6）对于违反国家有关规定，未履行或未正确履行境外投资管理职责造成国有资产损失及其他严重不良后果的，是否落实责任追究。

三、境外承包工程项目的规范性与有效性

境外承包工程项目的规范性与有效性审计指标主要如下。

（1）境外承包工程项目是否严格遵循境内及所在国或地区法规政策，依法合规开展项目实施。

（2）境外承包工程项目前期论证、投标中标、项目实施、完工交付等全过程管理是否规范，是否合理有效配置生产要素。

（3）境外承包工程项目是否建立健全内部管理体制，规范项目实施，实现工程项目经济效益最大化。

四、境外非经营性机构管理的规范性与有效性

境外非经营性机构管理的规范与有效性审计指标主要如下。

（1）境外非经营性机构国有资产管理是否严格遵循境内及所在国或地区法规政策进行管理。

（2）境外非经营性机构是否严格落实组织管理、人力资源管理、预算管理、资产管理、费用支出管理、信息沟通管理等各项管理的政策与要求，有效履行境外非经营性机构职责，保证国有资产不受损失。

五、境外非控制类投资国有资产管理的规范性与有效性

境外非控制类投资国有资产管理的规范性与有效性审计指标如下。

（1）境内投资者在中国境外依法采用参股、合资、合作、购买股票（或股权）等方式所形成的国有资产是否安全、完整。

（2）境外非控制类投资参股投资决策审计是否规范，是否建立健全参股股权内部控制制度，是否严把主业投资方向，对合作对象甄选是否严格，参股方式确定是否合理，审核决策机制是否完善。

（3）境外参股股权管理是否规范，是否依据公司章程约定有效行使股东权利，是否定期对参股的国有权益进行清查，是否通过合理运用增持、减持或退出等方式提高国有资本配置效率。

（4）境内投资者是否按规定及时掌握参股企业财务数据和经营情况，是否及时办理参股股权的产权占有、变动、注销等相关登记手续。

第6节　境外国有资产绩效审计重点

一、境外投资全过程管理审计

（一）境外投资内部控制制度审计

境外投资内部控制制度审计重点如下。

（1）是否按照国家有关规定建立执行境外投资战略规划、公司治理、组织管理、业务流程管理等制度体系，境外投资原则、流程、决策程序、决策机构及其职责是否明确。

（2）是否建立执行境外投资项目负面清单制度，境外投资信息化、风险管控体系是否完善。

（3）是否建立执行境外投资完成、中止、终止或退出制度，以及后评价、违规投资责任追究与所属各级子企业境外投资授权、监督与管理制度。

（二）境外投资事前管理审计

境外投资事前管理审计重点如下。

（1）审查境外投资战略规划情况。重点关注国际化经营规划是否清晰，中长期国际化经营的重点区域、重点领域和重点项目是否明确。

（2）审查境外投资计划编制情况。重点关注是否存在列入境外投资项目负面清单（禁止类与特别监管类）的项目，以及非主业投资，如存在，是否按规定履行内部决策程序并报经国资委审核把关程序。重点关注是否存在以下负面清单项目：

①未按规定履行完成必要的审批程序的境外投资项目；

②不符合经国资委审核的企业发展战略和规划的境外投资项目；

③不符合企业投资决策程序和管理制度的境外投资项目；

④投资预期收益率低于投资所在国或地区10年期国债利率的商业性境外投资项目；

⑤项目资本金低于国家或地区相关规定的境外投资项目；

⑥单项投资额大于中央企业合并报表净资产50%的境外投资项目；

⑦未明确融资、投资、管理、退出方式和相关责任人的境外投资项目；

⑧国资委债务风险管控企业推高企业负债率的境外投资项目；

⑨国资委债务风险管控"特别监管企业"的境外投资项目；

⑩投资额在 20 亿美元（含）以上的境外特别重大投资项目。

（3）审查境外投资项目融资、投资、管理、退出全过程的研究论证是否全面深入；股权类投资项目尽职调查、资产评估或估值等程序是否到位；境外投资决策机制是否健全，决策文件、决策记录、决算签字背书及档案管理是否规范。具体如下。

①境外固定资产投资重点关注境内外有关固定资产投资决策程序是否规范，可行性论证、初步设计概算论证是否充分，所在国或地区安全、环保、消防等审批程序是否完备等。

②境外股权投资重点关注投资并购的战略规划与发展目标，股权投资并购动因、并购目标、标的企业发现及确定过程，尽职调查、财务审计、企业估值主要依据及结论，可行性研究及风险分析与应对预案、决策过程、报批及批准，投资交易架构、投资对价及融资、资产交割审计及过渡期损益安排、或有负债相关约定等是否规范。

（4）审查收购、兼并境外上市公司及重大境外出资行为是否依法履行上报国资委备案或核准程序；以非货币性资产向境外出资的，是否依法进行资产评估并按照有关规定备案或者核准；是否存在未经审批设立承担无限责任的经营实体情况。

（5）审查离岸公司管理情况。重点关注是否建立健全离岸公司管理制度，规范离岸公司设立程序，加强离岸公司资金管理；新设离岸公司的是否向国资委报告；对于已无存续必要的离岸公司，是否依法办理了注销手续。

（三）境外投资事中管理审计

境外投资事中管理审计重点如下。

（1）审查集团所属企业是否依法制定或者参与制定出资境外企业章程，切实履行对境外投资资产收益、参与重大决策和选择管理者等出资人权利，是否依法参与其出资的境外参股、联营、合作企业重大事项管理等。

（2）审查企业是否定期对实施、运营中的境外投资项目进行跟踪分析，并针对外部环境和项目本身情况变化，及时进行再决策。

（3）审查对出现重大不利变化影响投资目的的项目，是否及时研究启动中止、终止或退出机制；对因境外重大投资项目再决策而影响年度投资计划的，是否调整上报年度投资计划。

（4）审查企业是否建立境外投资项目阶段评价和过程问责制度，对境外重大投资项目的阶段性进展情况开展评价，发现问题，及时调整，对违规违纪行为实施全程追责，加强过程管控。

（5）审查境外国有资产产权登记、变更等各类程序是否规范，境内外国有产权注资或转让是否依法开展资产评估及办理评估备案或者核准手续；境外国有产权转让，是否通过多方比选意向受让方，或国有产权转让交易机构挂牌交易；境外国有产权转让价款支付是否符合产权转让合同约定，是否按照原则一次付清；对于确需采取分期付款的，受让方是否提供合法的担保；境外国有产权管理基础工作是否规范。

（四）境外投资事后管理审计

境外投资事后管理审计重点如下。

（1）审查境外投资报告制度执行情况。重点关注企业是否按规定编制并上报年度境外投资完成情况报告。

（2）审查境外投资后评价与审计情况。重点关注境外重大投资项目是否及时开展后评价并形成后评价专项报告；是否对境外重大投资项目开展常态化审计。

（3）审查境外投资考核评价情况。重点关注各级子企业是否加强对境外投资企业中方负责人的考核评价，开展任期及离任经济责任审计并出具审计报告。

（4）审查境外投资事后管控措施安排及效果情况。

①重点关注并购后标的公司法人治理结构变化、主要管控措施、与股比相对应的控制力实现路径、主要派出管理团队及原经营管理团队情况、投资后主要整合举措及效果、协同效应发挥情况等。

②重点关注境外投资预算考核方面，包括预算依据、预算执行、预算考核及考核奖惩安排实施情况等，通过收入、利润等主要预算指标分析，同比并购商业计划书或盈利预测情况、年度预算情况、年度实现情况等数据，对差异进行原因分析。

③重点关注投资效果分析及后续安排，审查经济目标及战略层面等各项目标是否实现、投资效果未达到预期的原因分析，根据投资决策前后两段时间外部市场环境变化对并购企业产生的影响进行客观分析；分析是否存在已发生或已发现的投资前未预计出的问题、风险及重大困难，以及投资后续安排，未来发展面临的主要问题与风险及措施落实情况，投资股权持有变动计划安排情况，投资退出或投资借款资金偿还面临的主要问题及预案等。

二、境外投资全过程风险管控审计

境外投资全过程风险管控审计重点如下。

（1）审查境外投资风险管理是否纳入企业投资风险管理体系，是否依据投资项目执行的不同阶段或者按照风险类型来制定和完善境外投资风险管理体系和制度体系，包括建立投资区域风险库、投资风险案例库和投资业务风险库等。

（2）审查是否建立执行境外重大投资项目投资决策前风险评估制度，对投资所在国或地区政治、经济、社会、文化、市场、法律、政策等风险做全面评估；投资内容为高风险的投资，是否建立责任制度。

（3）审查是否定期开展境外投资前期风险评估和风控预案制定，项目实施过程风险监控、预警和处置，防范投资后项目运营、整合风险，做好项目退出的时点与方式安排；是否全面客观评估企业投资能力与水平，是否存在因境外投资而推高了企业资产负债率水平的情况。

（4）审查境外投资安全风险防范情况。审查是否建立与加强与国家发展改革委、商务部、国家外汇管理局和我国驻外使（领）馆的联系，建立协调统一、科学规范的安全风险评估、监测预警和应急处置体系，有效防范和应对项目面临的系统性风险。

（5）审查境外投资全生命周期风险管控机制建立情况。审查是否通过有效的风险评估、风险应急及风险规避等措施保证境外投资保值增值；是否通过完善境外投资项目全生命周期的风险管控机制，提升境外投资风险防范能力。

（6）审查境外投资风险转移情况。审查是否充分利用政策性出口信用保险和商业保险，将保险嵌入企业风险管理机制，按照国际通行规则实施联合保险和再保险，减少风险发生所带来的损失。

（7）审查境外投资风险评估情况。审查是否在投资前期对投资所在国或地区相关基础设施、法律、政治、民情、环保、社区关系、经济增长前景、金融环境、外商投资和税收政策稳定性、物价波动、收入和盈利大幅波动或不可持续、大额资产减值风险、或有负债、大额营运资金补充需求、高负债投资项目等影响投资目标实现的因素进行充分调研，全面揭示投资或承揽项目风险信息，为决策提供有价值的参考依据。

三、境外投资管理责任追究审计

境外投资管理责任追究审计应重点关注企业对违反国家有关规定，未履行或未正确履行境外投资管理职责造成国有资产损失及其他严重不良后果的，是否建立执行违规经营投资责任追究制度。

四、境外国有资产管理审计

（一）境外股权投资资产管理审计

境外股权投资资产管理审计重点如下。

（1）审查境外股权投资企业管理制度建立情况。重点关注企业是否建立健全完善法人治理结构，健全资产分类管理制度和内部控制机制，定期开展资产清查，加强风险管理。

（2）审查境外股权投资企业治理模式及治理效果，特别是贯彻落实国家政策和公司股东会、董事会（管理委员会）、监事会有关重大决策部署情况。

（3）审查境外股权投资企业预算执行情况。重点关注企业是否严格执行经股东

（大）会、董事会或章程规定的相关权力机构审议通过的年度预算方案，加强成本费用管理，严格控制预算外支出。

（4）审查境外股权投资企业重大合同签订与执行情况。重点关注企业是否建立健全法律风险防范机制，严格执行重大决策、合同的审核与管理程序。

（5）审查境外股权投资企业融资情况。重点关注企业是否严格遵循上级部门确定的融资规模及权限，是否考虑筹融资所在国或地区的政治、法律、汇率、利率、环保、信息安全等风险，以及财务风险等因素；非金融类境外企业是否存在为系统之外的企业或个人进行任何形式的融资、拆借资金或者提供担保。

（6）审查境外股权投资企业资金使用情况。重点关注企业是否明确资金使用管理权限，严格执行企业主要负责人与财务负责人联签制度，大额资金调度是否符合审批程序和权限；境外企业是否存在以个人名义开设账户的情况；是否存在境外企业账户转借个人或者其他机构使用的情况。

（7）审查境外股权投资企业利润分配情况。重点关注企业是否按照法律、行政法规，以及国有资产监督管理有关规定和公司章程，在符合所在国或地区法律规定的条件下，及时、足额向出资人分配利润；利润分配方案或者弥补亏损方案是否经过批准。

（8）审查境外股权投资企业财务核算管理情况。重点关注企业是否建立和完善会计核算制度，会计账簿及财务报告是否真实、完整、及时地反映企业经营成果、财务状况和资金收支情况；会计政策是否与境内出资方保持一致，如存在差异，是否逐级上报并审核备案；企业是否通过法定程序聘请具有资质的外部审计机构对年度财务报告进行审计并出具审计报告。

（9）审查境外股权投资企业重大事项管理报告、重大国有资产产权变化报告、突发事件报告情况等。

①审查重大事项管理报告情况。重点关注境外企业是否对包括但不限于以下事项按规定程序上报：注册资本增减变化；企业组织形式变化；预决算方案，重大投融资，对外担保、对外捐赠事项；重要资产处置、产权转让；开立、变更、撤销银行账户等重大事项。

②审查重大国有资产产权变化报告情况。重点关注境外企业转让国有资产，导致重要子企业由国有独资转为绝对控股、绝对控股转为相对控股或者失去控股地位的，是否按照有关规定报经国资委审核同意。

③审查突发事件报告情况。重点关注境外企业是否对包括但不限于以下事项及时履行上报程序：银行账户或者境外款项被冻结；开户银行或者存款所在的金融机构破产；重大资产损失；发生战争、重大自然灾害，重大群体性事件，以及危及人身或者财产安全的重大突发事件；受到所在国或地区监管部门处罚产生重大不良影响等重大影响事件。

（10）审查境外股权投资企业国有资产管理方面是否存在违规经营责任追究情况。重点关注境外企业是否违规为其所属系统之外的企业或者个人进行融资或者提供担保，出借银行账户；越权或者未按规定程序进行投资、调度和使用资金、处置资产；内部控制和风险防范是否存在严重缺陷；会计信息是否不真实，存有账外业务和账外资产；是否通过不正当交易转移利润；是否挪用或者截留应缴收益；是否未按规定及时报告重大事项。

（二）境外固定资产投资管理审计

境外固定资产投资管理审计重点为：审查境外固定资产投资项目是否严格执行国家及所在国或地区法规政策，建立健全法人责任制，严格落实招标投标制、合同制、工程监理制，强化进度、质量、投资控制，以有效防范风险，保证投资效益。具体包括但不限于以下内容。

（1）审查境外固定资产投资项目立项审批程序是否规范。重点关注前期可行性论证是否全面、真实、科学、完整，项目必要性、可行性、经济性、合理性等论证是否充分，项目决策、内外部审批程序是否规范到位。

（2）审查境外固定资产投资项目设计管理是否适当、合法和有效。重点关注勘察、设计资料依据是否充分、可靠，委托设计（勘察）、初步设计、施工图设计等各项管理活动是否真实、合法、有效。

（3）审查境外固定资产投资招投标管理是否适当、合法和有效。重点关注招投标资料依据是否充分、可靠，招投标程序及其结果是否真实、合法，以及工程发包是否合法、有效。

（4）审查境外固定资产投资项目合同管理是否适当、合法和有效。重点关注合同管理资料依据是否充分、可靠，合同的签订、履行、变更、终止等全过程管理是否规范。

（5）审查境外固定资产投资项目设备和材料采购是否适当、合法和有效。重点关注设备和材料采购资料依据是否充分、可靠，采购环节各项经营管理活动是否真实、合法、有效。

（6）审查境外固定资产投资建设项目进度、质量、投资控制等是否到位。重点关注工程管理资料依据是否充分、可靠；建设项目工程进度、质量和投资控制是否真实、合法和有效；工程价款结算是否符合合同约定，是否存在虚列工程、套取资金、弄虚作假、高估冒算的行为；等等。

（7）审查境外固定资产投资项目资金筹措、资金使用及其账务处理是否真实、合规。重点关注建设资金筹措前期论证是否充分，筹资方式、筹资数额是否合理、有效，是否能够满足项目建设需求，是否存在因资金筹措不到位影响项目实施等情况；项目资金支付及账务处理是否规范，是否进行概算动态投资控制，各类费用支出是否合理、规范；竣工决算是否及时、完整、准确。

（8）审查境外固定资产投资项目完工投入使用竣工验收程序是否规范。重点关注是否按照国家及所在国或地区法规政策办理安全、环保、消防等专业验收，是否开展建设项目后评价，对项目交付使用经过试运行后有关经济指标和技术指标是否达成预期目标进行审查、分析和评价。

（9）审查境外固定资产投资项目运营管理是否规范、有效。重点关注是否按照投资规划目标或与业主方签订相关协议，建立健全组织架构，组建项目运营团队，完善运营体制与机制，确保固定资产投资项目运营效益目标的实现。

（三）境外承包工程资产管理审计

境外承包工程资产管理审计重点为：审查境外承包工程项目从投标中标、组织施工到竣工交付使用全过程管理是否规范，对项目经营绩效及项目主要负责人履职行为进行审计与评价。具体包括但不限于以下内容。

（1）审查境外承包工程合规管理情况。重点关注境外承包工程是否全面掌握所在国或地区关于投标管理、合同管理、项目履约、劳工权利保护、环境保护、连带风险管理、债务管理、捐赠与赞助、反腐败、反贿赂等方面的具体要求，以防范工程承包损失风险。

（2）审查境外承包工程开发管理情况。重点关注境外承包工程在截至中标时是否已存在损失或潜在风险；重点关注是否对合同标的进行了调查论证或风险分析，是否履行决策或审批程序，是否无合理理由以低于成本价中标等；审查中标合同签订是否规范，合同内容是否真实完整，权、责、利划分是否明确。

（3）审查境外承包工程组织管理情况。重点关注工程组织设计是否合理，现场施工队伍和机械设备的配置能否满足需要，项目部的机构设置、定员是否精干高效、结构合理；是否建立执行预算考核机制，工程预算、合同、薪酬、设备物资、安全质量、财务、劳务等内部控制体系是否完善。

（4）审查境外承包工程分包规范性。重点关注分包立项、分包合同签订、分包结算、拨款、安全质量控制是否到位，境外承包工程项目部对分包商管理是否有效，是否存在只包不管或以包代管现象，有无因管理不善而造成返工窝工等现象或其他问题。

（5）审查境外承包工程财务管理规范性。重点关注是否按照境内及所在国或地区政策进行收入、成本核算，经营成果是否真实，有无潜亏和隐瞒收入的问题；人工费、材料费、机械使用费、其他直接费和间接费等是否真实，工程资金对上、对下结算是否及时，是否存在挪用工程资金、超拨分包工程款等行为；债权债务形成是否真实，债权催收清理措施是否到位，有无呆坏账，应缴税费和各种应上缴款是否及时足额上缴。

（6）审查境外承包工程项目实施管理情况。重点关注承包工程进度是否按计划进行，工程是否按期交付，是否存在因进度滞后被业主索赔等情况；是否存在只抓进度而放松工程安全和质量管理问题；有无违规操作而导致安全质量事故发生，造成经济损失问题；对发生的安全质量事故是否进行原因分析并追究责任；对项目完工后的各项资产、负债是否进行清查、核实。

（7）审查境外承包工程项目与业主办理工程结算情况。重点关注是否按照合同约定等及时、足额办理结算，验工计价是否及时完整，工程概预算的调整、变更索赔的费用是否及时、足额计取，手续资料是否完备，工程结算的核算是否符合规定。

（8）审查境外承包工程项目后评价管理情况。重点关注对重大境外承包工程是否及时组织复盘、总结、反思，分析总结项目前期开发、投标中标、项目实施与效益实现全过程管理经验，揭示问题与风险，以为同类项目提供借鉴与参考。

（四）境外非经营性机构国有资产管理审计

境外非经营性机构国有资产管理审计重点如下。

（1）审查境外非经营性机构是否建立健全国有资产管理制度，明确负责机构及其工作职责，对其运营管理的国有资产的安全、完整承担主要责任。

（2）审查境外非经营性机构房屋购置或租赁、车辆购置等重大、重要资产购置及费用支出等审批程序是否规范，是否控制在批复预算范围之内；以个人名义持有资产产权的，是否报经批准并依法办理委托出资、代持等相关法律手续。

（3）审查境外非经营性机构内部管理、财务管理、信息管理、党建工作、品牌宣传、公关接待、培训等各项管理是否规范有效。

（五）境外参股投资形成的国有资产管理审计

境外参股投资形成的国有资产管理审计重点如下。

（1）审查境外企业或机构对非控制类投资形成的国有资产是否建立健全国有资产保值增值制度，以及是否有效利用。

（2）审查境外企业或机构是否密切关注非控制类投资合作企业及非经营性机构的经营发展状况和重大风险，是否及时跟踪并评价购买的股票（或股权）价值变化，维护资产权益；是否存在因职责履行不到位出现国有资产流失情形。

第 7 节　境外国有资产绩效审计步骤

境外国有资产绩效审计同其他绩效审计类似，主要包括四个阶段：前期准备、现场实施、审计报告、审计结果应用等，在此不赘述。境外国有资产绩效审计中还应做好以下工作。

一、开展审前调查准备工作

审前调查准备工作的主要内容为：调查与访谈与境外投资和国有资产管理相关的部门或人员，了解被审计单位境外投资与国有资产管理情况，初步判断境外投资与国有资产管理状况与水平。

（1）调查了解涉及境外投资与国有资产管理的制度是否齐全，是否包括前期决策、过程实施、投后管理及责任追究等方面。

（2）调查了解境外投资规划与年度计划制定与实施情况，具体境外投资项目事前、事中、事后管理流程设计与运行情况。

（3）调查了解境外国有资产管理监督职责、出资人职责履行、境外企业经营管理、境外项目实施、境外企业重大事项管理状况。

① 境外股权投资项目重点调查了解项目前期尽职调查、并购企业估值、可行性论证及决策审批情况，并购目标实现程度及并购协同效应发挥情况。

② 境外固定资产项目重点调查了解项目决策、实施、竣工验收、投入运营等总体情况，项目进度、质量与投资控制情况，以及可行性论证各项指标完成情况。

③ 境外承包工程项目重点调查了解项目前期开发、投标中标、组织施工、完工交付、价款结算等情况，项目经营绩效实现情况。

④ 境外非经营性机构重点调查了解机构主要工作职责履行，持有资产状况及使用情况。

⑤ 境外非控制类投资形成的国有资产重点调查了解各项资产的取得方式、管控方式与管控效果等。

（4）调查了解境外国有资产产权管理制度设计与运行情况，以及境外国有资产产权基础管理工作状况。

（5）调查了解境外企业经营管理体制、机制、制度是否健全，境外企业对外货物和服务贸易、承包工程、日常经营等管理状况。

（6）调查了解境外投资与国有资产管理中存在的问题与风险，针对问题与风险所采取的措施、意见与建议。

二、审查境外投资过程管理资料

其内容主要为：收集被审计单位境外投资业务全过程管理相关资料，通过查阅、审核、分析性复核、重新计算、盘点、询问等方式开展实质性测试，重点对境外投资决策程序、过程实施、决策效果等进行分析与评价。

（一）收集境外投资境内全过程管理相关资料

境外投资境内全过程管理相关资料如下。

（1）境外投资内部控制管理制度、风险管理、业务流程等资料。

（2）境外投资项目前期尽职调查、被并购企业估值、可行性论证及决策审批程序类资料，境外投资项目合同或协议、股权交割审计文件等资料。

（3）境外投资法人治理、组织架构、重大决策与实施、预算考核、资金管控、薪酬激励、境内市场开发协同、退出计划实施、投资风险评估与应对等过程管控资料。

（4）境外投资企业财务状况、经营成果等决算报表资料。

（5）境外投资企业法律诉讼、担保、产权变动等或有风险事项资料。

（6）境外投资项目可行性论证各项指标完成情况对比分析资料，差异原因分析与意见建议资料。

（二）境外投资境内全过程管理审计分析与评价

境外投资境内全过程管理审计分析与评价主要内容如下。

（1）对境外投资项目前期尽职调查、被并购企业估值、可行性论证及决策审批程序资料进行审阅，对境外投资事前管理进行分析与评价。

（2）对境外投资运营管控制度、管控措施、管控效果等资料进行审阅，对境外投资事中管理进行分析与评价。

（3）对境外投资预期目标与实际进行对比分析，对境外投资效果进行分析与评价。

三、查阅境外股权投资相关资料

其主要内容为：收集被审计单位境外股权投资业务相关资料，通过对境外股权投资企业法人治理、重大决策、经营绩效等进行审计，从而对境外股权投资企业国有资产管理情况进行分析与评价。

（一）收集境外股权投资国有资产管理审计相关资料

境外股权投资国有资产管理审计相关资料主要如下。

（1）境外股权投资企业规章制度、规划、计划。

（2）境外股权投资企业重大决策事项及决策程序性文件。

（3）境外股权投资生产、供应、销售等业务类资料。

（4）境外股权投资企业财务状况、经营成果情况资料。

（5）境外股权投资企业业绩考核指标完成情况资料。

（6）境外股权投资企业重大事项报告资料。

（7）境外股权投资企业领导人职务消费情况资料。

（二）境外股权投资国有资产管理审计分析与评价

境外股权投资国有资产管理审计分析与评价主要内容如下。

（1）对境外股权投资重大决策内容的适当性、决策程序的合规性及决策执行的有效性资料进行审阅，对境外股权投资企业重大决策的规范性与有效性进行分析与评价。

（2）对境外股权投资企业经营盈亏情况、业绩考核指标完成情况进行审阅，对境外企业经营绩效情况进行分析与评价。

（3）对境外股权投资企业授权控制、管理程序、业务流程的健全性与有效性进行审阅，对境外股权投资企业内部管控情况进行分析与评价。

（4）对境外股权投资企业的资产、负债、所有者权益和损益的真实性、完整性和合法性进行审查，对境外股权投资企业财务管理情况进行分析与评价。

（5）对境外股权投资企业廉洁从业相关制度的制定和执行情况、领导人员职务消费情况等进行审计，对境外股权投资企业领导人廉洁从业情况进行分析与评价。

四、查阅境外固定资产投资资料

其主要内容为：收集被审计单位境外固定资产投资业务相关资料，对境外固定资产投资决策、实施与效果情况进行分析与评价。

（一）收集境外固定资产投资项目国有资产管理审计相关资料

境外固定资产投资项目国有资产管理审计相关资料如下。

（1）境外固定资产投资可行性研究报告、专家评审意见及决策论证、批复资料。

（2）境外固定资产投资项目设计（勘察）管理制度、勘察和设计招标资料、合同及审查会议纪要、经批准的初步设计文件及概算。

（3）境外固定资产投资项目招标投标管理制度、招投标文件，开标、评标、定标、中标、合同等资料。

（4）境外固定资产投资项目合同管理制度、合同或协议文件，合同审批、合同谈判等文件。

（5）境外固定资产投资项目设备和材料采购计划、采购计划批准书、采购招投标文件、中标通知书，采购、收发和保管台账等。

（6）境外固定资产投资项目工程管理进度计划、质量验收文件、造价审核、初步设计概算执行对比分析等资料。

（7）境外固定资产投资项目筹资论证材料及审批文件、财务预算，相关会计凭证、账簿、报表，设计概算、竣工决算及资产交付资料等。

（8）境外固定资产投资项目专项验收、总体验收文件，竣工决算财务资料、工程档案资料清单等。

（二）境外固定资产投资项目国有资产管理审计分析与评价

境外固定资产投资项目国有资产管理审计分析与评价主要内容如下。

（1）通过对境外固定资产投资项目投资决策与实施全过程管理资料进行审阅，对境外固定资产投资管理情况进行分析与评价。

（2）通过对境外固定资产投资项目年度考核任务指标、投资计划完成率、执行概算完成率、主要目标节点进度，以及项目运营社会效益、经济效益、可持续性等资料进行分析，对项目实施效果进行分析与评价。

五、查阅境外承包工程相关资料

其主要内容为：收集被审计单位境外承包工程业务相关资料，对境外承包工程决策、实施与效果情况进行分析与评价。

（一）收集境外承包工程业务相关资料

境外承包工程业务相关资料如下。

（1）境外承包工程项目总体情况介绍。

（2）境外承包工程项目预计合同总收入、总成本、总毛利和责任成本资料。

（3）境外承包工程项目部与上级单位签订的责任书及相关文件。

（4）境外承包工程项目部签订的与本工程项目有关的各类经济合同，包括与业主签订的主合同，分包、采购合同及各类服务合同，合同台账等。

（5）境外承包工程项目部的管理制度及内部控制制度。

（6）境外承包工程项目会计凭证、账簿、报表和工程结算、决算、竣工验收资料。

（7）境外承包工程项目部有关成本控制、安全质量管理、内部控制、经营成果等方面的文字分析资料。

（二）境外承包工程国有资产管理审计分析与评价

境外承包工程国有资产管理审计分析与评价主要内容如下。

（1）通过审阅相关资料，对境外承包工程从投标中标、组织施工到竣工交付使用全过程的经济活动进行分析与评价。

（2）通过审阅相关资料，对境外承包工程是否合理优化配置生产要素，项目经营成果是否真实、客观等进行分析与评价。

六、分析核实数据差异等异常情况

其主要内容如下。

（1）对审查出的异常情况进行分析判断并分类整理，向相关业务部门下达业务情况核实单予以核实。

（2）根据核实后的相关补充信息及之前的分析判断，梳理可能存在问题的关键点，实施实质性测试等取证程序，取得相关证据，记录实施程序的主要过程和结果。

（3）根据已经取得的证据得出是否存在问题与风险的初步审计结论。对于存在的问题与风险，找准关键点，明确问题定性标题及相关依据，梳理问题事实描述内容，分类或汇总编制审计情况核实单。

（4）分析被审计单位对审计核实单的回复意见，得出现场审计组的审计结论，并将审计结论记录在底稿中，将问题的关键事实及定性依据在审计报告中予以反映。

第8节 境外国有资产绩效审计方法

境外国有资产绩效审计除可采用审阅、访谈、抽样调查、观察、分析等方法，还可采用比较分析法、因素分析法、专题讨论会等。另外，在进行境外国有资产绩效审计时还可运用以下方法。

一、研究境外企业所在国或地区政策

在审计中，应研究境外企业所在国或地区的投资政策、企业税收政策，以及个人税收政策；应研究国际结算方式下的外汇管制政策、影响国际结算的汇率风险，所在国或地区有别于境内的环保政策，境外投资者身份政策、用工政策等；关注境外企业的非财务数据及境外企业所在国或地区的宏观经济状况，以全面、客观、准确地界定境外企业的经营成果和管理成效。

二、注重境外投资决策的合规性

注重境外投资决策程序合法、合规性审查，审查境外企业投资决策、项目审批、可行性研究等内容；关注资金安全性，审查资金流向、预期收益和效果是否达成目标；关注境外投资风险控制管理情况，审查内部控制制度建立健全及执行情况，风险管理制度是否完善，是否建立了风险预警机制等；重点分析境外企业整体财务经营状况、资产质量情况，关注境外企业收入、支出的真实性、合理性。

三、关注境外业务合规管理情况

关注境外业务合规管理是否严格遵守国家有关境外投资合规管理指引要求，具体如：①市场准入、贸易管制、国家安全审查、行业监管、外汇管理、反垄断、反洗钱、反恐怖融资等方面的具体要求；②对外承包工程中与投标管理、合同管理、项目履约、劳工权利保护、环境保护、连带风险管理、债务管理、捐赠与赞助、反腐败、反贿赂等相关规定；③业务所涉国家或地区开展的贸易救济调查，包括反倾销、反补贴、保障措施调查等具体要求；④境外日常经营中与劳工权利保护、环境保护、数据和隐私保护、知识产权保护、反腐败、反贿赂、反垄断、反洗钱、反恐怖融资、贸易管制、财务税收等具体规定。

四、注意识别境外合规经营风险

重点关注企业境外投资决策、境外大宗商品贸易的合法合规性、资金的安全性及贸易管控流程，找准企业境外交易管控中存在的薄弱环节和风险隐患，提出有针对性的审计建议，推动完善境外投资风险管控体系，保障境外投资和交易安全、规范、高效。

第 9 节　境外国有资产绩效审计结果

境外国有资产绩效审计报告框架、撰写路径、质量标准，以及质量控制程序与其他绩效审计类似，此处不赘述。境外国有资产绩效审计报告框架如下。

一、境外国有资产管理绩效审计报告

（1）基本情况。此部分主要包括企业概况（成立时间、经营范围、业务规模、所属单位构成、员工构成和机构设置情况等）、境外国有资产管理状况（国有资产规模，国有资产的安全性、完整性，国有资产管理的审批、收益及收益分配等）。

（2）审计评价。此部分主要包括对主要指标的完成情况（境外国有资产的经营收益指标及保值增值指标的完成情况），境外国有资产经营和投资的决策审批情况、真实完整情况、投资收益情况及保值增值情况进行分析及评价。

（3）存在的主要问题。此部分主要是对审计中发现的主要问题进行分类，明确存在问题的事实，分析问题产生的原因，揭示存在问题所造成的后果及潜在风险等。

（4）其他需要披露的重要事项。

（5）有关建议。

二、境外投资绩效审计报告

（1）基本情况。此部分包括企业概况（被审计单位的性质、成立时间、历史沿革、经营范围、业务规模、所属单位构成、境外投资项目的概况等）、项目投资论证及决策审批情况、投资运营情况。

（2）审计评价。此部分主要是对项目决策、实施、监督与效果等进行综合分析与评价，对项目事前、事中、事后等进行专项分析与评价。

（3）审计发现的主要问题。此部分主要是对审计中发现的主要问题进行分类，明确存在问题的事实，分析问题产生的原因，揭示存在问题所造成的后果及潜在风险等。

（4）其他需要披露的重要事项。

（5）有关建议。

三、境外承包工程项目绩效审计报告

（1）基本情况。此部分包括境外承包工程开发、投标中标情况，合同签订情况，项目部组织机构设置、人员及资源配置情况，工程实施情况，项目经营成果等。

（2）审计评价。此部分包括工程项目财务绩效分析评价，工程项目有关经济指标、考核指标完成情况，以及综合评价。

（3）存在的主要问题。此部分主要是对审计中发现的主要问题进行分类，明确存在问题的事实，分析问题产生的原因，揭示存在问题所造成的后果及潜在风险等。

（4）其他需要披露的重要事项。

（5）有关建议。

第 10 节　境外国有资产绩效审计案例

一、境外固定资产投资绩效审计案例

（一）案例背景

根据三泰集团年度审计工作计划，依据国家有关境外投资监督管理办法、集团内部审计规定及集团有关境外国有资产管理要求，审计组对三泰恒天在境外实施的某固定资产投资项目实施了绩效审计。

三泰恒天境外固定资产项目计划建设年产 100 万吨能源生产装置，其中建（构）筑物主要包括采集、生产、包装等设备及其配套的热电站、辅助工程、公用工程和服务性工程等；安装工程主要包括泵、风机、压缩机、输送机械等通用设备安装，石油化工设备制作安装，锅炉、汽轮发电机等专用设备安装等；项目预计总投资 20 亿元，可行性研究工期 2.5 年。

（二）审计结论

三泰恒天境外固定资产项目实施基于国家"走出去"战略，以及三泰集团产业结构调整政策方向及国际业务发展战略要求，按规定履行了三泰集团内部项目前期工作、项目投资评审和审批、项目可行性研究、经济性分析评审等内部决策程序，按规定报经国务院国资委、国家发展改革委、商务部、国家外汇管理局等审核批准；履行了所在国或地区计划、财政、贸易、能源、自然资源与环境等部门报批报建手续。项目实施过程中不断建立健全完善组织机构与制度建设，克服建设条件特殊、施工技术难度大等诸多困难，落实项目法人责任制、资本金制、招投标制、合同管理、工程监理制等制度，实施进度、质量与造价控制，稳步摸索推进各项工作，合理有效积极解决各类业务与技术风险，完成了安全、环保、消防、职业健康、自然灾害防范等专项验收；采用投料试车、停产检修、工艺完善、设备技改、故障排除等系列措施，使项目基本实现了连续稳定批量生产。

（三）审计发现的主要问题

1. 项目前期论证方面

（1）项目前期可行性论证不充分，设备选型、工艺布局不合理，生产工艺设计与矿产资源特性不匹配，无法实现有效生产。

（2）项目前期可行性研究费用估算不足，初步设计概算漏项，未预估项目融资费用，土地购置费用预估不足，物料采购价格变化预估不充分等。

（3）项目总投资已超概算比例限额以上未履行投资决策程序。

（4）项目边设计、边施工、边审批。

2. 项目实施过程方面

（1）项目建设单位组织机构不健全，人才、技术和管理经验欠缺。

（2）物资采购应招标未招标。

（3）物资采购未按照评标结果确定中标人。

（4）合同签订授权委托不充分。

（5）工程监理"三控一协调"职责履行不到位。

（6）项目进度、质量、造价控制不严。

（7）项目实施过程中提高设备材质要求、装修标准等增加投资。

（8）甲供材料核销不到位，产生物料损失浪费。

（9）项目工期延长增加汇兑损失风险。

（10）项目设备腐蚀严重，加大生产运营成本。

（11）运营资产未参保，未有效转移风险。

（12）重大事项未履行上报集团申报程序。

（13）已完工投入使用资产未办理验收备案。

（14）项目存在安全、环保、消防等合规风险。

3. 项目运营效益方面

（1）项目进度未达成预期目标。

（2）项目概算投资未得到有效控制。

（3）项目生产能力远低于设计产能指标。

（4）项目未能实现预期经济效益。

二、境外承包工程绩效审计案例

（一）案例背景

根据三泰集团年度审计计划，依据国家有关境外投资监督管理办法、集团投资管理暂行办法及内部审计准则等相关要求，三泰集团审计部、三泰恒天审计部及外部中介机构共同组成绩效审计工作小组，对三泰恒天某境外承包工程进行了绩效审计。

本次境外承包工程绩效审计重点为自项目承揽之日起至最近一个会计期间（月）与项目相关的内部控制及风险管理、项目经营状况及经营绩效、工程项目施工管理、项目主要负责人履职情况等。三泰恒天某境外承包工程系三泰恒天以独立方式从其他单位分包的境外工程项目。

（二）审计结论

三泰恒天按照内部境外承包工程管理流程，受邀参加了项目现场实地考察并出具了项目考察报告，按照招标要求向总包单位递交了投标书，经评标中选某境外承包工程项目。三泰恒天按照招标文件、投标文件等要求与总承包商签订了分包合同，项目实施过程中，三泰恒天成立某境外承包工程项目部，制定了项目实施管理办法，面对陌生的境外市场和恶劣的施工条件，努力推动工程进展。

（三）审计发现的主要问题

1. 工程前期论证决策方面

（1）项目所在地水文、气象等考察评估论证不足。

（2）项目所在地地质条件考察调查不充分。

（3）项目前期未对潜在的风险进行全面分析评估并制定切实可行的应对措施。

2. 工程过程实施控制方面

（1）分包招标不规范。

（2）招标审核不严，施工方资质不合格。

（3）分包单位先进场施工，后签订合同。

（4）分包合同分包商未提供履约保函。

（5）分包合同未约定违约责任条款。

（6）为境内分包商垫付人、材、机等费用。

（7）到期的预付款保函未及时要求释放。

（8）超合同约定向境内分包商支付预付款。

（9）未对项目分标段明细核算，收支核算不清晰。

（10）未按建造合同准则核算收入和成本，未客观真实反映项目盈亏水平。

3. 工程项目效益实现方面

（1）施工进度严重滞后。

（2）施工质量未达标被处罚。

（3）对上对下结算倒挂，多支付分包工程款。

（4）工程收入与成本倒挂，产生重大经营亏损。

（5）大型吊装设备闲置产生损失。

（6）项目延期，存在大额索赔诉讼风险。

三、境外项目部绩效审计案例

（一）案例背景

根据三泰集团年度审计工作计划，三泰集团审计部组成绩效审计工作组，对三泰恒业某境外区域项目部开展了绩效审计，重点关注某境外区域总部自成立以来至最近一个会计期间（月）区域总部内部控制制度建设与执行情况，区域市场拓展、项目管控、经营绩效、"三重一大"决策、风险管控等情况。

（二）审计结论

审计结果表明，某境外区域总部自成立以来，能够贯彻执行党和国家有关经济方针政策和决策部署，能够按照公司高质量发展的要求，逐步建立健全内部控制制度，围绕深化改革、创新发展等系列思路，狠抓内部管理，强化项目履约，加强党的建设。

（三）审计发现的主要问题

1.区域市场拓展开发方面

（1）未制定某境外区域总部发展战略。

（2）重规模、轻效益，经营观念未转变。

（3）项目投标事前评估不到位，中标单价或数量严重偏离项目实际。

（4）未按招标文件设计，与实际产生重大偏离造成项目亏损。

（5）预算编制、工程量签证、项目履约等内部控制制度不健全。

（6）未制定境外工程合同风险事件应急处理办法。

2.项目实施过程管控方面

（1）未编制项目总承包策划方案。

（2）项目招标邀请分包单位仅一家单位参与并开标。

（3）分包商违约未被追究违约责任，仍被定为点工中标单位。

（4）分包商合同签订时间晚于施工时间。

（5）重大事项未履行集体决策审批程序。

（6）审核监督职责履行不到位，导致合同或协议产生重大疏漏。

（7）设计图纸滞后，工期延期，管理成本增加，造成项目亏损。

（8）未及时调整项目合同执行过程中的预计收入、成本。

（9）会计、出纳，采购申请、审核、审批不相容职务未分离。

3.区域绩效目标实现方面

（1）区域市场开发目标未完成。

（2）在施项目未按合同约定按期完工。

（3）已完工项目未及时办理结算。

（4）已完工项目经营产生亏损。

（5）区域市场可持续性存在不确定性。

（6）境外国有资产绩效审计常见问题。

4.境外投资全过程管理

（1）境外投资制度建设方面。

①未按规定建立健全境外投资管理制度或制度不完善。

②境外投资管理制度未经董事会审议通过后报送国资委。

③未建立境外投资管理信息系统。

④违规投资负面清单禁止类境外投资项目。

⑤未经批准投资负面清单特别监管类的境外投资项目。

⑥未制定具体的境外投资项目负面清单。

（2）境外投资事前管理方面。

①未制定清晰的国际化经营规划。

②未明确中长期国际化经营的重点区域、重点领域和重点项目。

③未按照国际化经营规划编制年度境外投资计划。

④投资决策不谨慎，境外投资面临损失风险。

⑤高杠杆收购境外投资项目，财务负担较重、风险较大。

⑥境外投资项目的融资、投资、管理、退出全过程的研究论证不充分。

⑦股权类投资项目未按规定开展必要的尽职调查。

⑧股权类投资项目未按要求履行资产评估或估值程序。

⑨境外投资决策文件不完整。

（3）境外投资事中管理方面。

①未按规定定期对实施、运营中的境外投资项目进行跟踪分析。

②未能针对外部环境和项目本身情况变化，及时进行再决策。

③对于出现影响投资目的实现的重大不利变化，未及时研究启动中止、终止或退出机制。

④未建立境外投资项目阶段评价和过程问责制度。

⑤未按规定定期报送境外投资完成情况。

（4）境外投资事后管理方面。

①未按规定编制年度境外投资完成情况报告并报送国资委。

②未按规定及时开展境外重大投资项目后评价。

③未建立执行境外重大投资项目常态化审计机制。

（5）境外投资风险管理方面。

①境外投资前期风险评估和风控预案制定不充分。

②境外投资项目实施过程中的风险监控、预警和处置不到位。

③境外投资决策前风险评估制度建立与执行不到位。

④境外投资项目安全风险防范不到位。

⑤未建立执行保险嵌入企业风险管理机制。

5. 境外股权投资管理

（1）境外股权投资并购方面。

①未按规定开展尽职调查，或尽职调查未进行风险分析等，存在重大疏漏。

②财务审计、资产评估或估值违反相关规定。

③投资并购过程中授意、指使中介机构或有关单位出具虚假报告。

④违反规定以各种形式为其他合资合作方提供垫资，或通过高溢价并购等手段向关联方输送利益。

⑤投资合同、协议及标的企业公司章程等法律文件中存在有损国有权益的条款，致

使对标的企业管理失控。

⑥违反合同约定提前支付并购价款。

⑦投资并购后未按有关工作方案开展整合，致使对标的企业管理失控。

⑧投资参股后未行使相应股东权利，发生重大变化未及时采取止损措施。

⑨违反规定开展列入负面清单的投资项目等造成国有资产损失或其他严重不良后果。

（2）境外企业购销业务方面。

①未正确履行合同，或无正当理由放弃应得合同权益。

②违反规定开展融资性贸易业务或"空转""走单"等虚假贸易业务。

③未按规定对境外投资与国有资产管理及时追索或采取有效保全措施等造成国有资产损失或其他严重不良后果。

（3）境外企业资金管理方面。

①违反决策和审批程序或超越权限筹集和使用资金，擅自从事高风险经营活动。

②违规投资非主业项目，违规出借资金、提供担保，通过股票、期权等金融市场投机，造成国有资产损失。

③违反规定以个人名义留存资金、收支结算、开立银行账户等。

④设立"小金库"。

⑤虚列支出套取资金。

⑥违反规定超发、滥发职工薪酬和福利。

⑦因财务内部控制制度缺失或未按照财务内部控制制度执行，发生资金挪用、侵占、盗取、欺诈等造成国有资产损失或其他严重不良后果。

⑧用不当的会计核算方法规避业绩考核，虚减资产和负债，损害财务信息质量。

⑨境外产权根据境外相关法律规定以个人名义持有的，未按规定决定或者批准依法办理委托出资、代持等保全国有资产的法律手续。

⑩境外国有产权转让价款未按照产权转让合同约定支付，未严格遵循一次付清原则；对于确需采取分期付款的，受让方未能提供合法的担保。

（4）境外重大事项报告方面。

①境外企业为其所属中央企业系统之外的企业或者个人进行融资或者提供担保，出借银行账户。

②越权或者未按规定程序进行投资、调度和使用资金、处置资产。

③内部控制和风险防范存在严重缺陷。

④会计信息不真实，存有账外业务和账外资产。

⑤通过不正当交易转移利润。

⑥挪用或者截留应缴收益等重大事项未按规定及时报告。

⑦境外企业银行账户或者境外款项被冻结；开户银行或者存款所在的金融机构破产；重大资产损失；发生战争、重大自然灾害、重大群体性事件，以及危及人身或者财产安全的重大突发事件；受到所在国或地区监管部门处罚产生重大不良影响等重大突发事件未按规定上报。

（5）境外股权投资目标实现方面。

①股权投资项目原定任务与绩效目标未达成。

②未根据内外部环境变化或政策影响对股权投资项目绩效目标进行调整。

③未实现股权投资项目预期产出数量、质量、时效等目标。

④未实现股权投资项目预期经济效益、社会效益，项目不具有可持续性。

⑤股权投资项目形成的重大资产存在闲置、浪费等。

⑥股权投资项目未能实现协同效应。

6. 境外固定资产投资管理

（1）投资立项管理方面。

①未按规定进行可行性研究或风险分析。

②项目概算未按规定进行审查，严重偏离实际。

③未按规定履行决策和审批程序擅自投资。

④违反规定开展列入负面清单的投资项目等造成国有资产损失或其他严重不良后果。

（2）设计管理方面。

①未经招标选择设计（勘察），设计（勘察）商经验不足引发投资风险。

②设计（勘察）合同的内容签订不规范，索赔和反索赔条款约定不明确。

③初步设计完成时间滞后影响项目建设进度。

④施工图设计图纸拖延交付，导致工期延期风险。

⑤施工图设计深度不足，造成投资失控风险。

⑥设计变更内部控制不严格。

（3）招投标管理方面。

①购建项目未按规定招标，干预、规避或操纵招标。

②人为肢解工程项目、规避招投标等违规操作风险。

③招投标的程序和方式不符合有关法规和制度的规定。

④标段划分不适当，不符合专业要求和施工界面衔接需要，存在标段划分过细、增加工程成本和管理成本的问题。

⑤有意违反招投标程序的时间规定，导致串标风险。

⑥定标的程序及结果不符合规定。

⑦与中标人签订的合同有悖于招标文件的实质性内容。

（4）合同管理方面。

①部分合同当事人的法人资质、合同内容不符合相关法律和法规的要求。

②合同相对方不具有资金、技术及管理等方面履行合同的能力。

③合同的内容与招标文件的要求不符合，合同审批审查程序不到位。

（5）项目管理方面。

①外部环境和项目本身情况发生重大变化，未按规定及时调整投资方案并采取止损措施。

②擅自变更工程设计、建设内容和追加投资等。

③项目管理混乱，致使建设严重拖期、成本明显高于同类项目。

④工程进度控制不严，因施工许可证、建设及临时占用许可证的办理不及时，影响工程按时开工。

⑤因原建筑物拆除、场地平整、文物保护、相邻建筑物保护、降水措施及道路疏通，影响工程的正常开工。

⑥因设计变更、材料和设备等因素，影响施工进度。

⑦设计变更管理程序、工程计量程序、资金计划及支付程序、索赔管理程序和合同管理程序等部分执行不到位。

⑧预付备料款、进度款不符合施工合同的规定。

⑨工程价格结算与实际完成的投资额存在虚列工程、套取资金、弄虚作假、高估冒算的行为等。

⑩已完工投入使用项目长期未办理竣工决算。

（6）目标实现方面。

①固定资产投资项目原定任务与绩效目标未达成。

②未根据内外部环境变化或政策影响对固定资产投资项目绩效目标进行调整。

③未实现固定资产投资项目预期产出数量、质量、时效等目标。

④未实现预期经济效益、社会效益，项目不具有可持续性。

⑤固定资产投资项目形成资产存在闲置、浪费等。

⑥项目形成资产因验收不合格、配套设施建设滞后等无法正常使用。

7. 境外承包工程管理

（1）境外承包工程投标方面。

①未按规定对合同标的进行调查论证或风险分析。

②未按规定履行决策和审批程序，或未经授权和超越授权投标。

③违反规定，无合理商业理由以低于成本的报价中标。

④工程项目承包合同签订权、责、利划分不明确，部分条款缺失。

（2）境外承包工程分包方面。

①工程及与工程建设有关的货物、服务未按规定招标或规避招标。

②违反规定分包。

③违反合同约定超计价、超进度付款等造成国有资产损失或其他严重不良后果。

④工程分包立项未经审批，分包招标程序不规范，部分分包队伍不具备规定的资质。

⑤分包合同内容不完整，分包单价确定不合理，分包工程量不真实，工程造价、质量、安全、工期、结算方式、违约责任等不明确。

⑥分包结算、拨款、安全质量等未严格按合同规定办理，分包结算费用、完成工程所耗用材料、费用标准等存在高估冒算等问题，分包竣工决算付款不合规。

⑦对分包商管理不到位，只包不管或以包代管，存在因管理不善而造成返工窝工等现象。

（3）境外承包工程实施方面。

①施工组织设计不合理，现场施工队伍和机械设备的配备无法满足工程需要。

②项目部的机构设置、定员、人员素质不合理。

③项目部与上级企业签订的考核指标体系不符合相关规定，考核的内容和方法不合理，奖罚不明确。

④项目部未按规定编制项目成本预算、资金预算，内容不完整，预算定额不合理，对执行过程中出现的差异未能及时进行分析并做出适当调整。

⑤未建立工程预算管理、合同管理、工资管理、成本管理、设备物资管理、安全质量管理、财务管理、劳务管理等内部控制体系，管理制度不完善，内部控制制度执行不严格。

⑥人工费、工时统计资料不够真实与准确，未按劳动定额核算人工费，工资、奖金未与效益和劳动生产率挂钩，巧立名目发放奖金，违反规定将其他费用列入人工费等。

⑦材料物资消耗未按定额控制，实行限额发料；材料实际消耗与预算定额的差额不合理，材料物资的采购、保管、使用不合规，手续不齐备，存在闲置损失浪费现象。

⑧机械使用费台班统计资料不完整，机械的使用、维修不真实，费用发生不合理，费用分摊不准确。

⑨工程资金管理、使用不规范，存在挪用工程资金、超拨分包工程款等行为。

⑩债权催收清理措施不到位，存在呆坏账，应缴税金和各种上缴款未及时足额上缴。

（4）境外承包工程完工方面。

①工程进度未能按计划进行，工程未能按期交付，并办理竣工结算。

②境外承包工程存在安全和质量管理问题，因违规操作而导致安全质量事故的发生，造成经济损失，未对发生的安全质量事故分析原因并追究责任。

③未能对完工后的各项资产、负债进行清查、核实，造成部分资产遗失。

④未按合同规定及时与业主办理工程结算，验工计价不够及时完整，工程概预算的调整、变更索赔的费用未能及时、足额计取，手续资料不完备，造成工程结算未能足额结算。

（5）境外承包工程目标实现方面。

①原定任务与绩效目标未达成。

②未根据内外部环境变化或政策影响对承包项目绩效目标进行调整。

③未实现项目预期产出数量、质量、时效等目标。

④未实现预期经济效益目标。

8.境外非经营性机构、境外参股投资管理

（1）境外非经营性机构履职不到位。

（2）境外非经营性机构未经批准擅自购置房屋或车辆等重大、重要资产。

（3）境外非经营性机构日常管理费用支出管控不严格，超预算支出相关费用。

（4）境外非经营性机构以个人名义持有资产产权的，未按规定报经批准并依法办理委托出资、代持等相关法律手续。

（5）境外企业或机构对非控制类投资形成的国有资产管控不严，产生资产、资金损失。

（6）境外企业或机构对非控制类投资合作企业及非经营性机构的经营发展状况和重大风险过程管控不到位，未及时跟踪并评价购买资产损益状况。

四、境外国有资产绩效审计思考

（一）以决策为主线梳理确定重要项目

境外项目因其自身风险较大，较同规模境内项目审批更为严格、层级更高，并需向国家发展改革委、国资委、商务部等多部门备案或报批。为追求扩大规模、参与恶性竞争等目的，企业可能存在盲目决策或未履行必要决策程序开展境外投资的情况。因此从境外审计项目立项阶段开始，审计人员就应认真梳理境外业务开展情况，境外业务涉及的集团内、外相关法规制度；调查了解境外项目决策，是否存在为扩大规模、争取业务盲目上马项目，不惜牺牲利润造成国有资产损失等情况。由此确定重要境外审计项目。

（二）以股权为主线剖析确定经营实体

境外公司出于资本运作等目的，频繁设立特殊目的公司，使得境外机构股权链条长、股权关系复杂。另外，境外机构多为境内公司的分公司或下属实体。审计人员可以通过构建境外机构股权链条，明确公司间关联关系，重点关注各关联方，尤其是母子公司之间往来事项，核查公司是否存在通过往来科目开展融资性贸易、虚假贸易以粉饰公司业绩，以及通过往来款长期挂账造成境内外公司盈亏不实等问题。

（三）以数据为主线确定重要领域

合理有效利用计算机、大数据审计，为境外审计提供支持，可以极大缩减审计工作量，提升审计效率。审计人员可以借助大数据审计相关技术，将现场审计与非现场审计相结合，通过关联系统进行财务指标分析；同时结合文字材料进行关键字抓取，筛选存在风险隐患、出现亏损等重点线索，以在较短时间内锁定重要审计领域，确定审计重点，提高审计效率。

（四）以资金为主线关注资金是否安全

审计人员可以围绕境外资金管理使用情况，关注境外资金管理情况，看是否存在资金集中度不高、境外银行账户管理不规范、公款私存、境外支出内部控制管理不健全等情况；关注境外资金支出情况，看是否存在购买股权、资产由个人代持但未履行必要程序、在对方未提供服务等情况下无依据支出等情况；关注境外资金套期保值情况，关注是否存在盲目追求高风险投机形成风险隐患、对所在国或地区风险评估不足形成汇兑风险等情况；关注是否存在虚构收入、提前确认收入、价格依据不足等情况；关注是否定期与客户核对往来款项或对账流于形式等情况；关注是否存在资金挪用风险，货款回笼资金体外循环等情况；关注对销售部门或收款部门是否下达收款考核指标；关注客户信用管理是否规范，是否建立客户信用评价、信用等级划分、信用档案等授信机制。

五、境外审计同比境内审计的特殊考虑

（一）要因地制宜分门别类确定审计模式

对境外企业审计时应按照其所在国或地区、行业、管控模式和是否上市多个维度进行分类，采取不同策略进行审计监督。例如：按所在国或地区不同分析研究所在国或地区政策；按所处行业如能源类、制造类、贸易类、工程类等确定审计重点；按不同管控模式如中方人员管理、委派财务和业务高管管理、未委派高管仅通过董事会管理等制定审计模式；按上市、非上市等确定信息收集渠道，以合理组建审计团队，确定审计策略、重点、程序与方法，以及审计沟通渠道与方式等。

（二）要识别境外环境差异制定审计策略

一是要识别国家或地区政策差异，了解境外投资企业所在国家或地区对外商的投资政策和各种相关的法律法规、财经制度、税收制度，以及人文环境、风俗习惯、市场状况、消费特点、产业竞争力。二是要了解不同国家和地区的公司治理结构和形式，外汇管理、银行账户和现金管理要求，以及劳工和社会保险制度政策。如受驻在国或地区法律或经营环境的制约，以个人名义在境外拥有产权，则应及时签订委托代持协议。三是要了解境外企业投资路径，如设置离岸公司的目的、路径与方法，审查决策审批程序是

否规范到位。四是要了解和掌握境内外上市公司监管规定的差异，以获取对境外审计与国有资产管理审计相关真实可靠且有价值的信息。

（三）始终坚持以风险为导向、流程为主线

在安排境外投资企业审计时，要考虑投资金额、所在地法律环境、股东投资项目战略目的等因素，识别相关风险。例如：仓储销售公司要以采购、库存、销售业务循环来规范审计程序，要关注商品流、合同流、资金流、审批流、票据流等是否一致，要特别关注跨境往来款等资金流向；工程项目公司则应将工程管理和财务管理相结合，分析评价项目资源获取、投标报价、成本控制、完工结算、项目盈亏等全过程管理的规范性与有效性。

（四）要善于整合审计资源发挥协同效益

由于境外投资与国有资产审计政策、区域等限制，审计人员面临对境外投资与资产管理情况不熟悉、人员短缺、专业支持不够等困难，所以应整合企业内外部资源，协同开展审计。如强化纪监审融合，一审多果，邀请公司业务部门及财务、法律等职能部门人员参与，聘请专业中介机构人员协同审计，以提升审计效果与质量。

六、规范提升境外国有资产绩效建议

（一）加强境外投资管理体系制度建设

树立"花钱必问效，无效必问责"理念，在国家有关境外投资、境外国有资产、境外合规经营管理的基础上，依据境外投资项目执行的不同阶段或者按照风险类型来制定和完善境外投资管理体制、机制和制度体系，包括建立投资区域风险库、投资风险案例库和投资业务风险库等，制定事前绩效评估、过程监控、绩效评价、结果应用等全链条绩效管理制度。

（二）充分调研论证揭示境外项目风险

境内企业在投资前期对投资地区如政治、政策、战争、法律、地缘因素、基础设施、社区、文化、宗教、民情、环保、劳工、汇率、安全、合同、标准等情况进行充分调研，全面揭示投资或承揽项目风险信息，建立不同风险类型，合理区分技术风险与非技术风险，为决策提供有价值的参考依据。

（三）完善境外项目全程风险管控体系

境内企业通过完善境外投资项目全生命周期的风险管控机制，提升风险管控、风险评估及风险规避能力，遇到问题时能及时发现并及时做出补救，改变"重投入，轻效益"的管理思维惯性，有效避免国有资产在投资过程中遭受损失，促进国有资产的保值增值。

第 7 章

科技资金投入绩效审计实务指南

第 1 节　科技资金投入绩效审计概念

一、科技资金投入的概念

科技资金投入主要是指各级人民政府及其有关部门、企业事业单位、社会团体和个人对自然科学技术的研究、开发、科研条件建设、科技成果转化、高新技术及其产业化和科技服务的资金投入。

二、科技资金投入的主要来源

科技资金投入的主要来源如下。

（1）财政预算安排的如新产品试制费、中间试验费、重要科学研究补助费等科学技术费，科学事业费和用于科学技术的其他经费，基建预算安排的科研基建费。

（2）企业事业单位投入的科技资金和国家政策扶持留给企业事业单位用于发展科技的资金。

（3）人民政府有关部门用生产建设发展资金安排的科技资金。

（4）银行和非银行金融机构投放的科技信贷资金。

（5）其他用于科技活动的资金。

三、科技资金投入的方向

科技资金投入的方向主要如下。

（1）科学技术基础条件与设施建设。

（2）基础研究和前沿交叉学科研究。

（3）对经济建设和社会发展具有战略性、基础性、前瞻性作用的前沿技术研究、社会公益性技术研究和重大共性关键技术研究。

（4）重大共性关键技术应用和高新技术产业化示范。

（5）关系生态环境和人民生命健康的科学技术研究开发和成果的应用、推广。

（6）农业新品种、新技术的研究开发和农业科技成果的应用、推广。

（7）科学技术人员的培养、吸引和使用。

（8）科学技术普及。

四、科技资金投入的管理要求

科技资金投入的管理要求如下。

（1）科技资金投入应当注重产业导向。对符合国家产业政策、属于高新技术产业发展重点、市场占有率高、发展前景好的项目，主管部门应当择优立项，确保资金的投入；对不符合国家产业政策、技术含量不高的，不予立项。

（2）科技资金投入计划项目的立项实行公开、公正、公平的原则，引入竞争机制，对具备招标条件的项目，实行招标投标。对经批准或者中标的科技项目，实行合同制、项目管理责任制和项目承担人负责制，并实行独立核算。

（3）科技资金投入和管理应当注重效益，完善管理、监督制度。科技经费应当专款专用，禁止任何组织和个人挪用、克扣和截留，并接受审计、财政部门的检查和监督。

五、科技资金投入绩效审计

科技资金投入绩效审计是指审计机构或部门按照国家有关科技资金投入管理规定，围绕科技资金投入决策、实施与监督全流程，对科技资金投入的经济性、效率性和效益性进行审计并出具审计报告；在对科技资金投入管理的合法性、合规性进行审计的同时，重点揭示科技资金投入项目未经科学论证或论证不充分导致创新不足或资源浪费，研发人员配备不合理或研发过程管理不善导致研发成本过高、舞弊或研发失败，研发成果转化应用不足、保护措施不力导致利益受损等问题，提出改进意见与建议，以提高科技资金的使用效率与效果，提升科技资金投入绩效管理水平，推动科技兴国、科技兴企等战略目标的实现。

第 2 节 科技资金投入绩效审计目标

科技资金投入绩效审计应以科研项目资金申报、拨付、管理使用、项目验收情况为主线，深入科技资金投入相关单位，重点关注科技资金投入相关部门管理、科研资金投入、项目技术经济指标、项目实际产出及科研成果转化效益情况，促使财政资金充分发挥效用，实现高科技带动促进生产力发展。

一、科技计划管理规范性审计

对科技计划相关管理部门、项目管理专业机构，参与科技计划、项目咨询评审和监督工作的专家，以及支撑机构等在管理科技计划及资源配置的科学性、规范性，科技计划实施绩效完成情况，以及在项目管理过程中的履职尽责情况；项目承担单位法人责任制落实情况、项目执行情况及资金的管理使用情况，科研人员的科研诚信与履职尽责情况等进行审计。

二、科技资金投入真实性审计

真实性是科技资金投入绩效审计的基础。科技资金投入真实性审计，即通过审查与评价与科技资金投入绩效目标相关的管理信息、业务信息、财务信息的真实性，是否如实反映管理、业务与财务实际状况，为绩效审计奠定数据基础。

三、科技资金投入合规性审计

合规性是科技资金投入绩效审计的根本。科技资金投入合规性审计，即通过审查和评价科技资金投入组织、管理、实施与监督等有关经济活动的合法性、合规性，是否符合国家的法律、法规、方针政策、财经纪律和财经制度，切实保障科技资金投入合法、合规使用。

四、科技资金投入经济性审计

经济性是指科技资金投入项目为获得一定数量和质量的产品或者服务及其他成果时所耗费的资源最少，包括资金投入、人力投入、物力投入及管理投入的经济性。

科技资金投入经济性审计，即通过审查与评价资源的取得、使用与管理是否节约及合理，是否控制在合理的成本范围，是否存在浪费，是否以最少的资金消耗额度实现科技资金投入政策目标。

五、科技资金投入效率性审计

效率性是指科技资金投入项目在符合一定质量标准情况下，投入资源与产出成果之间的对比关系，既包括人、财、物和其他资源的运用效率，还包括管理、组织、执行、监控和评价效率。

科技资金投入效率性审计，即通过审查与评价科技资金投入项目组织或管理的投入产出关系，从而判定资金使用效率，优化业务流程，提升科技资金投入项目组织与管理效率，达成高效率配置科技资金投入目标。

六、科技资金投入效果性审计

效果性是指科技资金投入项目目标的实现程度，归结起来看，就是花最少的钱办最多的事，还要将事办好，包括但不限于经济效益、社会效益、生态效益等效益指标是否实现，是否具有可持续性，是否得到社会公众或服务对象满意，分析未达成目标的原因，提出改进措施。

科技资金投入效果性审计，即通过审查与评价科技资金投入既定目标的实现程度，是否达到预期效果，是否与政策、规划一致，促进科技资金投入决策、组织和管理效率提升。

第3节　科技资金投入绩效审计依据

科技资金投入绩效审计依据与其他预算绩效审计基本相同，但还应注意科技资金投入相关政策、决策、实施与效果资料，与科技资金投入预算有关的定额、标准、历史数据，科技资金投入战略规划、中长期发展规划、年度工作计划，以及项目的前期论证、过程实施及结果文件资料等。其中与科技资金管理相关的主要法律法规依据如下。

（1）《中华人民共和国科学技术进步法》。

（2）《中共中央－国务院关于深化体制机制改革加快实施创新驱动发展战略的若干意见》。

（3）《国家重点研发计划资金管理办法》。

（4）《国务院办公厅关于改革完善中央财政科研经费管理的若干意见》

（5）关于进一步完善中央财政科研项目资金管理等政策的若干意见。

（6）《国务院关于优化科研管理提升科研绩效若干措施的通知》。

（7）《国务院关于改进加强中央财政科研项目和资金管理的若干意见》。

（8）《国务院印发关于深化中央财政科技计划（专项、基金等）管理改革方案的通知》。

（9）《中央财政科技计划（专项、基金等）监督工作暂行规定》。

（10）《中央财政科技计划项目（课题）结题审计指引》。

第 4 节　科技资金投入绩效审计内容

科技资金投入绩效审计坚持以科技投入执行效果为目标，从科技资金投入政策效果入手，以科技资金投入的来源与使用为主线，涉及与资金相关的部门与单位，关注重大项目，关注与科技资金投入相关的管理、组织、项目、政策等，关注与科技资金投入管理相关的设立管理、项目及资金申报、资金拨付与使用管理、绩效管理、监督管理等全过程，对资金的经济性、效率性和效果性进行综合评价。

科技资金投入绩效审计的主要内容包括但不限于以下事项。

（1）科技计划相关部门职责履行情况。

（2）科技资金投入政策制定与项目设立情况。

（3）科技资金投入绩效目标的设定情况。

（4）科技资金投入和使用管理情况。

（5）为实现科技资金投入绩效目标的决策过程，所制定的制度、采取的工作措施。

（6）科技资金投入绩效目标的实现程度及效果。

（7）科技资金投入的监督检查管理情况。

在企业科技资金投入绩效审计中，要结合中央企业科创专项任务，重点对落实创新驱动发展战略情况，以及关键核心技术攻关工程完成进度、研发支出核算、研发投入强度和效益、重大专项经费管理、科技成果转化效果等方面进行审计，及时揭示风险问题，促进提升科研创新能力。

第 5 节　科技资金投入绩效审计指标

一、科技计划管理职责履行

科技计划管理职责履行方面绩效审计指标，主要包括科技计划相关管理部门、项目管理专业机构、项目承担单位，参与科技计划、项目咨询评审和监督工作的专家，以及支撑机构、科研人员等在科技计划管理制度建设、项目实施和资金管理使用、科技计划目标实现、结果产出、效果和影响等管理过程中职责履行情况。

二、科技资金投入前期决策

科技资金投入前期决策方面绩效审计指标，主要包括科技资金投入决策所确定的整体目标是否符合国家科学与技术发展规划、区域规划与行业发展规划，科技项目绩效目标设定是否合理，绩效指标是否明确，决策主体、决策依据、决策标准、决策程序等是否规范，科技资金投入分配方法和结果是否合理、适当，是否与目标任务相匹配。

三、科技资金投入过程管理

科技资金投入过程管理方面绩效审计指标主要如下。

一是国家、地方等不同层级科技资金投入拨付到位率、到位及时率、资金使用率，科技资金投入预算管理和财务管理及资金使用情况是否规范。

二是科技资金投入管理体制、机制、制度是否健全有效，组织机构是否明确，管理制度是否齐全，是否编制具体可行的项目实施方案，绩效目标填报是否及时。

三是是否建立执行科技资金投入项目事前评估、过程监控、事后评价、结果应用等全过程预算绩效管理制度，与科技资金投入使用相关的重大事项决策制度是否健全、执行是否到位、是否达到预期效果。

四是科技资金投入结转结余资金管理是否规范，财务、业务、管理等各类基础信息数据是否全面、完整与准确。

四、科技资金投入目标实现

科技资金投入目标实现方面绩效审计指标，主要包括科技资金投入绩效产出数量完成率、产出质量达标率、产出进度控制、产出成本是否节约，是否达到预期经济效益、社会效益、环境效益，是否具备可持续影响，以及服务对象是否满意。

第 6 节　科技资金投入绩效审计重点

一、科技计划管理职责履行审计

此方面审计重点如下。

一是重点审查科技计划相关管理部门、项目管理专业机构，参与科技计划、项目咨询评审和监督工作的专家，以及支撑机构等是否按照规定建立健全科技计划事前、事中、事后等管理体制、机制与制度。

二是重点关注相关部门是否切实履行在项目申请、组织实施、验收和科研资金使用等方面的管理职责，对相关科技计划、项目和资金开展事前评估、过程监控、事后评价，以及评价结果应用等监督管理职责，确保科技计划绩效目标实现。

三是重点审查相关部门是否按照规定建立公开公示制度，明确公开公示事项、渠道、时限等管理内容和要求；是否依规对相关管理制度和规范、项目立项和资金安排、主要研究人员、科研资金使用、项目合作单位、大型仪器设备购置、项目研究成果和验收结果、绩效评价和监督报告，以及专家管理和使用等信息及时主动公示公开，接受各方监督。

四是重点审查相关部门专项检查、专项审计、绩效评估评价等监督检查工作职责落实是否到位，科研资金使用的合法性、合规性和合理性及内部管理有效性，项目目标实现、资源配置、管理与实施、效果与影响等绩效评估评价工作是否到位。

五是重点审查相关部门是否有效落实整改各监督主体在监督检查中所提出的问题，建立健全科技计划管理体制、机制与制度，强化科研项目全过程管理，规范资金管理，提升科技资金投入绩效。

二、科技资金投入设立管理审计

此方面审计重点如下。

一是重点审查科技资金投入设立的规范性与有效性，主要包括但不限于科技资金投入是否纳入国家或地方政府科技发展总体规划，科技资金投入项目前期可行性论证是否充分。

二是重点审查科技资金投入整体目标、科研项目目标的合理性、绩效指标的明确性，决策主体、决策依据、决策标准、决策程序、资金分配方法和结果等是否规范。

三、科技资金投入使用管理审计

此方面审计重点如下。

一是重点审查科技资金投入管理和实施情况，科技资金投入管理制度是否健全、执行是否到位、制度执行程序是否规范有效。

二是重点审查科技资金投入预算安排及到位情况、资金使用情况和资金结余情况，是否做到专款专用、单独核算及跟踪监管。

三是重点分析科技资金投入预算的合理性、拨付的及时性，使用的真实性、合法性和效益性。

四是重点审查科技资金投入是否按照规定的范围和标准开支，有无挤占、挪用、截留和损失浪费等现象，有无擅自变更科技资金投入使用计划等。

四、科技资金投入绩效管理审计

此方面审计重点如下。

一是重点关注是否建立执行科技资金投入绩效目标管理机制和绩效评价体系，以强化科技资金投入绩效跟踪反馈和评估制度；是否对科技资金投入开展全过程绩效管理。

二是重点关注是否建立执行科技资金投入绩效评价制度，业务主管部门是否按规定定期报送年度科技资金投入执行情况和绩效情况总结报告；是否对科技资金投入执行情况进行年度绩效评价、执行期内绩效总体评价。

五、科技资金投入监督管理审计

此方面审计重点如下。

一是重点审查是否建立执行科技资金投入监督管理机制，推进信息化平台建设，健全科技资金投入使用情况动态监管机制。

二是重点关注是否开展科技资金投入使用的合规性、安全性和效益性日常与专项监督检查，是否对科技资金投入的设立、使用、调整和撤销进行全过程监督管理。

六、科技资金投入绩效实现审计

此方面审计重点如下。

重点关注科技资金投入原定绩效目标和目的是否可能达到，绩效目标是否需要调整，科技资金投入原定效益是否可能实现及实现的程度；分析科技资金投入管理和使用的经济性、效益性和效果性，评价科技资金投入绩效目标完成情况。在评价经济效益的同时，要关注科技资金投入的社会效益。

七、科技资金投入违规问题揭示

一是重点揭示是否存在违反《中华人民共和国科学技术进步法》等规定，虚报、冒领、贪污、挪用、克扣、截留用于科学技术进步的财政性资金或者社会捐赠资金的问题。

二是重点揭示是否存在违反《中华人民共和国科学技术进步法》等规定，利用财政性资金和国有资本购置大型科学仪器、设备后，不履行大型科学仪器、设备等科学技术资源共享使用义务的问题。

三是重点揭示是否存在违反《中华人民共和国科学技术进步法》等规定，进行危害国家安全、损害社会公共利益、危害人体健康、违背科研诚信和科技伦理的科学技术研究开发和应用活动的问题。

四是重点揭示是否存在违反《中华人民共和国科学技术进步法》等规定，虚构、伪造科研成果，发布、传播虚假科研成果，或者从事学术论文及其实验研究数据、科学技术计划项目申报验收材料等的买卖、代写、代投服务的问题。

五是重点揭示是否存在违反科学技术进步法等规定，从事科学技术活动违反科学技术活动管理规范；骗取国家科学技术奖励；利用虚假数据、材料，协助他人骗取国家科学技术奖励的问题。

第 7 节　科技资金投入绩效审计步骤

科技资金投入绩效审计与其他绩效审计类似，主要包括四个阶段：前期准备阶段、现场实施阶段、审计报告阶段、审计结果应用阶段等，在此不赘述。

第 8 节　科技资金投入绩效审计方法

在进行科技资金投入绩效审计时，除常规绩效审计管理、规划、抽样、调查、评价等方法外，主要采用比较分析法、综合指标评价法、成本效益分析法、最低成本法、因素分析法、逻辑框架法等；同时应根据科技资金投入特征与特点，采取一种或多种审计方法。

第 9 节　科技资金投入绩效审计结果

　　科技资金投入绩效审计报告框架、撰写路径、质量标准及质量控制程序与其他绩效审计类似，此处不赘述。科技资金投入绩效审计报告框架如下。

　　（1）科技资金投入绩效审计概述。此部分包括但不限于科技资金投入实施主体、主要内容，以及立项依据、背景等，科技资金投入预算、资金组成，以及预算执行、结果等，科技资金投入绩效审计总体目标和阶段性目标。

　　（2）科技资金投入绩效审计工作简述。此部分包括但不限于科技资金投入绩效审计目的、依据、原则、方法等，审计前期准备情况、现场核查情况、资料信息汇总、分析评价、沟通反馈、出具报告等内容。

　　（3）科技资金投入绩效审计评价结论。此部分在总体系统说明科技资金投入决策、管理和绩效情况，科技资金投入管理中所实现的主要成效、取得的成功经验与做法等的基础上，对大额专项决策情况、管理情况、产出及效果情况进行分析与评价。

　　（4）科技资金投入绩效审计发现的主要问题。主要涉及以下方面。

　　①科技资金投入决策方面。

　　②科技资金投入管理方面。

　　③科技资金投入绩效方面。

　　④其他需要说明的问题。

　　⑤科技资金投入绩效审计意见与建议。

第 10 节　科技资金投入绩效审计案例

一、某市基础与应用研究等资金绩效审计案例

（一）案例背景

　　根据某市审计监督条例，审计机关按照年度市委、市政府所确定的重点任务，聚焦主责主业，组织开展了以基础研究推进高质量发展、财政投入大型科学仪器设施共享管理的专项绩效审计，涉及资金 ×× 亿元，涉及相关部门、企事业单位 18 个。

　　本次绩效审计坚持从科技创新的源头入手，推动本市全面提升科技创新要素的整合力、支撑力，在基础研究和应用基础研究相关资金管理使用方面，重点审计了机制建

立、机构运营、项目管理、资金使用等情况；在大型科学仪器设施共享管理方面，重点审计了仪器设施共享程度、配置管理等情况。

（二）审计评价

审计结果表明，在基础研究和应用基础研究相关资金管理使用方面，本市出台科技创新管理办法，建立稳定支持与竞争性经费相结合的科技创新投入机制，主动布局一批重要创新载体和高水平科研机构，持续加大基础研究支持力度，增强原始创新能力。在大型科学仪器设施共享管理方面，本市相继出台了促进重大科研基础设施和大型科学仪器共享管理暂行办法、实施细则，市科技管理部门搭建了大型科学仪器共享平台，相关管理单位建立了本单位开放共享服务管理制度、搭建了自有仪器共享管理平台，为科技资源共享、交流与合作提供了便利。

（三）审计发现的主要问题

1. 基础研究与应用基础研究资金绩效方面

一是基础研究机构的管理体制机制不健全。未建立健全基础研究机构财政资助分类指引和长效机制，缺乏资助方式、周期、金额等标准，多元化资金筹措能力不足。

二是未建立基础研究机构理事会、负责人的统一管理机制，缺乏遴选、考核、监管等制度。未规范基础研究机构设立独立分支机构的行为，未明确设立流程、资金投入、管理模式等要求，多家机构出于自身布局、获得财政资金、空间保障等需求，在市内多点设立独立法人二级机构，存在分散科研资源风险。

三是资金使用绩效管理不到位。未建立基础研究机构的分类绩效评价体系，在绩效目标的制定、自评等方面缺乏统一标准，未考核部分机构年度绩效目标完成情况。未及时审定部分基础研究机构建设方案，在方案未经审定的情况下，仍向相关机构拨付研究经费，未及时下达建设期任务书；在未明确部分机构财政资助总预算、绩效目标及考核方式的情况下拨付资助资金。

2. 大型科学仪器设施开放共享绩效方面

一是大型科学仪器设施对外开放共享程度不足。近三年对外共享机时为 0 的仪器占总数的比例均在 70% 以上；部分单位对外共享机时占总运行机时的比例低于 10%，外部用户使用占比低，服务企业不足。大型科学仪器设施共享管理经验不足、基础数据不完善、共享机制缺乏外在约束和内在动力、共享信息渠道不畅。

二是大型科学仪器设施共享制度建设推进缓慢。已制定的促进重大科研基础设施和大型科学仪器共享管理暂行办法、实施细则先后失效，但截至审计日已逾两年之久仍未出台新的管理办法，未配套制定联合评议、评价考核等具体实施细则，影响共享工作有效实施。

三是大型科学仪器设施共享平台功能不健全。市大型科学仪器设施共享平台原计划截至审计日前一年度完成三期开发建设，但截至审计日仅完成一期建设，未实现仪器设施的预约申请、资源管理、运行监控等功能。共享平台数据不完整、不准确，未与管理单位的系统进行对接，仪器管理单位无法有效利用平台进行管理，主管部门难以通过平台开展考核评估、查重评议等工作。

四是大型科学仪器设施配置管理亟须提升。大型科学仪器设施配置主管部门未有效建立对接机制，未掌握仪器设施资产和资金规模等基本情况，市本级财政投入大型科学仪器设施底数不清，导致部分应纳入仪器共享平台的大型科学仪器未纳入。主管部门未开展新购仪器的联合评议，购置前缺少论证查重程序，导致部分仪器重复购置且不饱和运行，部分仪器低效运行甚至处于闲置状态。

（四）审计意见与建议

一是对于基础研究与应用基础研究管理体制不完善的问题。审计建议要建立基础研究机构财政资助资金的分类指引，结合实际建立长效支持机制，合理确定预算规模；建立健全机构理事会成员、负责人管理制度，推动机构加强人员和薪酬管理；全面布局、统筹规划设置分支机构，推动科技资源精简高效发展；建立健全机构分类绩效评价体系，为后续安排提供依据；及时审定机构建设期方案、向机构下达建设期任务书，按要求进行资金划拨和考核评价。

二是对于大型科学仪器设施开放共享总体效益不高的问题。审计建议仪器管理单位要建立科学评价考核和激励约束机制，提高共享积极性，通过信息化手段强化管理。主管部门要加快出台新的共享管理办法和实施细则，理顺考评、奖惩、监督等配套制度，以共享需求为导向优化市大型科学仪器设施共享平台。项目相关主管部门要摸清本部门批复项目涉及仪器设施的底数，建立完整准确的信息库，会同管理单位加强仪器购置前的把关，避免重复购置造成资源浪费。

（五）审计查出问题整改情况

一是在基础研究与应用基础研究管理体制不完善方面。①主管部门已会同财政部门制定了基础研究机构财政资助长效机制初步方案，促进研究机构可持续发展。②主管部门正在研究制定财政稳定资助类新型研发机构管理办法，出台后据此会同组织部门制定科研机构领导人员选拔聘用规则，推动科研机构领导班子成员管理规范化。③在充分考虑产业部署的基础上，主管部门会同相关单位推进基础研究机构分支机构的科学设置。其他资金使用的绩效评价管理不到位的问题亦在整改中。

二是在大型科学仪器设施开放共享总体效益不高方面。①主管部门已推动出台市深化完善科技评价机制实施方案，将大型科学仪器设备开放作为科研机构评价考核内容。②某管理单位出台了公共服务项目实施办法（试行），有效提升了各项大型仪器设备开放共享水平。③某管理单位已通过预约管理系统向社会充分开放共享，通过科技创新联合会等社会组织进行宣传介绍，已向相关企事业单位提供了仪器设备测试等开放共享服务。④某管理单位已按要求将相关设备在市大型科学仪器共享平台上发布，同时将具有较广适用范围的仪器在学院门户网站进行共享。其他大型科学仪器设施共享制度建设推进缓慢的问题涉及相关管理制度亟须修订完善等事项已完成阶段性整改。

二、某市科技专项经费绩效审计案例

（一）案例背景

根据年度审计工作计划安排，某市审计机关对近三年市科技专项经费暨应用技术研究与开发专项资金进行了绩效审计，涉及财政专项资金 ×× 万元，项目单位 15 个。

（二）审计结论

从审计结果看，科技专项经费助推"科技兴市"，在推进科学技术进步等方面发挥了积极的作用；科技专项经费预算安排逐年递增，使用效益有所提高，尤其是科技投入助力营商环境、生态环境、能源转化、环境优化等不断提升，发挥了较好的经济效益和社会效益，为提升城市品位、促进科技创新成效发挥了积极作用。

（三）审计发现的主要问题

一是科技资金投入拨付不及时影响年度资金使用效益。近三年涉及 1 200 万元科技资金投入在当年第四季度拨付，影响资金使用效益。其中，涉农科技项目资金 500 万元因受季节影响，年末拨付开春使用造成资金冗余未及时发挥使用效益。

二是科技资金投入长期滞留未使用造成资金闲置浪费。例如，由市本级财政资金安排下拨某区信息化平台项目建设资金 600 万元已滞留 18 个月，截至审计时点尚未安排使用。

三是科技资金投入项目支持单位选择不当造成资金损失。例如：由市本级财政资金安排下拨某铝业公司科技研发资金 48 万元，因该企业经营不善已关停，造成科技资金投入损失浪费。

四是科技资金投入内部控制制度不健全、执行不到位。例如：未建立执行跟踪问效机制，科技项目实施过程中缺乏专家指导、评估、验收机制；未分项目独立核算科技资金投入，将专项资金和自有资金混用等。

（四）审计意见与建议

一是科技专项经费立项时应充分考虑项目资金使用后的经济效益和社会效益，真正做到精准立项、专款专用及资金安全有效。

二是严格执行科技投资资金管理办法，对经营效益好、还款能力强、资金投入确有实效的企业实行资金回收和滚动投入，确保科技资金投入持续有效。

　　三是建立健全科技项目资金管理细则，强化预算和决算管理制度执行，逐步健全完善科技专项经费跟踪问效机制，提升科技资金投入管理水平。

三、国有企业科技资金投入绩效审计案例

（一）案例背景

　　根据三泰集团《关于对三泰恒天公司科技资金投入开展绩效审计的通知》，审计组对三泰恒天近三年实施的 28 个科技资金投入项目进行了绩效审计，涉及部门与单位12 个，审计资金 2.7 亿元，重点关注了科技项目内部控制制度是否健全有效，科技项目立项、实施、验收及成果管理是否规范，是否达到预期效果。

（二）审计结果

　　审计结果表明，三泰恒天为服务集团发展战略中所确定的主业板块技术开发及应用需求，申请上报并经批准成立专项负责科研管理部门，建立执行科技项目管理办法，不断规范完善科技项目立项、实施、验收及成果管理，积极推动科技项目实施，争取取得专利、国际国内先进成果、领先成果等科研成果，促进科研成果应用，为集团技术集成和新技术推广应用等积累了丰富的科研项目管理经验，对促进集团提升技术水平、增强融资能力、提高管理水平、保证集团满足科技进步水平要求发挥了积极作用。

（三）审计发现的主要问题

　　1. 项目立项审核审批方面

　　一是科研项目申报与评审资料审核把关不严。科研项目申报材料经费预算计算存在差错，未按照规定编制科研项目申报材料，科研项目申报书与科研项目合同关键内容存在冲突或差异。

　　二是科研项目申请、评审与研究人员不相容职务未分离。项目申请人员、研究人员同时作为项目立项专家评审会成员。

　　三是科研项目立项申请、审批与合同签订程序倒置，存在先签订科研项目合同，后进行立项审批，以及立项申报材料提交时间晚于项目批复时间等问题。

　　2. 项目过程跟踪监控方面

　　一是科研项目合同签订与执行不严谨。主要体现为：①科研项目合同签订内容有悖立项决策批复文件要求，科研项目金额存在差异或科研项目名称不一致，未按规定签署合同日期等；②科研项目合同签订日期晚于项目起始日期；③未按照合同约定提前或延后下拨项目资金，超额或未足额拨付科研经费；④未签订合同拨付科研资金；⑤与协作单位签订合同的日期晚于项目终止日期；⑥实际协作单位与合同约定协作单位不一致。

　　二是科研经费管理政策与制度执行不到位。主要体现为：①超比例乃至全额拨付科

研项目经费；②未独立核算科研项目；③科研项目研究和管理人员在本项目中领取专家咨询费；④对外委托业务费用超科研项目合同约定预算，且未履行预算变更手续；⑤专家评审费发放标准同比高于中央财政科研项目专家咨询费标准。

3. 经费支出成果取得方面

（1）科研项目进度控制不到位存在延期项目占总项目数量25%。

（2）科研项目未按照项目合同约定时间结题项目占总项目数量30%。

（3）科研项目研究成果未达到预期研究成果项目占总项目数量21%。

（4）已结题科研项目成果未应用于实践项目占总项目数量15%。

（5）科研项目经费结余金额占预算金额50%的项目占总项目数量20%以上。

（6）科研经费支出比例及成果同比国家资质标准要求存在差距。

（四）审计意见与建议

一是规范完善前期立项决策评审程序。严格按照科技项目管理办法要求，强化科研项目立项申报材料审核，严格申请、评审、审核批准程序；建立执行评审专家与被评审项目研究人员不相容职务分离机制；落实科研合同重大事项变更审批流程，以保证合同的有效执行，保证科研项目工作的合规性、完整性。

二是加强项目过程监控。严格合同签订与执行、经费收支核算与管理、项目进度控制等过程控制，定期开展监督检查，发现问题，提出建议并落实整改，确保项目实施全过程规范有效。

三是积极推进科研成果转化与应用，扩大项目绩效成果。及时办理已完工项目验收及审核，开展重大、重要科研项目绩效评价，积极推进研究成果后期的推广及应用，总结应用过程中成果存在的缺陷，不断进行优化完善，扩大科研项目应用效果。

四、科技资金投入绩效审计常见问题

（一）科技计划管理职责履行方面

（1）科技计划相关管理制度体系不完善。

（2）科技计划相关部门项目申请、组织实施、验收和科研资金使用等方面的管理职责履行不严格。

（3）科技计划相关部门对科研项目事前评估、过程监控、事后评价，以及评价结果应用等监督管理职责落实不到位。

（4）科技计划相关部门未按规定建立执行公开公示制度，及时主动公示公开制度执行不到位。

（5）科技计划相关部门监督检查问题整改落实不彻底，未建立分类分级绩效评价体系，大型科学仪器设施共享制度建设推进缓慢。

（二）科技资金投入设立管理方面

（1）科技资金投入申请设立合法性、必要性、可行性、资金规模和绩效目标等论证不到位，重复设立与已有科技资金投入使用方向、用途一致或者相似的科技资金投入项目。

（2）科技资金投入总体目标、子项目绩效目标设计不合理，未能做到用数据说话，不具备可衡量性。

（3）绩效目标设定不符合客观实际，无法在一定期限内如期实现。

（4）科技资金投入绩效目标与工作任务数不相匹配，与预算确定的投资额或资金量不匹配，存在过高或过低情形。

（5）未及时将科技资金投入分解下达或明确到具体项目，扩大科技资金支出范围。

（三）科技资金投入使用管理方面

（1）科技资金投入管理制度不健全，制度执行不到位。

（2）科技资金投入支持项目申报审核工作不严格。

（3）科技资金投入拨付不到位，存在滞留、拖延科技资金投入拨款情形。

（4）将科技资金投入用于规定用途之外的工资福利和公用经费等一般性支出。

（5）未经批准变更项目内容或者调整预算。

（6）科技资金投入采购货物、工程和服务政府采购不规范，存在应采未采、采购程序不规范，合同订立与执行不严格等问题。

（四）科技资金投入绩效实现方面

（1）科技资金投入原定绩效目标和目的未达成。

（2）未根据内外部环境变化或政策影响对科技资金投入绩效目标进行调整。

（3）未实现科技资金投入预期产出数量、质量、时效等目标。

（4）未实现预期经济效益、社会效益，不具有可持续性。

（5）科技资金投入形成资产存在闲置、浪费。

（6）大型科学仪器设施对外开放共享程度不足。

（7）大型科学仪器设施共享平台功能不健全。

五、提升科技资金投入绩效审计思考

（一）坚持客观全面全流程审计监督原则

一是坚持决策、执行、监督相互制约又相互协调的审计监督机制，独立于科研项目管理工作开展绩效审计，确保客观、公正；坚持遵循科研项目管理规律，根据科支计划、项目的性质和特点，分类开展绩效审计工作。

二是坚持全流程全方位审计，即对科研项目或课题的选定、申请、评审、资金分配、课题结题验收及科技成果转化等全流程进行绩效审计，强化科研项目事前、事中、事后审计评价，突出关键环节审查；坚持绩效导向，强化经济性、效率性、效益性审计评价，推动项目管理从重数量、重过程向重质量、重结果转变。

三是聚焦科研项目任务书，强化契约精神，严格按照任务书的约定逐项考核结果指标完成情况，对绩效目标实现程度得出明确结论，如实客观反映科研项目成果效率、效益与效果。

（二）科学创建全口径绩效审计指标体系

一是在绩效目标方面，合理评估长期总目标和年度目标的实现程序；在绩效指标方面，对投入和产出两个层面所设计的定量指标和定性指标予以评价，着眼于如获得论文专著数量、专利授权，以及培养高级人才数量等科技资金投入相关指标衡量。

二是实行科研项目绩效分类审计评价。例如，对基础研究与应用基础研究类项目，重点评价新发现、新原理、新方法、新规律的重大原创性和科学价值，解决经济社会发展和国家安全重大需求中关键科学问题的效能，支撑技术和产品开发的效果，代表性论文等科研成果的质量和水平；技术和产品开发类项目，重点评价新技术、新方法、新产品、关键部件等的创新性、成熟度、稳定性、可靠性，突出成果转化应用情况及其在解决经济社会发展关键问题、支撑引领行业产业发展中发挥的作用；应用示范类项目，绩效评价以规模化应用、行业内推广为导向，重点评价集成性、先进性、经济适用性、辐射带动作用及产生的经济社会效益，更多采取应用推广相关方评价和市场评价方式。

（三）创新与优化科技投入绩效审计手段

一是鉴于科技资金投入绩效审计涉及管理部门多、资金规模大、时间跨度大、承担单位多、资金管理使用环节多等特点，在审计组织上应加强统筹，科学合理匹配审计资源。例如，在开展部门预算执行审计时，融入科技资金投入绩效审计，选择某一类科研项目开展专项绩效审计，上下联动、点面结合体现审计效能。

二是积极运用信息化数据分析审计手段，创建科研项目或课题数据大集中数据平台，开展各类科技资金数据的纵向历史分析、横向关联分析，为绩效审计提供技术支持；利用总体分析和分散核查审计模式，变局部分析为全面分析，变经验抽样为全量数据纵向趋势分析和横向关联分析，提升审计广度与深度。

三是督促推动绩效审计结果应用，将绩效审计结果应用作为制度建设、业绩考核、预算编制等参考依据，对违规造成损失或不良后果的严肃追究责任。

第 8 章

企业经营管理绩效
审计实务指南

第 1 节　企业经营管理绩效审计概念

一、企业经营管理的概念

企业经营管理通常是指企业按照国家有关法律、法规规定，围绕其战略目标与运营指标，对企业整个生产经营活动进行决策、计划、组织、控制、协调，并对企业成员进行激励，以实现其战略任务目标和经营考核目标。

二、企业经营管理的任务

企业经营管理的主要任务包括但不限于建立健全企业法人治理结构，完善内部控制及风险管理体系，充分有效地利用企业所拥有的人、财、物、信息、技术等资源，通过研发、财务、采购、生产、销售等主要业务活动，实现物料供应、产品生产和销售等环节的价值增值，开展计划、决策、组织、指挥、协调、控制、激励等管理活动，以最大限度地获取经济效益和社会效益。企业经营管理具体包括战略管理、预算管理、投融资管理、营运管理、成本管理、绩效管理、监督管理、对所属企业管控等。

三、企业经营管理绩效审计

企业经营管理绩效审计是指审计机构或部门围绕企业经营管理计划、实施、监督、处理等全流程闭环管理要求，对企业经营管理的经济性、效率性和效益性进行审计并出具审计报告；重点揭示企业合规经营管理不到位、资源配置不合理、经营管理活动效率低下、未能实现预期效果、影响企业可持续经营等问题，提出改进意见与建议，综合反映企业资产运营质量，促进提高资本回报水平，正确引导企业经营行为，推动企业高质量发展。

企业经营管理绩效审计应遵循以下原则。

（一）全面客观合规性原则

一是围绕企业战略、年度与审计期内考核目标，坚持短期与长期目标相统一，构建立足当前、着眼长远的审计指标体系，对影响企业绩效水平的各种因素（包括但不限于政策、管理、业务、财务等因素）进行多层次、多角度的分析和综合评判。

二是充分体现市场竞争环境特征，依据统一测算的、同一期间的国内行业标准或者国际行业标准，客观公正地评判企业经营成果及管理状况。

三是坚持依据国家法律、法规与企业内部管理制度，准确把握出资人监管边界，依法依规开展审计工作，促进企业依法合规经营。

（二）经济性、效率性、效益性原则

一是经济性，应对企业资金、人力、物力、信息、技术及管理活动等投入的经济性进行审查与评价，促进企业合理有效配置资源。

二是效率性，应对企业计划、组织、管理、执行、监控和考核的效率进行审查与评价，促进企业提升管理与业务效率。

三是效益性，应以考察投资回报水平为重点，运用投入产出分析等方法对企业盈利能力、资产运营、债务风险、经营增长等进行分析与评价，对企业未来发展能力进行评判。

（三）创新发展持续性原则

一是瞄准国际国内先进水平，通过分析同行业对标企业的优势、劣势和外部的机遇和威胁等，推动企业合理确定发展目标。

二是聚焦投融资、购销、资金、科技投入等重要领域开展审计，促进企业强化重大事项决策、执行与实施效果，加快关键核心技术攻关，强化行业技术引领，不断增强企业核心竞争能力。

三是突出主责主业审计，促进企业聚焦主责主业，着力补齐发展短板，积极培育新动能，不断提升协调发展、可持续发展能力。

第 2 节 企业经营管理绩效审计目标

一、企业经营管理合规审计

企业经营管理合规审计目标，即通过审计对企业经营管理活动是否贯彻执行党和国家重大决策部署及国家法律法规政策，是否有效落实国资监管制度规定，对企业内部控制及风险管理体系的健全性及其运行的有效性发表审计意见；审查企业经营管理活动是否符合国家的法律、法规、方针政策、财经纪律和财经制度要求，对企业经营管理合规性发表审计意见。

二、企业经营管理信息审计

企业经营管理信息审计目标，即通过审计对与企业经营管理活动经济性、效率性和效果性相关的管理信息、业务信息、财务信息等各类信息是否真实、可靠等发表审计意见；审计相关信息来源是否科学、合理、正确，是否如实反映企业经营管理、业务活动与财务经营成果等实际状况，是否客观反映企业财务状况和经营成果等考核指标完成情况，为企业经营管理绩效审计奠定数据基础。

三、企业经营管理目标审计

企业经营管理目标审计目标，即以实现资本保值增值、放大资本功能、提升企业抗风险能力为目标，通过对企业贯彻落实上级方针政策及决策部署、集团资源整合、产业布局、结构调整优化、技术创新和研发投入、发展潜力和风险管控、资本经营预算编制、执行和绩效等情况进行审计，对企业经营管理活动的经济性、效率性和效果性进行审查和评价；对与企业经营管理活动既定战略规划、经营计划指标的适当性、相关性、可行性和实现程度，既定目标决策是否履行内部决策流程，审计期内经营绩效目标设定与完成情况进行审核；对未能实现既定目标的情况及其原因进行分析，揭示问题背后的主客观原因；对企业经营管理绩效目标设定与完成的科学性、合理性、规范性，以及真实性、完整性与效益性发表审计意见。

四、企业经营管理资源审计

企业经营管理资源审计目标，即通过审计对与企业经营管理活动相关的人、财、物、信息、技术等资源取得、配置和使用的合法性、合理性、恰当性和节约性等发表审计意见；审查企业是否合理有效配置资金、人力、物力及管理资源，是否以最少的投入实现企业经营管理战略目标。

五、企业经营管理效率审计

企业经营管理效率审计目标，即通过审计对与企业营运相关的研发、财务、采购、生产、销售等主要业务活动的效率，计划、决策、指挥、控制及协调等主要管理活动的效率等发表审计意见；审查企业发展战略规划、重大经济事项的决策、执行和效果情况，提出经营与管理意见与建议。

六、企业经营管理效果审计

企业经营管理效果审计目标，即通过审计对企业经营管理活动预期经济效益、社会效益、生态效益等效益目标实现，以及可持续性发表审计意见；分析效益未达成预期目标的情况，深度挖掘分析企业战略决策、目标任务、工作计划、管理实施、监督检查各环节存在的问题与风险，提出改进措施。

第3节　企业经营管理绩效审计依据

企业经营管理绩效审计依据与其他预算绩效审计依据基本相同，但还应注意企业经营管理相关法律、法规、政策、计划、决策、实施与效果资料，与企业经营管理绩效考核有关的办法、标准与规范，企业自身经营发展战略规划、中长期发展规划、年度工作计划及企业内部控制与风险管理体系，重大项目前期论证、过程实施及结果文件资料等。企业经营管理绩效审计依据通常包括但不限于以下内容。

（1）国家相关法律、法规、方针、政策和规章制度等。

（2）国民经济与社会发展规划和方针政策。

（3）企业经营管理战略规划、中长期发展规划及年度工作计划。

（4）国家行业政策、行业标准及行业规范。

（5）企业绩效目标、计划、预算、定额等。

（6）企业预算、决算与绩效考核情况资料。

（7）企业同类指标的历史数据和国际数据。

（8）上级下发的各专项任务及实际执行情况报告。

（9）同行业的实践标准、经验和做法。

（10）企业内部集体决策、决议文件。

（11）企业经营业绩指标完成情况及考核目标责任书、考核结果。

（12）企业审计报告及决定、内外部监督检查报告。

（13）其他相关资料。

第 4 节　企业经营管理绩效审计内容

企业经营管理绩效审计坚持以经济性、效率性、效果性为目标，以企业经营管理决策、实施与效果为主线，以投入产出分析为基本方法，重点关注企业贯彻执行国家宏观政策与决策部署安排、合规经营、绩效目标设定与完成、战略规划与执行、重大事项决策与执行、内部控制与风险管理等经营管理活动全过程、全方位的效率、效益与效果，既关注财务绩效定量指标，又关注经营管理绩效定性指标。企业经营管理绩效审计的主要内容包括但不限于以下事项。

（1）贯彻执行党和国家重大决策部署及国家法律、法规政策，落实国资监管制度促进企业依法合规经营。

（2）企业集团资源整合、产业布局、结构调整优化情况，企业财务状况和经营成果等考核指标设定情况及完成情况相关信息的真实性、完整性、准确性，以及反映企业经营管理活动经济性、效率性和效果性的信息是否真实、可靠。

（3）企业经营管理绩效目标设定的科学性、合理性、规范性，未能实现既定目标的情况及其原因；企业研发、财务、采购、生产、销售等主要业务活动的效率，计划、决策、指挥、控制及协调等主要管理活动的效率，以及预期的经济效益和社会效益等的实现情况。

（4）企业发展战略规划、"三重一大"决策、重大投融资活动、重大资本运作、重大资产处置、重大资金支出、重大担保、重大专项任务等重点经营领域和关键环节重大决策、执行和效果情况，企业技术创新和研发投入、发展潜力和风险管控情况，以及企业人、财、物、信息、技术等资源取得、配置和使用的合法性、合理性、恰当性和节约性。

（5）企业法人治理结构的建立、健全和运行情况，集团管控与风险管理、固定资产投资与股权投资、资金、购销、工程建设、招投标、金融、境外等重要业务领域内部控制制度建设执行及重大风险评估应对等情况。

（6）以往国家审计、出资人监督检查及企业内部审计发现问题的整改情况。

（7）其他与经营管理绩效相关的内容。

第 5 节　企业经营管理绩效审计指标

企业经营管理绩效审计应根据企业集团投入资本的战略定位和发展目标，结合实际对不同功能和类别的企业，突出不同的绩效审计重点，构建企业分类绩效审计指标、企业经营管理绩效定量评价指标，以及企业经营管理绩效定性评价指标等综合审计指标体系。

一、企业分类绩效审计指标体系

（一）充分竞争行业和领域商业类企业

对主业处于充分竞争行业和领域的商业类企业，以增强国有经济活力、放大国有资本功能、实现国有资本保值增值为导向，重点评价企业经济效益、资本回报水平和市场竞争力，引导企业优化资本布局，提高资本运营效率，提升价值创造力。

（二）关系国家安全等的商业类企业

对主业处于关系国家安全、国民经济命脉的重要行业和关键领域，主要承担重大专项任务的商业类企业，以支持企业可持续发展和服务国家战略为导向，在保证合理回报和国有资本保值增值的基础上，加强对服务国家战略、保障国家安全和国民经济运行、发展前瞻性战略性产业情况的评价。

（三）公益类企业

对公益类企业，以支持企业更好地保障民生、服务社会、提供公共产品和服务为导向，坚持经济效益和社会效益相结合，把社会效益放在首位，重点评价产品服务质量、成本控制、营运效率和保障能力。

（四）国有资本投资、运营公司

对国有资本投资、运营公司，加强对落实国有资本布局和结构优化目标、提升国有资本运营效率，以及国有资本保值增值等情况的评价。

（五）科技进步要求高的企业

对科技进步要求高的企业，重点关注自主创新能力的提升，加强对研发投入、科技成果产出和转化等指标的评价。

（六）其他类型或特点的企业

对结构调整任务重的企业，重点关注供给侧结构性改革、主业转型升级、新产业新业态新模式发展，加强对相关任务阶段性成果的评价。

对国际化经营要求高的企业，重点关注对国际资源配置能力、国际化经营水平等指标的评价。

对资产负债水平较高的企业，重点关注对资产负债率、经营性现金流、资本成本率等指标的评价。

对节能环保重点类和关注类企业，重点关注对反映企业行业特点的综合性能耗、主要污染物排放等指标的评价。

对具备条件的企业，可通过对标行业标杆，运用目标法、标杆法等方法对比分析企业经营管理存在的优势、劣势和外部的机会、威胁等，以提升企业核心竞争力。

二、企业经营管理绩效定量评价指标

企业经营管理绩效定量评价指标由反映企业一定期间的盈利能力状况、资产质量状况、债务风险状况和经营增长状况等的指标构成，用于综合评价企业经营管理绩效状况。

（一）企业盈利能力状况

企业盈利能力分析与评判主要通过资本及资产报酬水平、成本费用控制水平和经营现金流量状况等方面的财务指标，综合反映企业的投入产出水平以及盈利质量和现金保障状况。主要以净资产收益率、总资产报酬率、销售（营业）利润率、盈余现金保障倍数、成本费用利润率、资本收益率等进行评价。

净资产收益率＝（净利润／平均净资产）×100%

平均净资产＝（年初所有者权益＋年末所有者权益）/2

总资产报酬率＝［（利润总额＋利息支出）／平均资产总额］×100%

平均资产总额＝（年初资产总额＋年末资产总额）/2

销售（营业）利润率＝（主营业务利润／主营业务收入净额）×100%

盈余现金保障倍数＝经营现金净流量／（净利润＋少数股东损益）

成本费用利润率＝（利润总额／成本费用总额）×100%

成本费用总额＝主营业务成本＋主营业务税金及附加＋经营费用（销售费用）＋管理费用＋财务费用

资本收益率＝（净利润／平均资本）×100%

平均资本＝［（年初实收资本＋年初资本公积）＋（年末实收资本＋年末资本公积）］/2

（二）企业资产质量状况

企业资产质量分析与评判主要通过资产周转速度、资产运行状态、资产结构及资产有效性等方面的财务指标，综合反映企业所占用经济资源的利用效率、资产管理水平与资产的安全性。主要以总资产周转率、应收账款周转率、不良资产比率、流动资产周转率、资产现金回收率等进行评价。

总资产周转率（次）＝主营业务收入净额／平均资产总额

应收账款周转率（次）＝主营业务收入净额／应收账款平均余额

应收账款平均余额＝（年初应收账款余额＋年末应收账款余额）/2

应收账款余额＝应收账款净额＋应收账款坏账准备

不良资产比率＝［（资产减值准备余额＋应提未提和应摊未摊的潜亏挂账＋未处理资产损失）／（资产总额＋资产减值准备余额）］×100%

$$资产现金回收率 = （经营现金净流量 / 平均资产总额）\times 100\%$$

$$流动资产周转率（次）= 主营业务收入净额 / 平均流动资产总额$$

$$平均流动资产总额 = （年初流动资产总额 + 年末流动资产总额）/2$$

（三）企业债务风险状况

企业债务风险分析与评判主要通过债务负担水平、资产负债结构、或有负债情况、现金偿债能力等方面的财务指标，综合反映企业的债务水平、偿债能力及其面临的债务风险。主要以资产负债率、已获利息倍数、速动比率、现金流动负债比率、带息负债比率、或有负债比率等进行评价。

$$资产负债率 = （负债总额 / 资产总额）\times 100\%$$

$$已获利息倍数 = （利润总额 + 利息支出）/ 利息支出$$

$$速动比率 = （速动资产 / 流动负债）\times 100\%$$

$$速动资产 = 流动资产 - 存货$$

$$现金流动负债比率 = （经营现金净流量 / 流动负债）\times 100\%$$

$$带息负债比率 = [（短期借款 + 一年内到期的长期负债 + 长期借款 + 应付债券 + 应付利息）/ 负债总额] \times 100\%$$

$$或有负债比率 = [或有负债余额 /（所有者权益 + 少数股东权益）] \times 100\%$$

$$或有负债余额 = 已贴现承兑汇票 + 担保余额 + 贴现与担保外的被诉事项金额 + 其他或有负债$$

（四）企业经营增长状况

企业经营增长分析与评判主要通过销售增长、资本积累、效益变化及技术投入等方面的财务指标，综合反映企业的经营增长水平及发展后劲。主要以销售（营业）增长率、资本保值增值率、销售（营业）利润增长率、总资产增长率、技术投入比率等进行评价。

$$销售（营业）增长率 = [（本年主营业务收入总额 - 上年主营业务收入总额）/ 上年主营业务收入总额] \times 100\%$$

$$资本保值增值率 = （扣除客观增减因素的年末国有资本及权益 / 年初国有资本及权益）\times 100\%$$

$$销售（营业）利润增长率 = [（本年主营业务利润总额 - 上年主营业务利润总额）/ 上年主营业务利润总额] \times 100\%$$

$$总资产增长率 = [（年末资产总额 - 年初资产总额）/ 年初资产总额] \times 100\%$$

$$技术投入比率 = （本年科技支出合计 / 主营业务收入净额）\times 100\%$$

三、企业经营管理绩效定性评价指标

企业经营管理绩效定性评价指标是指对企业经营管理水平定性分析与综合评判的指标，主要包括但不限于战略管理、发展创新、经营决策、风险控制、基础管理、人力资源、行业影响、社会贡献等，主要反映企业在一定经营期间所采取的各项管理措施及其管理成效。

（一）战略管理评价指标

战略管理评价指标主要反映企业所制定战略规划的科学性，战略规划是否符合企业实际，员工对战略规划的认知程度，战略规划的保障措施及其执行力，以及战略规划的实施效果等方面的情况。

（二）发展创新评价指标

发展创新评价指标主要反映企业在经营管理创新、工艺革新、技术改造、新产品开发、品牌培育、市场拓展、专利申请，以及核心技术研发等方面的措施及成效。

（三）经营决策评价指标

经营决策评价指标主要反映企业在决策管理、决策程序、决策方法、决策执行、决策监督、责任追究等方面采取的措施及实施效果，重点反映企业是否存在重大经营决策失误造成资产损失或不良后果。

（四）风险控制评价指标

风险控制评价指标主要反映企业在财务风险、市场风险、技术风险、管理风险、信用风险和道德风险等方面的管理与控制措施及效果，包括风险控制标准、风险评估程序、风险防范与化解措施等。

（五）基础管理评价指标

基础管理评价指标主要反映企业在制度建设、内部控制、重大事项管理、信息化建设、标准化管理等方面的情况，包括集团管控、风险管理、财务管理、对外投资、采购与销售、存货管理、质量管理、安全管理、法律事务等。

（六）人力资源评价指标

人力资源评价指标主要反映企业人才结构、人才培养、人才引进、人才储备、人事调配、员工绩效管理、分配与激励、企业文化建设、员工工作热情等方面的情况。

（七）行业影响评价指标

行业影响评价指标主要反映企业主营业务的市场占有率、对国民经济及区域经济的影响与带动力、主要产品的市场认可程度、是否具有核心竞争能力，以及产业引导能力等方面的情况。

（八）社会贡献评价指标

社会贡献评价指标主要反映企业在资源节约、环境保护、吸纳就业、工资福利、安全生产、上缴税收、商业诚信、和谐社会建设等方面的贡献程度和社会责任的履行情况。

第6节　企业经营管理绩效审计重点

企业经营管理绩效审计重点在于在对企业依法合规经营、内部控制与风险管理、重大决策等审查测试的基础上，在对企业财务收支、资产质量、经营成果等审计确认的基础上，结合企业经营管理绩效调查，从而对企业经营管理绩效进行全面分析和客观评价。

一、党中央和国务院重大决策部署贯彻落实情况审计

重点审查企业贯彻执行党和国家重大决策部署及国家法律法规政策，落实国资监管制度规定和企业依法合规经营情况。

（一）贯彻落实重大决策部署总体情况

一是围绕上级制定的重大经济工作方针政策和决策部署，确定审计重点内容和对象，审查被审计单位对重大政策措施的贯彻落实情况。重点关注如法人治理结构建立健全、企业改革推进情况和执行效果，相关的职能部门采取的措施是否坚决，制定的实施方案是否符合国家战略规划，是否打折扣、做选择、搞变通，目标任务是否完成，是否达成预期目标。

二是以资金、项目、政策和重大改革任务推进情况为重点，关注被审计单位是否制定具体的落实措施，有无设立时间表、路线图和阶段性目标，相关落实措施的具体内容及其分解、组织落实、执行进度及取得的实际效果等情况。

三是查找影响重大政策措施落地的关键环节，分析政策措施落实过程中面临的困难，是否存在有令不行、有禁不止的行为，分析原因并提出建议，促进上级各项重大政策措施有效实施和发挥作用。

（二）重点专项任务、重大工作执行成效情况

重点审查企业是否有效贯彻落实党和国家关于国资国企经营管理的相关规定精神，

是否对党中央、国务院交办的重大任务落实情况开展审计，尤其是重点专项任务、重大工作部署完成情况，重点反映政策执行成效，揭示政策执行薄弱环节与不足之处，以促进国家政策的落实落细。

（三）国企改革政策落地见效情况

重点审查国有企业监管工作中所要求的如企业法人治理、治理主体职责边界、董事会建设，清理整顿虚假投资、挂靠经营、股权代持、"国皮民骨"等工作开展情况，是否达到预期效果。

（四）提质增效措施精准性、有效性

重点审查国有企业是否按照国资委所制定的"两利四率"经营业绩指标，在成本费用压控和经济技术指标改进、亏损企业专项治理、"两金"压降、"两非"剥离、"两资"清理、国有资本经营预算执行等方面取得的进展与效果，重点关注是否存在规模效益严重不配比、长期不分红或亏损投资规模大、大额资产减值等情况。

（五）防范化解重大风险情况

一是重点审查企业债务风险防范情况。重点关注企业是否有效落实降杠杆减负债政策，企业是否对带息债务规模大、短期债务占比高、现金流紧张、资产负债率上升较快、债券违约等风险隐患积极妥善化解。

二是重点审查企业金融风险防范情况。重点关注集团内所属财务公司、信托公司、基金公司、租赁公司、保险公司等金融企业资金投向及业务往来，防范重大资金损失和系统性金融风险。

三是重点审查企业投资风险防范情况。重点关注超越财务承受能力的投资行为，尤其是对新兴产业、创新业务及参股投资的审计，揭示有无盲目冲动做大的情况。重点关注开展的金融衍生业务企业内部控制制度和风险防范机制是否有效，是否存在资金风险。

（六）科技资金投入效益

结合国有企业科创专项任务，重点对落实创新驱动发展战略情况，以及关键核心技术攻关工程完成进度、研发支出核算、研发投入强度和效益、重大专项经费管理、科技成果转化效果等方面进行审计，及时揭示风险问题，促进提升科研创新能力。

二、重大经营活动和经营决策审计

重点审查企业落实企业发展战略规划、"三重一大"决策、重大投融资活动、重大资本运作、重大资产处置、重大资金支出、重大担保、重大专项任务等重点经营领域和关键环节重大经济事项的决策、执行和效果情况。审计中应当重点关注以下情况。

（一）发展战略规划制定、执行和效果情况

一是是否制定了企业发展战略规划相关制度，是否存在与上级相关制度精神相左的情况，是否存在不合时宜的管理规定。

二是战略规划是否符合企业实际情况，是否持续推进企业发展，是否严重偏离企业发展实际。

三是是否建立了动态开展企业发展战略规划的执行效果与规划预期的差异分析机制，是否对战略规划的执行影响因素开展深层次的原因分析。

（二）重大决策制度制定、执行和效果情况

一是重大经营活动和重大经济决策制度是否健全，相关管理制度是否得到有效执行。

二是重大经营活动和重大经济决策是否符合国家有关法律法规、政策及企业内部制度规定。

三是重大经营活动和重大经济决策事项相关合同或协议内容是否符合企业实际，是否存在损害本企业的条款，其中有无个人谋利行为。

四是重大经营活动和重大经济决策事项的执行是否明确了具体的实施管理部门，有无进行过程监控，是否达到预期效果。

五是重大经营活动和重大经济决策事项是否存在因决策失误给企业造成资产损失或产生不良后果等情形。

三、企业经营合法合规性审计

重点审查企业是否根据外部环境变化，结合自身实际，在全面推进合规管理的基础上，突出重点领域、重点环节和重点人员，切实防范合规风险。

（一）重点领域合规管理方面

（1）市场交易。重点关注企业是否完善交易管理制度，严格履行决策批准程序，建立健全自律诚信体系，突出反商业贿赂、反垄断、反不正当竞争，规范资产交易、招投标等活动。

（2）安全环保。重点关注企业是否严格执行国家安全生产、环境保护法律法规，完善企业生产规范和安全环保制度，加强监督检查，及时发现并整改违规问题。

（3）产品质量。重点关注企业是否完善质量体系，加强过程控制，严把各环节质量关，提供优质产品和服务。

（4）劳动用工。重点关注企业是否严格遵守劳动法律法规，健全完善劳动合同管理制度，规范劳动合同签订、履行、变更和解除，切实维护劳动者合法权益。

（5）财务税收。重点关注企业是否健全完善财务内部控制体系，严格执行财务事项操作和审批流程，严守财经纪律，强化依法纳税意识，严格遵守税收法律法规。

（6）知识产权。重点关注企业是否及时申请注册知识产权成果，规范实施许可和转让，加强对商业秘密和商标的保护，依法规范使用他人知识产权，防止侵权行为。

（7）商业伙伴。重点关注企业是否对重要商业伙伴开展合规调查，通过签订合规协议、要求做出合规承诺等方式促进商业伙伴行为合规。

（二）重点环节合规管理方面

（1）制度制定环节。重点关注企业是否强化对规章制度、改革方案等重要文件的合规审查，确保符合法律法规、监管规定等要求。

（2）经营决策环节。重点关注企业是否严格落实"三重一大"决策制度，细化各层级决策事项和权限，加强对决策事项的合规论证把关，保障决策依法合规。

（3）生产运营环节。重点关注企业是否严格执行合规制度，加强对重点流程的监督检查，确保生产经营过程中照章办事、按章操作。

（三）重点人员合规管理方面

（1）管理人员。重点关注企业是否促进管理人员切实提高合规意识，带头依法依规开展经营管理活动，认真履行承担的合规管理职责，强化考核与监督问责。

（2）重要风险岗位人员。重点关注企业是否根据合规风险评估情况明确界定重要风险岗位，有针对性地加大培训力度，使重要风险岗位人员熟悉并严格遵守业务涉及的各项规定，加强监督检查和违规行为追责。

（3）境外人员。重点关注企业是否将合规培训作为境外人员任职、上岗的必备条件，确保遵守我国和所在国或地区法律法规等相关规定。

（四）境外投资合规管理方面

（1）重点关注企业是否深入研究投资所在国或地区法律法规及相关国际规则，全面掌握禁止性规定，明确境外投资经营行为的红线、底线。

（2）重点关注企业是否健全境外合规经营的制度、体系、流程，重视开展项目的合规论证和尽职调查，依法加强对境外机构的管控，规范经营管理行为。

（3）重点关注企业是否定期排查梳理境外投资经营业务的风险状况，对重大决策、重大合同、大额资金管控和境外子企业公司治理等方面存在的合规风险，是否能够妥善处理、及时报告，防止扩大蔓延。

四、企业财务收支真实性审计

根据国家统一财务会计制度、会计准则及相关法律法规，通过必要的审计程序，重点审查审计期内企业的财务收支管理是否符合国家有关法律法规的规定，会计信息是否真实、完整，账实、账账、账表是否相符，判断企业会计核算的合规性，检查企业财务管理中存在的有关问题。财务收支状况真实性审计应重点关注货币资金、往来款项、存货、固定资产、应付工资等项目，以及资本性支出和收益性支出、合并会计报表的审计。

五、企业资产质量情况审计

重点审查资产质量变动情况，特别是审计期内不良资产的变动情况；审计确认审计期内新增不良资产及审计期内消化不良资产的情况。在审计中应当重点关注以下内容。

（1）银行存款中难以收回的账项和外埠存款中的呆死账。

（2）应收账款、预付账款和其他应收款中的呆死账。

（3）已入账而无法收回的投资收益和无法收回的投资本金。

（4）报废、毁损已无使用价值的固定资产。

（5）由于市价下跌及技术进步发生无形损耗的各项资产等。

（6）应收款项、存货、长期股权投资、固定资产、无形资产、商誉等应提未提或少提的各项减值准备。

（7）应转销而未转销的待处理财产损溢、应提未提及应摊未摊的折旧和费用。

（8）不符合资本化条件的固定资产装修及修理支出尚未计入当期费用的金额。

（9）符合资本化条件的固定资产改良支出，因未遵循谨慎性原则随意延长折旧年限而少计入当期成本费用的金额。

（10）其他按照规定应计入当期成本费用而结转下期的金额。

（11）对外经济担保、未决诉讼、应收票据贴现等或有事项状态下的资产，由于未按照规定预计费用和负债而虚增的金额。

（12）关停并转企业和未纳入财务决算范围企业的不良资产。

（13）其他因素引起的资产损失。

对审计中查出的上述不良资产汇总核算，如实反映企业资产存量的质量结构，正确评价企业的经营业绩。

在审计中应分析产生不良资产的主、客观因素，主观因素主要指因未履行或未正确履行职责所造成的决策失误、经营不善等，客观因素主要指国际环境、国家政策、自然灾害等。

六、企业经营成果真实性审计

重点审查审计期内经营成果的真实性与完整性，审计确认审计期内各年度的收入、成本、费用、利润、净利润等财务定量数据。审计中应当重点关注以下内容。

（1）审计期内企业收入确认和核算是否真实、完整、及时，是否符合国家财务会计制度规定，有无虚列、多列或透支未来收入，少列、漏列或者转移当期收入等问题。

（2）审计期内企业成本费用开支范围和开支标准是否符合国家财务会计制度规定，成本核算是否真实、完整，有无错列、多列、少列或者漏列成本费用等问题。

（3）审计期内经营成果的调整。如果企业存在经营成果不实问题，应当根据审计结果对企业相关的会计数据进行调整，对审计期内产生的不良资产进行扣除，并做出调整后的新的会计报表。

（4）确认审计期内企业实际实现的收入、成本、费用、利润与净利润等。审计期内实际业绩利润一般按照以下公式计算。

审计期内实际业绩利润 = 经过审计调整核实后的审计期内利润总额（已扣除审计期内产生的不良资产）+ 消化审计期以前年度不良资产

七、境外国有资产管理审计

根据加强境外国有资产管理的工作要求，聚焦境外投资、运营和资产管理情况，重点审查境外股权投资、境外固定资产投资，以及境外工程承包、境外贸易业务等决策、实施与效果情况；关注境外大额资金、招标采购、投资并购、项目佣金（中介费）等重要事项，以及涵盖重大决策机制、重要管控制度、风险防范机制等方面的内部控制体系有效性。

八、内部控制体系有效性审计

重点审查企业集团管控、固定资产投资与股权投资、资金、购销、工程建设、招投标、金融、境外等重要业务领域，内部控制制度建设执行及重大风险评估应对等情况。重点对内部控制体系建设规范性、"三重一大"决策、重大投资、融资性贸易、金融衍生业务、招投标、大额资金管控、商誉管理及对外担保等重点领域和关键环节审计，对内部控制体系与业务体系、业务信息系统嵌入融合情况进行评价，促进提升内部控制体系的系统性、针对性、有效性。

九、经营管理绩效定性评价

根据纳入绩效审计内容与范围相关事项审计结果，结合企业绩效调查、访谈等，对企业战略管理、发展创新、经营决策、风险控制、基础管理、人力资源管理、行业影响、社会贡献等各项管理措施及其管理成效进行定性分析与评价。

十、审计问题整改情况核查

重点审查以往国家审计、出资人监督检查及企业内部审计发现问题的整改情况。对国家审计、巡视、纪检监察、出资人监督检查及企业内部监督等工作中揭示和反映的风险问题，按照制度未完善的不放过、资金未追回的不放过、责任未落实的不放过等"三不放过"原则，制定统一明确的整改销号标准和工作台账，积极开展审计问题整改"回头看"。

第7节　企业经营管理绩效审计步骤

企业经营管理绩效审计与其他绩效审计类似，主要包括四个阶段：前期准备阶段、现场实施阶段、审计报告阶段、审计结果应用阶段等。具体包括以下工作。

一、编制绩效审计工作计划

企业集团或上级部门围绕本集团或部门工作任务及出资监管需要，结合企业经营情况，编制绩效审计年度项目计划，按照内部规定履行集体决策会议审定后实施。

二、下达绩效审计工作通知

在开展绩效审计时，应当以书面形式通知被审计企业。被审计企业及其主要负责人收到绩效审计工作通知后，应当按要求做好相关准备工作。

三、拟定绩效审计方案

绩效审计项目组通过收集查阅资料、现场调查、利用信息化手段远程调查等方式，了解被审计企业绩效情况，确定绩效审计范围和绩效审计内容，成立绩效审计项目组，制定绩效审计方案。

绩效审计项目组应当按照绩效审计方案确定的目标、范围、内容及时间进度等要求开展绩效审计工作。

四、进驻项目现场

绩效审计项目组进场时应召开由绩效审计项目组全体成员、被审计企业领导班子成员及有关部门负责人员等参加的绩效审计进场会，宣布下达绩效审计工作通知文件，明确绩效审计工作有关事项和工作要求。

绩效审计项目组应当在被审计单位公示绩效审计项目名称、绩效审计纪律要求和举报电话等内容。

五、组织实施绩效审计

绩效审计项目组应当围绕被审计企业经营绩效落实情况，以问题为导向，聚焦主要矛盾和重要方面，通过收集充分、适当的绩效审计证据，核实问题，形成绩效审计结论。现场绩效审计可采取以下方式：听取被审计企业情况介绍；查阅有关文件资料；审查财务、会计资料；检查实物、资金、有价证券和信息系统；访谈企业主要负责人及企业其他相关人员；其他。

绩效审计项目组应当在规定的时间内完成绩效审计工作。确因被审计情况复杂等原因需要延期完成的，应当履行必要报批程序。

六、交换绩效审计意见

绩效审计项目组就绩效审计过程中发现的问题与形成的初步绩效审计结论，与被审计企业交换意见。

七、出具绩效审计报告

绩效审计项目组应当与被审计企业交换意见后出具绩效审计报告。

绩效审计报告一般包括对被审计企业经营绩效真实性、完整性、效益性及重大投资经营合规性的总体评价，绩效审计发现的主要问题、绩效审计建议及交换意见等内容。

绩效审计报告应当事实清楚、评价客观、定性准确、用词恰当、文字精练、通俗易懂。

八、下达审计意见或决定

绩效审计项目组应当对绩效审计项目组提交的绩效审计报告进行审核，履行内部审批程序后，对被审计企业下达绩效审计意见或绩效审计决定，要求企业整改落实。

九、督促被审计企业整改工作

被审计企业应当采取立查立改、完善制度、挽回损失、健全内部控制、提升管理、追责问责、建立相应长效机制等方式加强绩效审计发现问题整改，在自绩效审计整改通知书送达之日起规定时间内完成整改，并将书面整改报告报送相关上级。

对因客观影响确需持续整改的问题，应当在后续报送整改情况，直至整改完毕。

十、绩效审计结果应用

相关部门应对绩效审计结果分析研判后，在企业范围内进行通报。

对于绩效审计中发现企业存在违规经营投资的，相关部门应开展责任追究，对被审计的企业及其责任人进行奖惩。

被审计企业在整改落实基础上，要对照相关通报，举一反三，健全内部控制制度，堵塞管理漏洞，促进实现高质量发展。

第 8 节　企业经营管理绩效审计方法

在企业经营管理绩效审计中，除常规绩效审计管理、规划、抽样、调查、评价等方法外，还可以运用数量分析法、比较分析法、因素分析法、量本利分析法、专题讨论会、标杆法、调查法、成本效益（效果）分析法、数据包络分析法、目标成果法、公众评价法等，在此不赘述。

在企业经营管理绩效审计评价中，审计部门或机构应在审计查证或者认定事实的基础上，综合运用多种方法，坚持定性评价与定量评价相结合，依照有关法律法规、绩效目标等，聚焦企业经营管理绩效进行评价。

企业经营管理绩效审计应根据被审计企业特点、特征和行业特点等因素，选定适用的评价方法。通常可采取纵向比较与横向比较、定量评价与定性评价等方法。

（一）纵向比较与横向比较

纵向比较是将同一企业不同时期数据进行比较分析；横向比较是将本企业审计期间数据与自然资源禀赋相近、岗位性质相似、行业性质相同的企业的数据进行比较分析，统筹考虑，辩证分析，审慎做出审计评价。

（二）定量评价与定性评价

定量评价主要通过分析与企业经营管理绩效相关的数量关系得出量化的评价结论；定性评价主要以企业经营管理绩效审计为基础，结合绩效调查、审计访谈等，依据相关法规规定、规则或常识，对企业经营管理绩效情况进行性质上的评价并得出定性结论。定量评价与定性评价之间的关系应该统一且相互补充，并相互结合、灵活运用，以取得最佳效果。

第 9 节　企业经营管理绩效审计结果

一、企业经营管理绩效审计报告基本框架

企业经营管理绩效审计报告框架、撰写要求、质量标准，以及质量控制程序与其他绩效审计类似，此处不赘述。企业经营管理绩效审计报告框架如下。

（1）标题。标题中应明确企业经营管理绩效审计的企业名称和报告性质。

（2）收件人。收件人应为委托人。

（3）前言。前言简要概述依据、组织、时间、对象、范围等情况。

（4）正文。正文主要包括企业的基本情况及对企业经营管理绩效的评价。

①基本情况：被审计企业及本次审计的基本情况。

②经营绩效分析：主要包括审计期内的企业财务定量绩效与企业经营管理定性绩效等。

③审计期内审计发现的主要问题。

④审计结论。根据审计中发现的问题与业绩，结合企业的历史沿革、发展战略等，对审计期内的经营绩效进行综合客观的评价。

⑤审计建议。结合审计发现的主要问题提出相关改进建议。

⑥其他需要在审计报告中反映的情况。

二、企业经营管理绩效审计报告撰写要求

（1）企业经营管理绩效审计报告中涉及的相关内容必须在财务审计报告和绩效评价报告中有证据支撑。

（2）企业经营管理绩效审计报告应当观点明确、内容清晰、绩效分析透彻、问题讲准讲明、责任界定准确。

（3）企业经营管理绩效审计报告应当前后逻辑清晰、语言严谨精练、论述清楚。

三、企业经营管理绩效审计全程质量控制

企业经营管理绩效审计全程质量控制，主要包括审计计划质量控制、审计过程质量控制、审计报告质量控制。

（一）审计计划质量控制

（1）在制订项目审计计划前，应认真考虑风险、管理需要及审计资源等，并事先评

估审计项目的风险程度。

（2）制订项目审计计划时，应同时明确项目审计的工作目标、工作顺序、所分配的审计资源、后续审计的必要安排等。

（3）定期检查审计计划的执行情况，及时对计划进行修改和补充，确保审计计划的严肃性和落到实处。

（二）审计过程质量控制

（1）加强过程指导与监督，相关部门应对各个层次的审计人员所从事的工作给予充分的指导和监督，合理分配现场审计任务，并根据审计任务明确工作责任，明确审计人员应完成的程序、目标及重要性。

（2）关注重大财务欺诈、关联方交易及非货币性交易等容易产生审计风险的重要事项。

（3）重视对审计取证和审计工作底稿编制的控制，及时做好有关记录；注重现场检查与复核工作，对现场审计中遇到的有关问题要注意及时沟通。

（三）审计报告质量控制

（1）审计项目组应以前期有效审计工作为基础，以合格证据为依据，以有关法律法规和规章制度为评判标准，及时整理、分析和总结，得出恰当的审计和评价结论，形成财务审计报告、绩效评价报告和企业经营管理绩效审计报告；重视并切实做好有关报告的层层复核工作。

（2）审计项目组经与被审计企业交换意见后，有关交换意见的报告征求意见稿应予以保留，并将被审计企业对审计报告的书面意见、审计项目组的书面说明、审计报告修改之处及其他有关材料进行再次复核。

第 10 节　企业经营管理绩效审计案例

一、国有企业经营管理绩效审计案例一

（一）案例背景

根据三泰集团年度审计工作计划，三泰集团审计部对三泰恒天开展了经营管理绩效审计，审计期间为近三年一期，重大事项向前追溯或向后延伸。三泰恒天对所提供与审计相关的资料的真实性和合法性做出了书面承诺。审计工作得到了三泰恒天的积极

配合。

（二）审计评价

　　审计结果表明，审计期内三泰恒天面对激烈的市场竞争环境，初步实现了从求生存向走有特色的发展之路的转变、从传统行业到战略型投资控股公司的转型，企业综合实力和竞争能力得到较快提升；持续规范公司法人治理结构，不断建立健全内部控制与风险管理体系，积极参与和承担企业改革试点工作，在保持相关企业稳定的同时，探索形成了集资源调整、产业孵化和再发展为一体的综合经营实力，为集团产业布局、结构调整做出了重大贡献。审计期内，三泰恒天经营规模不断扩大，盈利能力、资产营运水平和抗风险能力得到明显提高，较好地实现了国有资本保值增值。

（三）审计发现的主要问题

　　1. 发展战略实施存在不足

　　一是企业内部资源整合不够深入。三泰恒天主要业务板块均处于完全竞争行业，优势项目和产品较少，且处于供应链、产业链低端；子企业在全国区域网点及资源分布重合，区域性资源有待整合优化、资源配置效率有待提高；核心业务发展界面不清，同一地区存在机构重叠、同质化竞争、管理成本高等问题；子企业信息化水平较差，集团信息化建设不能满足对子企业在购销、技术、资金、人才等方面的管控、协同和资源共享的需求。

　　二是对子企业清理不到位。三泰恒天企业管理级次多、链条长，子企业户数多、规模小、分布散，以及亏损、微利企业多等问题仍然较为突出。特别是对已不具备正常经营能力、需要清理关闭或不符合三泰恒天主业纳入特殊管理类企业，存在清理不彻底、处置工作滞后等问题。

　　三是整体盈利能力增长较慢。三泰恒天资产总量增长和经营规模扩张速度较快，但盈利能力增长速度相对较慢。主要表现为：①盈利能力偏低，近三年三泰恒天净资产收益率低于行业平均水平，经济增加值为负值；②亏损企业较多，在纳入财务决算的子企业中，亏损企业户数均在当年企业户数的 30% 以上。三年来企业实现利润主要集中在前 8 户子企业中。

　　2. 集团管控能力有待增强

　　三泰恒天在从传统企业向战略型投资控股公司的转型探索过程中，由于集团职能部门管控能力较弱，成员企业和所属子企业管理水平差异较大、管理层级多，个别子企业违规事项时有发生。主要表现为：①未经集团审批对外投资；②基建项目未履行招投标程序；③违规对外借贷或提供担保；④业务监管不严导致诉讼发生；⑤违规为员工购买商业保险。

3. 企业基础管理亟须加强

一是基本建设管理不规范。主要表现为：①擅自改变项目资金用途；②超规模、超概算或超工期而未按规定履行预算调整与报批手续的问题。

二是企业财务管理不规范。主要表现为：①所属企业存在账外资产；②将亏损延期确认；③财务报销审核不严；④资金管理制度监督落实不到位，存在超结算起点现金支付相关费用、现金坐收坐支及日常库存现金金额超限额等问题；⑤存在未经审批或未按规定开立银行账户、未建立支票登记簿、未及时编制银行存款余额调节表、通过个人账户办理相关业务等问题。

三是企业固定资产管理不规范。主要表现为：①将个人车辆挂靠企业名下进行运营；②以员工个人名义购买并登记车辆；③以小汽车抵房屋配套费，但未进行相应的账务处理并办理过户手续；④固定资产处置未经资产评估和执行报批手续。

四是子企业薪酬管理不规范。主要表现为：①薪酬收入未纳入工资总额核算；②超范围列支福利费。

五是子企业合同管理不规范。主要表现为：①合同订立不规范，存在先实施后签订、先签订后审批、审批程序不完善、合同要素不全等问题；②合同执行不到位，存在未按合同约定发货、收取违约方滞纳金、实施采购过程监视测量等问题；③企业对外借款等经济事项未按规定订立合同。

（四）审计意见与建议

一是进一步做好对发展战略的细化研究和责任落实，加大对战略实施的组织推进力度，结合对子企业的清理，特别是对特殊管理类企业的清理处置工作，加快结构调整和资源整合，提高企业整体盈利能力与核心竞争力。

二是进一步完善内部控制和风险防范机制，优化管控架构、制度和流程，加强对所属子企业的管控，提高集团管理水平和风险防范能力。

三是进一步查找管理薄弱环节，严格落实各项基础管理制度，加大监督检查力度，促进企业依法合规经营。

四是进一步结合企业发展战略的要求，不断加大科研投入，加快信息化建设，做好高端专业人才培养和引进，以适应企业快速发展的需要。

二、国有企业经营管理绩效审计案例二

（一）案例背景

根据《中华人民共和国审计法实施条例》，审计部接受委托对三泰恒天经营管理及绩效情况进行专项审计调查。重点审计了三泰恒天所属 5 家全资或控股二级子公司，并延伸审计了 12 家三级公司、6 家四级公司和 1 家五级公司。

本次绩效审计对被审计企业贯彻执行中央和地方重大经济方针政策及决策部署情况、战略管理及组织结构设置情况、人力资源管理情况、预算管理情况、财务会计管理及风险管理等情况进行了审计，并对其经济活动的经济性、效益性和效果性进行绩效评价，对重要事项进行必要的延伸和追溯。

（二）审计评价

审计结果表明，三泰恒天在经营管理中能够紧紧围绕上级决策部署和重点开展工作，充分利用国有资本授权经营试点等政策措施，积极完善集团法人治理结构和现代企业制度，推进国有企业改革；能够积极贯彻执行企业董事会决议及战略规划要求，推进企业战略转型升级，狠抓经营业绩提升；持续强化主业与产业链延伸，推动企业高质量发展；规范重大经济事项的决策与执行，不断建立健全组织架构，完善内部控制及风险管理体系；加强经营管理能力建设，夯实企业发展基础，强化企业运营管理，保障企业健康平稳运营，审计期内企业资产、收入、净利润大幅增长，实现了国有资本的保值增值。

（三）审计发现的主要问题

1. 贯彻执行重大经济方针政策及决策部署方面

（1）未按照国资监管要求期限、规定数量完成"两金"压减、压降指标。

（2）未按期完成"处僵治困"工作任务。

（3）企业管理和产权层级压缩不到位。

（4）低效无效资产清理处置未达成预期目标。

（5）企业资产负债率高于行业资产负债率预警线和重点监管线。

2. 发展战略规划执行方面

（1）全产业链战略面临重大挑战。

（2）新能源板块技术能力水平不足。

（3）企业压减任务未按计划完成。

（4）科技资金投入未实现预期效益。

3. 重大投资项目决策、执行和效果方面

（1）党委会前置讨论制度执行不严格。

（2）"三重一大"决策事项过程监督不到位。

（3）项目前期可行性研究投资测算考虑因素不充分。

（4）项目前期尽职调查及可行性研究论证不充分，导致效益未达到预期。

（5）项目未按规定履行审批程序，决策流程不规范。

（6）项目重大投资变更未按规定履行重新报告与报批程序。

（7）股权投资并购类项目投资协议签订及执行不规范。

（8）未按规定取得规划许可证、施工许可证等重要权证，存在合规风险。

（9）工程项目建设总投资超概算未办理调整手续。

（10）工程项目建设超计划工期。

（11）项目投资运营效益未达到可行性研究预期。

（12）项目投运因技术能力不足产生非正常停机影响收入实现。

4. 企业治理和内部管控方面

（1）分级授权权限划分不够合理。

（2）全面预算管理有待加强。

（3）对所属企业管控力度有待加大。

（4）投资风险全过程动态管理机制需完善。

（5）信息化建设整体规划未定期评估更新。

（6）未开展信息化战略规划定期评估和滚动调整。

（7）信息系统建设项目立项未按规定履行审批程序。

（8）信息化重复建设造成资源配置效益低、产生资产闲置。

（9）信息化系统项目未如期建成交付，处于停滞状态。

5. 企业财务管理和资产管理方面

（1）货币资金内部控制失效产生被欺诈，形成损失。

（2）银行账户开立、注销管理不到位。

（3）应收款项清理、往来核对管理不到位。

（4）费用报销审核不够严格，存在虚假报销套取资金现象。

（5）国有资产未按规定取得产权登记证书。

（6）房屋产权存在瑕疵。

（7）未严格按规定用途使用政府专项补助资金证书。

（8）将未经批准违法占地导致的行政处罚列入在建工程，虚增当期利润。

（9）未按合同约定计提借款利息。

（10）土地闲置，存在被无偿收回的风险。

（11）已报废资产继续出租使用存在安全隐患。

（12）报废资产处置程序不规范，未按规定进行评估。

6. 以往审计发现问题的整改方面

（1）内外部审计发现问题未全面完成整改。

（2）审计成果运用不到位，未对违规经营投资问题实施责任追究。

（四）审计意见与建议

一是坚持依法依规经营，严格贯彻执行重大经济方针政策及决策部署，结合企业重组整合工作安排，研判主营业务不同板块特点，切实落实"两金"压降、压减，"处僵治困"工作任务，低效无效资产清理处置等重点任务。

二是审慎评估企业发展战略，分解落实各阶段关键任务目标，确保战略执行落地；以业务为导向推动科技创新工作，优化资产结构，有效推进促进战略落实，有效发挥战略引领作用。

三是持续强化项目投、建、运等全生命周期管控，加强项目可行性研究、尽职调查、工程建设、招标、采购等关键环节控制，加大款项回收，切实提升投资效率、效益与效果。

四是加强全面预算管理，加大对经营过程中成本费用的管控力度，实现降本增效；加大对所属企业的监管力度，堵塞管理漏洞。

五是加强企业财务资产管理，规范完善货币资金、银行账户、应收款项、费用报销审核、资产产权登记、专项资金使用、资产处置等，提升财务资产管理水平。

六是强化内部审计监督职能，做好审计发现问题整改，举一反三，整章建制，将问题整改落到实处，强化审计整改成果运用。

三、企业经营管理绩效审计常见问题

（一）贯彻执行有关方针政策和决策部署方面

（1）落实与推进国有企业改革政策不力。

（2）企业改革与国家国资国企改革要求存在较大差距。

（3）企业改革重组进展缓慢、效果不佳。

（4）企业经济布局调整和结构优化不到位、功能界定不准确、制度不完善。

（5）未实现企业发展预期目标。

（6）未按照规定期限、规定数量淘汰落后产能。

（7）违规或变相扩大落后、过剩产能。

（8）未按期完成"处僵治困"工作任务。

（9）非主业房地产企业违规参与商业性房地产经营业务。

（10）违规利用非自有土地开发房地产项目。

（11）违规建设别墅类房地产开发项目。

（12）未按要求完成房地产去库存指标。

（13）违规通过贷款、信托、发债和增发股票等方式变相获取资金。

（14）企业集团未对所属子企业资产负债进行约束。

（15）通过售后回购、固定回报、违规担保等方式产生隐性债务。

（16）重大基础设施建设项目进度缓慢、资金不足、程序违规、管理混乱。

（17）企业兼并重组后协同发展不够，集团内部资源缺乏整合。

（18）开展非主业投资未报经国资委核准。

（19）"三重一大"决策事项未履行党委会前置程序。

（20）混合所有制改革推进不力，"混而不改"，改革流于形式、效果不佳。

（21）未按要求压缩企业管理和产权层级。

（22）应收账款和存货长期占用资金。

（23）清理处置低效无效资产工作推进缓慢。

（24）改制企业长期占用国有资产或资金造成国有权益受损。

（25）未按要求增加实收资本或股本。

（26）未严格执行转型发展战略和"三去一降一补"相关政策。

（27）清理低效无效资产进展缓慢。

（28）落实国有资产保值增值和国有资本经营预算管理要求不到位。

（29）未全面完成国资部门下达的经济考核指标。

（30）企业发展定位违背经济规律、脱离实际。

（31）对企业发展策略缺乏科学充分的论证、分析，导致决策失误。

（32）未按要求及时修改公司章程，未按规定健全完善企业法人治理结构。

（33）在未经充分论证的前提下参与高风险融资性贸易。

（34）以参与无贸易实质、循环交易虚增销售收入等方式违规做大收入规模。

（二）防范化解重大风险方面

（1）企业资产负债率高于预警线和重点监管线，甚至资不抵债。

（2）未建立健全企业债务风险防控机制，债务结构不合理。

（3）高资产负债率企业未制定或实施有效的降低资产负债率的措施。

（4）违规对不符合国家产业政策的企业实施债转股。

（5）融资超过企业实际发展需求或偿付能力。

（6）企业采取"名股实债""永续债"方式超规模融资或形成重大隐性债务。

（7）继续使用债务资金投资推高负债率水平。

（8）企业集团投资布局和方向不符合国家政策要求。

（9）投资导向偏差导致结构失衡、国有资本布局不合理、核心板块发展乏力。

（10）战略规划执行不到位等导致企业存在重大经营风险。

（11）擅自压低价格销售产品、服务，形成损失。

（12）企业债券发行、委托理财、对外担保等业务存在重大损失或损失风险。

（13）信息化重复建设、存在信息孤岛、数据共享不足。

（14）信息化重建设轻应用、资源利用率低。

（15）信息化建设外包服务商资质不合规。

（16）信息化数据和资产处置不当、资产管理不规范。

（17）未建立和落实网络安全责任制。

（18）未严格执行信息系统安全等级保护制度，存在重大安全隐患。

（19）网络安全保障能力不足、应急机制不完善。

（20）容灾备份建设不健全、运维管理不到位。

（三）重大经济决策或者决策执行方面

（1）重大经济决策制度不健全、执行不到位。

（2）"三重一大"决策制度缺失或者内容不实不细。

（3）应该纳入"三重一大"决策的有关事项未按要求纳入。

（4）纳入决策的标准不统一、决策程序不具体。

（5）未严格执行"三重一大"决策制度。

（6）擅自违规决策或者以少数人决策代替集体决策，甚至越权决策。

（7）党委会、董事会、总经理办公会"三会合一"决策重大事项不合规。

（8）按公司章程应由董事会决策的事项，违规交由总经理办公会决策，甚至由下属子公司越权代位决策。

（9）重大购销业务不合规。

（10）采购计划安排不合理，市场变化趋势预测不准确，造成库存短缺或积压，导致企业生产停滞或资源浪费。

（11）供应商选择不当，采购方式不合理，招投标或定价机制不科学，授权审批不规范，导致采购物资质次价高，出现舞弊或遭受欺诈。

（12）采购验收不规范，付款审批不严，导致采购物资、资金损失或信用受损等。

（四）资产管理方面

（1）存货积压和短缺导致流动资金占用过量、存货价值贬损或生产中断。

（2）固定资产更新改造不够、使用效能低下、维护不当、产能过剩，导致企业缺乏竞争力、资产价值贬损、安全事故频发或资源浪费。

（3）无形资产缺乏核心技术、权属不清、技术落后、存在重大技术安全隐患，导致企业法律纠纷、缺乏可持续发展能力。

（五）内部控制制度建立与执行方面

1. 法人治理结构不完善

董事会、监事会、管理层结构和机制不健全、不完善，未形成健全有效的制衡机制。

2. 发展战略制定与执行不到位

（1）缺乏明确的发展战略或发展战略实施不到位，导致企业盲目发展，难以形成竞争优势，丧失发展机遇和动力。

（2）发展战略过于激进，脱离企业实际能力或偏离主业，导致企业过度扩张，甚至经营失败。

（3）发展战略因主观原因频繁变动，导致资源浪费，甚至危及企业的生存和可持续发展。

（4）企业战略规划制定不科学，不符合企业发展实际。

（5）企业战略规划宣贯不够，员工认知程度不足。

（6）战略规划保障措施及其执行不力。

（7）战略规划目标未实现。

3. 内部控制制度不健全

（1）未及时修订完善已不适应经济发展和市场要求，甚至违背现行政策的内部管理制度。

（2）内部管理制度衔接不畅，相互冲突。

（3）未按要求建立健全战略规划、投融资、财务、环境保护、安全生产等方面的内部管控制度。

4. 对所属企业管控不到位

（1）违反规定程序或超越权限决定、批准和组织实施重大经营投资事项。

（2）决定、批准和组织实施的重大经营投资事项违反党和国家方针政策、决策部署及国家有关规定。

（3）未执行国家有关集团管控的规定或执行不力，致使发生重大资产损失，对生产经营、财务状况产生重大影响。

（4）对集团重大风险隐患、内部控制缺陷等问题失察，或虽发现但没有及时报告、处理，造成重大资产损失或其他严重不良后果。

（5）所属子企业发生重大违规违纪违法问题，造成重大资产损失且对集团生产经营、财务状况产生重大影响，或造成其他严重不良后果。

（6）对国家有关监管机构就经营投资有关重大问题提出的整改工作要求，拒绝整改、拖延整改等。

（7）内部管理层级过多导致信息交流不畅、执行力差、组织及管理成本高、工作效率低，存在管理失控和国有资产流失等风险。

5. 重大风险管控力度不够

（1）未按规定履行内部控制及风险管理制度建设职责，导致内部控制及风险管理制度缺失，内部控制流程存在重大缺陷。

（2）内部控制及风险管理制度未执行或执行不力，对经营投资重大风险未能及时分析、识别、评估、预警、应对和报告。

（3）未按规定对企业规章制度、经济合同和重要决策等进行法律审核。

（4）未执行国有资产监管有关规定，过度负债导致债务危机，危及企业持续经营。

（5）恶意逃废金融债务。

（6）瞒报、漏报、谎报或迟报重大风险及风险损失事件，指使编制虚假财务报告，企业账实严重不符。

6. 工资薪酬管理不规范

（1）工资总额以外提取和列支工资性支出。

（2）违规为职工购买应由个人承担的商业保险。

（3）以虚列支出、转移收入或以假发票等方式套取资金为职工发放奖金或购买购物卡。

（4）以发放职工福利的名义从职工福利费中套取资金为职工发放奖金或购买购物卡。

（5）超范围发放奖金。

（6）企业下属单位未完成考核指标就全额兑现领导人员薪酬。

（7）未经国资委批准，违规实施股权激励。

（8）发放工资性支出未代扣代缴个人所得税。

（六）境外经营投资方面

（1）未按规定建立企业境外投资管理相关制度，导致境外投资管控缺失。

（2）开展列入负面清单禁止类的境外投资项目。

（3）违反规定从事非主业投资或开展列入负面清单特别监管类的境外投资项目。

（4）未按规定进行风险评估并采取有效风险防控措施对外投资或承揽境外项目。

（5）违反规定采取不当经营行为，以及不顾成本和代价进行恶性竞争。

（七）金融企业政策落实及风险防控方面

1. 金融企业政策执行不到位

（1）违规将表内外资金直接或间接、借道或绕道投向股票市场、地方政府融资平台、"两高一剩"等限制或禁止领域，货币资金在金融体系内部空转等脱实向虚的问题。

（2）违规为环保排放不达标、严重污染环境且整改无望的落后企业提供授信或融资。

（3）违规向房地产企业提供融资（例如：向四证不全、资本金未足额到位的商业性房地产开发项目提供融资；以综合消费贷款、个人经营性贷款名义借出资金，实际用于购房）。

（4）违规将资金投向失去清偿能力的"僵尸企业"。

（5）违规为固定资产投资项目提供资本金，或向不符合条件的固定资产投资项目提供融资。

（6）违反调控政策发放个人住房贷款。

（7）未按照"穿透式"和"实质重于形式"原则进行风险管理并足额计提资本及拨备，或未将最终债务人纳入统一授信和集中度风险管控。

（8）违反国家政策投放非标准化债权资产。

（9）向关系人发放信用贷款。

（10）违规办理无真实贸易背景的银行承兑汇票业务。

2. 金融企业风险防控措施不力

（1）金融企业风险管控机制不健全，业务运营不合规，造成金融资产损失或损失风险。

（2）资产质量分类严重失真，或人为调整分类掩盖不良资产。

（3）通过发放中长期利随本清贷款、发放贷款偿还银行承兑汇票垫款等形式掩盖或延缓风险暴露。

（4）违规通过重组贷款、签订抽屉协议或回购协议等掩盖资产质量。

（5）通过各类资管计划违规转让等方式实现不良资产非洁净出表或虚假出表。

（6）自营理财业务与代客理财业务未设置风险隔离。

（7）违规通过发放自营贷款承接存在偿还风险的理财投资业务。

（8）理财资金投资非标准化债权资产余额超过监管规定。

（9）同业投资违规多层嵌套，存在隐匿最终投向、突破投资范围与杠杆限制、期限错配等情形。

3. 金融企业机构经营管理不完善

（1）贷款"三查"不尽职，导致向壳公司、提供虚假财务报表公司和抵质押物或担保不合格的公司提供融资。

（2）超规定年限发放贷款。

（3）收支核算不准确。

（4）信贷管理系统有缺陷。

（5）违规受托支付贷款。

（6）贷款支付不及时。

（7）贷款资金使用监管不严格。

（8）理财产品未实现单独管理、建账和核算。

（9）违规开展滚动发行、集合运作、分离定价的资金池理财业务。

（10）利用本行自有资金购买本行发行的理财产品。

（11）理财产品直接投资信贷资产，直接或间接对接本行信贷资产收益权。

（12）违规开展资金来源或资金用途不符合规定的委托贷款。

（八）以往审计发现问题的整改方面

（1）未建立审计发现问题整改机制。

（2）未将审计整改工作纳入领导班子议事决策范围。

（3）未在规定时间内整改审计发现的问题。

（4）未及时将审计整改结果报送上级部门。

（5）报送的审计整改结果失实。

（6）对审计发现的问题屡查屡犯。

（7）审计整改措施不实。

四、关于提升企业经营管理绩效审计的思考

（一）突出企业经营管理绩效特点特征

一是关注企业会计信息的真实性、合法性、效益性，重点关注重大投资项目、资产处置及风险防控等情况，促进企业提升财务管理水平和会计信息质量，提高经营管理绩效和确保资产保值增值。

二是关注企业重组改革，重点关注企业法人治理结构和健全市场化经营机制，科研投入、科技成果转化和核心技术创新攻关等情况，推动提升企业技术创新能力。

三是关注企业境外国有资产经营绩效和安全完整等情况，促进提升企业国际化经营和抗风险能力。

（二）着力开展经营管理绩效对标分析

强化财务定量绩效审计与经营管理定性审计的有机结合，既要开展企业财务定量绩效指标同行业、同规模分析；也要从企业依法合规经营、战略规划、绩效指标、重大决策、企业运营、经营管理、财务管理、科技投入、绩效分配等方面对企业经营管理绩效进行审计评价，重点揭示各类风险和隐患，促进企业经济性、效率性、效果性提升；还要发挥管理效能，产生示范效应，促进企业经营绩效和管理效益双提升。

（三）强化绩效审计关口前移过程监控

一是企业内部绩效审计可前移至年度计划预算评审环节，可根据行业标准或所属企业历年业绩表现评价对其与集团公司签订的经营绩效合同提出相关建议；适时开展年度绩效跟踪，参照年度业务开展计划、经营绩效合同、投资可行性研究报告及行业相关数据等对其经营过程中的实际绩效进行总结、分析、评价，实施动态监控。

二是对重大项目可参与项目投资评审，对项目实施必要性、可行性、绩效目标设置的科学性、资金筹措方式、预算的合理性等方面进行客观、公正评价，奠定提升项目绩效基础；在项目实施过程中可开展过程跟踪审计，对项目支出的预算执行、管理和绩效

目标运行等情况进行跟踪管理和督促检查，及时发现问题并采取有效的措施予以纠正，以保障总体绩效目标的有效实现。

（四）注重审计成果运用，实现管理增值

企业集团内部不同业务板块，同一业务板块不同企业之间经营管理模式各有不同，管理水平不尽一致，尤其是如固定资产投资项目转入运营、股权并购集团外企业管理协同、文化协同、效益协同均需要时间与空间融合，企业内部审计在绩效审计过程中应对先进的管理经验进行有效传播、推广，总结共性与个性问题，开展管理咨询对标，指导所属企业梳理现有管理制度，重塑管理流程，促进管理增值。

（五）强化绩效审计质量控制，实现效率提升

一是组建由审计专业领域及外部专业团队组成的联合战队，组建复合型人才审计队伍，保证绩效审计的准确性和客观性。

二是采用规范的业务流程、实用的技术方法、规范的组织模式等开展绩效审计，以提高绩效审计的专业性。

三是使信息沟通渠道保持畅通，确保审计信息传递及时、完整、真实，尤其是要保证审计意见和管理咨询结果及时传递到职能部门和被审计单位，保障绩效审计信息及时有效传递。

四是强化审计效能管理，加强三级复核，健全业绩考核机制，有效控制审计风险，确保绩效审计工作质量。

五是以风险为导向，综合权衡和评估时间、成本和质量三要素，充分利用信息系统，将远程网络审计与现场审计相结合，提升审计效率，节约审计成本。

（六）推动绩效审计成果运用，提升成效

一是通过绩效审计促进集团强化管控，推动完善核心管理制度建设，促进集团公司整体管理水平提升，传递传播最佳实践，提升集团公司整体管理水平和经济效益。

二是通过绩效审计促进集团内前后端企业业务协同，降低管理成本；通过价格信息共享推进集团战略协同采购，节约采购成本；通过信息资源共享盘活积压存货、闲置资产、大型设备，集中采购降低如保险、法律、审计等费用。

三是自下而上层层递进提出系统性管理建议，强化集团管理，规范经营管理，持续修正经营业绩考核指标，引导个体利益与集团公司整体利益趋同，减少母子公司与同业间利益博弈，促进集团公司整体战略目标的顺利实现。

第 9 章

重大决策绩效审计实务指南

第3章

第 1 节　重大决策绩效审计概念

一、重大决策的概念

重大决策事项通常是指依照国家法律法规和党内法规规定的，应当由党政机关和国有企事业单位党委（党组）、领导班子、股东大会、董事会、经营班子、职工代表大会等集体决策的事项，主要包括重大决策事项、重大项目安排、大额资金运作等。

二、重大决策的内容

重大决策事项主要包括但不限于贯彻执行党和国家的路线方针政策、法律法规和上级重要决定的重大措施，发展战略、破产、改制、兼并重组、资产调整、产权转让、对外投资、利益调配、机构调整等方面的重大决策，党的建设和安全稳定的重大决策，以及其他重大决策事项等。

重大项目安排事项是指对党政机关和国有企事业单位资产规模、资本结构、盈利能力，以及生产装备、技术状况等产生重要影响的项目的设立和安排。其主要包括年度投资计划，融资、担保项目，期权、期货等金融衍生业务，重要设备和技术引进，采购大宗物资和购买服务，重大工程建设项目，以及其他重大项目安排事项。

大额度资金运作事项是指超过由党政机关、国有企事业单位或者履行国有资产出资人职责的机构所规定的领导人员有权调动、使用的资金限额的资金调动和使用。其主要包括年度预算内大额度资金调动和使用，超预算的资金调动和使用，对外大额捐赠、赞助，以及其他大额度资金运作事项。

三、重大决策绩效审计

重大决策绩效审计是指审计机构或部门围绕党政机关和国有企事业单位重大决策制度建设情况、重大决策制度执行情况、重大决策事项的实施效果情况等进行审计并出具审计报告；对重大决策事项的合规性、经济性、效率性、效果性进行分析与评价，重点揭示重大决策前期调查研究不充分、过程组织实施不力、监督管控不严甚至因决策失误产生资产损失、效益低下等问题，提出改进意见与建议，提升重大决策效率、效益与效果。

第 2 节　重大决策绩效审计目标

一、重大决策制度建立健全性审计

重大决策制度建立健全性审计是指通过审计对重大决策制度建立健全性发表审计意见，主要包括：是否建立健全重大决策制度，包括战略规划、基本建设、大额对外投资、大额物资采购、大额资产处置、大额资金运作使用、监督检查和责任追究等；是否对重大经济事项的决策程序、范围、权限和标准做出明确规定；制定的经济决策制度是否符合国家法律法规、产业政策等要求，是否符合单位内部管理制度等要求。

二、重大决策制度执行合规性审计

重大决策制度执行合规性审计是指通过审计对重大决策制度执行合规性发表审计意见，主要包括：重大决策事项是否严格遵循单位决策程序和权限等规章制度，决策事项是否经过充分论证，决策内容是否合规合法，是否存在决策程序不明确、权限不清晰、重大经济事项未纳入决策范围等问题；对执行过程、进度的监管、评价和纠偏措施是否有效；有无违反集体决策原则，违反相关规定直接插手、干预重大经济事项的执行等问题。

三、重大决策制度执行效果性审计

重大决策制度执行效果性审计是指通过审计对重大决策制度执行效果性发表审计意见，主要包括：重大决策事项是否按期完成，是否实现预期目标，重大决策数量、质量、成本、功能、效益等各项目标或任务是否完成；是否因决策不当或失误造成损失浪费、环境破坏、风险隐患等；是否具有可持续性；是否建立健全决策失误纠错机制和责任追究制度等。

第 3 节 重大决策绩效审计依据

重大决策绩效审计依据与其他预算绩效审计基本相同，但还应关注重大决策相关法律、法规、政策、计划、决策、实施与效果资料，党政机关和国有企事业单位自身重大决策制度、执行、监督与效果相关资料，重大决策项目前期论证、过程实施及结果文件资料等。重大决策绩效审计依据通常包括但不限于以下内容。

（1）国家相关法律、法规、方针、政策和规章制度等。

（2）国家有关贯彻落实重大决策制度的意见。

（3）重大决策绩效目标、过程实施与效果实现相关资料。

（4）重大决策同类指标的历史数据和国际数据。

（5）重大决策同类事项实践标准、经验和做法。

（6）与重大决策相关的审计、内外部监督检查报告。

（7）其他相关资料。

第 4 节 重大决策绩效审计内容

重大决策绩效审计坚持以合规性、经济性、效率性、效果性为目标，以重大决策计划、实施与效果为主线，以投入产出分析为基本方法，重点关注重大决策制度建立与执行、重大建设项目、重大采购项目、重大投资项目、重大资产处置、大额资金运作使用等重大事项决策效率、效益与效果。重大决策绩效审计的主要内容包括但不限于以下事项。

（1）重大决策制度建立健全、决策制定及执行，以及执行效果情况。

（2）发展战略规划制度建立健全、制定、执行和实施效果情况。

（3）重大建设项目决策制度建立健全、项目实施与效果情况。

（4）重大采购项目决策制度建立健全、决策、实施与绩效情况。

（5）重大投资项目决策制度建立健全、决策、实施与绩效情况。

（6）重大资产处置决策制度建立健全、决策、实施与绩效情况。

（7）大额资金运作决策制度建立健全、决策、实施与绩效情况。

（8）其他重大决策制度建立健全、决策、实施与绩效情况。

第5节 重大决策绩效审计指标

一、重大决策制度有没有建设

重大决策制度有没有建设方面指标如下。

一是是否按照上级要求制定本单位重大经济事项的实施细则；是否照搬上级制度，不结合本单位实际情况制定实施细则。

二是有关规定是否与上级重大经济事项决策制度实施细则相符，是否存在相关规定与上级要求相悖的情形。

三是是否存在制度管理漏洞或缺项；是否存在将应纳入的未纳入造成重大决策风险，将不该纳入重大经济事项的，"事无巨细"纳入从而造成决策效率低下的情形。

二、重大决策制度有没有执行

重大决策制度有没有执行方面指标如下。

一是是否依法依规开展重大决策、集体决策、民主决策，是否存在特事特办、议而不决等问题。

二是是否按照重大事项决策程序规定议事，是否存在超越权限决策重大事项，是否存在以主要领导意志或意见决策重大事项问题。

三是重大事项决策会议召开是否符合应到会人数要求，会议记录是否完整、详细并存档备查。

三、重大决策事项有没有效果

重大决策事项有没有效果方面指标如下。

一是重大事项决策后是否按决策组织实施；是否存在组织实施拖延、组织不力导致项目延期滞后，未能实现预期目标的问题。

二是重大事项决策执行是否达成预期目标，是否实现预期设定的数量、质量、时效、成本及满意度等产出指标，是否实现预期经济效益、社会效益，是否具有可持续性。

三是是否对重大决策执行情况进行有效监督检查，是否对重大决策事项决策与实施过程中所存在的未履行或未正确履行职责造成损失的情形实施责任追究。

第 6 节　重大决策绩效审计重点

一、重大决策制度建立与执行情况

一是重点关注重大事项提交会议集体决策前是否开展前期调查研究，是否经过必要的研究论证程序。对于重大投资和工程建设项目，是否充分听取有关专家的意见。研究决定企业改制，以及经营管理方面的重大问题、涉及职工切身利益的重大事项、制定重要的规章制度，是否充分听取企业工会的意见，并通过职工代表大会或者其他形式听取职工群众的意见和建议。董事会、经营班子研究重大事项时，对于需与党委（党组）沟通的是否事先听取党委（党组）的意见。董事会、经营班子的党委（党组）成员是否有效贯彻党组织的意见或决定。

二是重点关注重大决策事项是否事前告知参与决策人员，并为参与决策人员提供相关材料。是否以党政机关和国有企事业领导班子、党委（党组）、董事会、经营班子等会议形式，对职责权限内的重大事项做出集体决策；是否存在以个别征求意见等方式做出决策的问题。是否存在紧急情况下由个人或少数人临时决定的重大事项，是否在事后及时向党委（党组）、领导班子、董事会或经营班子报告，并按程序予以追认。

三是重大决策会议是否符合规定人数，是否存在在不符合规定人数情况下召开重大事项决策会议情形；重大决策会议召开与会人员是否充分讨论并分别发表意见，主要负责人是否最后发表结论性意见。重大决策会议决定的事项、过程、参与人及其意见、结论等内容，是否完整、详细记录并存档备查。

四是重点关注重大决策组织实施和监督情况。重点关注重大决策做出后，对于需报告上级部门的是否按规定向上级部门或机构报告有关决策情况；是否按照内部职责分工明确落实部门和责任人并组织实施；是否存在决而不行，在执行中擅自变更或者拒绝执行的问题。对于如遇特殊情况需对决策内容做重大调整的情形，是否重新按规定履行决策程序。是否建立执行重大事项决策回避制度、决策考核评价和后评价制度，是否建立健全决策失误纠错改正机制和责任追究制度。

二、发展战略规划制定与执行情况

一是重点关注发展战略规划制定情况，战略规划制定是否开展充分调查研究、科学分析预测和广泛征求意见，遵循民主讨论和集体决策等程序。战略规划是否符合国家战略规划、产业政策要求等，是否与上级单位（部门、系统、行业、企业）制定的战略规划目标一致，是否综合考虑了宏观经济、政治、社会、生态政策、国内外市场需求变化、技术发展趋势、行业及竞争对手状况、可利用资源水平和自身优势与劣势等影响因素。战略规划是否明确发展的阶段性和发展程度，各发展阶段的具体目标、工作任务和实施职责是否清晰。在外部环境发生变化时，是否及时对战略规划进行调整和更新。

二是重点关注发展战略规划执行情况，是否通过发布规章制度、制订年度工作计划、编制全面预算等方式推进规划落地，确保上级单位及被审计单位制定的战略规划有效实施。是否严格执行各项规划，是否存在随意调整战略规划等情况。对战略规划确需做出调整的，是否按照规定权限和程序调整。是否建立督办机制，通过逐级开展督查和考评，定期开展监控和报告，推进目标责任制的完成；针对目标责任制落实不力的实际情况，是否进行原因分析，持续改进，并追究责任。

三是重点关注发展战略规划的实施效果，战略规划的阶段性目标任务是否按期保质完成，是否达到预期效果，是否实现预期目标。是否存在因不符合国家规划及产业政策调整方向，或监督失职导致规划执行不到位，造成重大资金或资产（资源）闲置或损失浪费、侵占或损害群众利益、破坏生态环境及损害公共利益等严重后果。

三、重大预算管理决策和执行情况

重点关注重大预算管理决策机制是否健全，预算编制是否科学，是否存在不编制预算或程序不合规，导致预算缺乏刚性、执行不力等情况。是否制定了预算管理的相关制度；预算是否有效执行；是否按时间进度完成目标；是否存在预算目标不合理，导致资源浪费或发展战略难以实现的情况。在环境发生重大变化时，是否及时采取措施调整，调整程序是否合规。

四、重大基本建设决策和执行情况

一是重点关注重大基本建设决策事项前期管理工作是否扎实，是否具备经批准的基本建设计划，是否取得土地、环保等部门的相关批文，立项论证和可行性研究等工作是否科学合理，有无项目论证脱离实际、擅自变更设计等情况。决策程序是否健全，有无因简化决策程序、领导干部滥用职权造成重大损失的情况。

二是重点关注重大基本建设项目实施是否存在以"化整为零"等方式规避审批和招

标等现象，招标过程是否合法合规，是否存在领导干部干预的行为。承建单位是否具备必要资质和能力，有无违法转包、分包现象；项目建设质量是否合格，工程进度及其调整是否科学合理，是否按规定编报竣工决算，是否存在建设项目长期未进行竣工决算等问题；项目建设和运行效果是否实现预期目标，有无重复建设、违规建设楼堂馆所等情况。

五、重大采购项目决策和执行情况

重点关注是否依据《中华人民共和国招标投标法》等相关法律法规制定大额采购管理制度，重大采购项目是否履行了规定的决策程序，是否按规定招标并订立合同；是否存在围标、内外串通虚假招投标、中标价格与实际采购价格相差悬殊、出现重大安全事故或因质量问题遭受损失、中标单位或供货单位存在异常的项目；是否存在未列入年度采购计划进行临时采购的重大项目等情况。

六、重大投资项目决策和执行情况

重点关注决策过程是否科学民主，重大投资项目是否符合国家产业政策，是否围绕主业布局，投资结构是否合理；可行性研究是否充分、准确，资金筹措等技术方案是否经济合理，经济效益分析是否准确；项目执行是否合法、合规，是否严格按照重大投资项目决策文件执行，有无决策未执行、未全部执行等问题；对于股权并购项目，是否按照规定开展投资项目尽职调查、风险评估、审计、资产评估等程序，项目执行过程中是否进行了必要的内部监督；项目最终执行效果是否实现项目目标，是否存在因投资决策失误，引发盲目扩张导致资金链断裂或资金使用效益低下等造成严重后果的情况。

七、重大资产处置决策和执行情况

重点关注重大资产处置决策程序和内容是否符合国家及有关部门、单位内部管理规定，是否进行可行性论证，是否经有关部门批准，资产评估机构是否具备相应资质，资产评估程序是否规范；处置执行是否合法、合规，是否严格执行决策文件有关要求；处置手续是否完整，实物、价值转移及会计处理是否符合有关规定；处置结果是否达成决策目标，是否存在人为干预而造成资产损失或流失等行为。

八、大额资金运作决策与使用情况

对超过一定金额起点（结合单位性质、规模确定）被纳入大额资金运作使用范围的事项，重点关注审批决策程序是否健全，有无违反集体决策情形，或是否存在超授权决策、超预算审批等情形；是否制定了大额资金运作使用管理制度，预算内大额资金调动和使用是否合规，手续是否齐全。超预算的资金调动和使用的授权审批是否严格等；大额资金运作使用是否实现预期目标等。

第7节　重大决策绩效审计步骤

重大决策绩效审计与其他绩效审计类似，主要包括四个阶段：前期准备阶段、现场实施阶段、审计报告阶段、审计结果应用阶段，在此不赘述。

第8节　重大决策绩效审计方法

在进行重大决策绩效审计时，除常规绩效审计管理、规划、抽样、调查、评价等方法外，还可以运用数量分析法、比较分析法、因素分析法、量本利分析法、专题讨论会、标杆法、调查法、成本效益分析法、目标成果法、公众评价法等，在此不赘述。

第9节　重大决策绩效审计结果

重大决策绩效审计报告框架、撰写路径、质量标准及质量控制程序与其他绩效审计类似。重大决策绩效审计报告框架如下。

（1）基本情况。此部分包括被审计单位概况、纳入审计范围重大决策事项情况，以及重大决策制度建设、审计工作开展情况等。

（2）审计评价。此部分主要根据重大决策制度与执行、重大事项决策、实施与效果审计情况，结合审计发现的主要问题，对重大决策绩效进行综合评价。

（3）审计发现的主要问题。主要涉及以下方面。

①重大决策制度建设方面。

②重大决策制度执行方面。

③重大决策事项效果方面。

（4）审计建议。此部分主要结合审计发现的主要问题提出相关改进建议。

第 10 节　重大决策绩效审计案例

一、国有企业混合所有制改革绩效审计案例

（一）案例背景

根据省属国有企业混合所有制改革绩效审计工作总体安排，审计机构组成 10 个绩效审计调查组，分别对省属国有企业开展了混合所有制改革绩效审计。在项目开展过程中，审计调查组按照研究型审计要求，开展国有企业混合所有制改革课题研究，力争形成有影响的绩效审计调查报告，为健全完善省属国有企业混合所有制改革工作提供决策参考。

（二）审计目标

本次绩效审计调查工作聚焦党中央、国务院、省委省政府关于国有企业发展混合所有制经济的目标和任务，以推动国资国企加快改革发展为目标，通过审计反映省属国有企业混合所有制改革取得的成效，全面梳理排查省属国有企业混合所有制改革工作存在的突出问题和风险隐患，深入揭示体制机制障碍和管理漏洞，严肃查处侵吞损害国有权益行为，切实提出高质量的审计建议，促进有关方面有序推进混合所有制改革，优化国有资本配置和布局，增强国有企业控制力、带动力、辐射力和影响力。

（三）审计依据

本次国有企业混合所有制改革绩效审计是依据国家有关法律、法规，以及国资监管、国有企业内部制度等规定进行的。审计依据主要包括但不限于以下内容。

（1）《关于进一步规范国有企业改制工作实施意见的通知》（国办发〔2005〕60 号）。

（2）《关于建立国有企业改革重大事项社会稳定风险评估机制的指导意见》（国资发〔2010〕157 号）。

（3）《企业国有资产评估项目备案工作指引》（国资发产权〔2013〕64 号）。

（4）《中共中央、国务院关于深化国有企业改革的指导意见》（中发〔2015〕22 号）。

（5）《国务院关于国有企业发展混合所有制经济的意见》（国发〔2015〕54 号）。

（6）《关于国有控股混合所有制企业开展员工持股试点的意见》（国资发改革〔2016〕133 号）。

（7）《中央企业投资监督管理办法》（国资委令第 34 号）。

（8）《中央企业实施混合所有制改革有关事项的规定》（国资发产权〔2016〕295 号）。

（9）《中央企业混合所有制改革操作指引》（国资产权〔2019〕653号）。

（10）《关于中央企业加强参股管理有关事项的通知》（国资发改革规〔2019〕126号）。

（四）审计内容

本次国有企业混合所有制改革绩效审计内容主要包括省国资委和省属国有企业近五年组织实施混合所有制改革情况、混合所有制改革企业管理运行和效益效果、内部控制制度建立健全、员工持股和股权激励等方面的情况，具体包括政策落实、制度建设、决策程序、操作流程、交易定价、改革后的管理和效益、国资保值增值等内容。

1. 国有企业集团落实混合所有制改革监管要求情况

按照国有企业混合所有制改革相关工作要求，审查国有企业集团混合所有制改革工作总体推进情况。具体包括：国有企业集团对混合所有制改革工作的组织领导、体制机制建设，国有企业集团对子企业监管及内部监督检查等情况。

2. 国有企业混合所有制改革重点环节合规性情况

审查国有企业在实施混合所有制改革过程中存在的风险问题。具体包括：混合所有制改革决策审批、资产评估、交易定价、职工安置、遗留事项处理等关键环节合规风险。

一是审批情况，重点关注国有企业履行决策和审批程序（审批时间、会议纪要期号或批准文件文号），审计评估情况，实施混合所有制改革的股权对价及股权比例等。

二是实施情况，重点关注对企业会议纪要或批准文件的落实情况；工商、产权、税务等法律变更登记手续完成情况，相关法律权证变更办理情况；实施混合所有制改革的操作过程是否依法合规，企业改革后是否达到预期经营规模；实施混合所有制改革的对价资金来源及支付情况。

3. 国有企业混合所有制改革企业改革后管控情况

审查国有企业集团对混合所有制改革企业的管控情况，分析是否存在重大监管问题。具体包括：混合所有制企业是否违规授权使用集团商标字号、经营资质、特许经营权、专利技术等无形资产情况；控股企业管控是否存在控股不控权等情况；参股企业是否存在失管失控和混改后长期亏损或不分红情况，是否存在只投不管、虚假投资、挂靠经营等情况。

4. 国有企业混合所有制改革工作成效情况

按照混合所有制改革方案，验证改革成效是否符合预期。具体包括：实施混合所有制改革后的企业经营收益是否达到预计水平，是否形成经济效益、社会效益；是否达成业绩目标；是否提升市场竞争能力；是否实现国有资本保值增值；是否按要求推动企业完善公司治理及深化三项制度改革等情况。

（五）审计发现的主要问题

1. 国有企业混合所有制改革全过程管理合规性方面

（1）通过参股等方式开展负面清单规定的商业性房地产等禁止类业务。

（2）合作对象甄选不严格，未进行充分尽职调查，与存在失信记录或行政处罚、刑事犯罪等违规违法记录的合作方开展合作。

（3）存在与参股投资主体及其各级控股股东领导人员存在特定关系的合作方。

（4）以约定固定分红等"名为参股合作、实为借贷融资"的名股实债方式开展参股合作。

（5）参股投资决策权向下授权未作为重大事项经党委（党组）研究讨论。

（6）对于限额以上的参股投资未纳入重大范围进行决策。

（7）违反企业集团批复擅自设立混合所有制企业。

（8）未批先设引入非国有资本实施混合所有制改革。

（9）选聘审计评估中介机构不规范。

2. 国有企业混合所有制改革企业改革后管控方面

（1）未按规定向参股企业选派国有股东代表、董事、监事或重要岗位人员。

（2）未按规定在参股企业章程、议事规则等制度文件中明确国资监管条款。

（3）对长期未分红、长期亏损或非持续经营的低效无效投资未及时处置。

（4）未能严格财务监管，及时掌握参股企业财务数据和经营情况。

（5）为参股企业其他股东出资提供垫资。

（6）对参股企业超股权比例提供担保存在资金损失风险。

（7）参股股权的产权占有、变动、注销等相关登记手续不完善。

（8）违规将字号、经营资质和特许经营权等提供给参股企业使用。

（9）国有企业领导人员在参股企业兼职领取工资、奖金、津贴等报酬。

（10）离职员工未在规定期限内办理股权流转。

（11）员工持股收益分配未严格遵循风险共担、利益共享原则。

3. 国有企业混合所有制改革工作成果成效方面

（1）混合所有制改革企业依赖国有股东超股权比例借款经营。

（2）混合所有制改革试点工作推进无实质进展。

（3）实施混合所有制改革后的企业经营收益未达到预计水平。

（4）混合所有制改革企业未能与企业集团形成协同，未提升企业集团竞争力。

（六）审计意见与建议

一是规范参股投资。①严格执行国有资产投资监督管理有关规定，坚持聚焦主业，严控非主业投资，杜绝通过参股等方式开展中央企业投资项目负面清单规定的商业性房地产等禁止类业务。②严格甄选合作对象。认真做好尽职调查，选择经营管理水平高、资质信誉好的合作方，避免与存在失信记录或行政处罚、刑事犯罪等违规违法记录的意向合作方，以及与参股投资主体及其各级控股股东领导人员存在特定关系的合作方合作。③合理确定参股方式，对约定固定分红等"名为参股合作、实为借贷融资"的名股实债方式参股合作予以解除。④完善审核决策机制。对纳入"三重一大"决策范围的参股投资，严格履行企业决策程序。

二是加强参股国有股权管理。①严格按照公司法等法律法规规定，依据公司章程约定，向参股企业选派国有股东代表、董事、监事或重要岗位人员，有效行使股东权利，避免"只投不管"。②在参股企业章程、议事规则等制度文件中，明确对特定事项的否决权等条款，以维护国有股东权益。③注重参股投资回报。对于满5年未分红、长期亏损或非持续经营的参股企业股权，要进行价值评估，属于低效无效的及时予以处置，防范资金损失风险。④严格财务监管，加强运行监测，及时掌握参股企业财务数据和经营情况，严禁对参股企业其他股东出资提供垫资，以及超股权比例提供担保。⑤规范产权管理，及时办理参股股权的产权占有、变动、注销等相关登记手续。⑥加强无形资产管理，严格规范无形资产使用，有效维护企业权益和品牌价值。⑦加强领导人员兼职管理，停止在兼职企业领取工资、奖金、津贴等报酬和额外利益发放。

三是强化运营管控与监督管理。①强化运行管控，促进混合所有制改革企业运营效益，切实实现与企业集团战略协同、管理协同、文化协同、效益协同，确保混合所有制改革后的企业经营收益达到预计水平，形成经济效益、社会效益，达成业绩目标，以有力提升市场竞争能力、实现国有资本保值增值，切实推动企业完善公司治理及深化三项制度改革，助力国有企业集团高质量发展。②强化监督问责，建立健全以风险管理为导向、合规管理监督为重点的规范有效的内部控制体系。对于参股经营中造成国有资产流失或者其他严重不良后果的，按照规定，对相关责任人给予严肃处理，并实行终身追责；涉嫌违纪违法的，移送有关部门严肃查处。

二、国有企业重大项目安排绩效审计案例

（一）案例背景

根据三泰集团年度审计工作安排，审计组受托对三泰集团三个重大项目决策事项执行进行了绩效审计。本次重大决策事项绩效审计是在全面梳理总结三个项目立项及决策、采购管理、合同管理、项目管理、项目后评价及档案管理等全过程管理情况的基础上，对重大决策制度的建立与执行情况进行绩效审计，客观评价决策事项的决策、执行及投入产出情况，并指出存在的问题，提出合理化建议。

本次审计是依据中共中央办公厅、国务院办公厅《关于进一步推进国有企业贯彻落

实"三重一大"决策制度的意见》、审计署《中华人民共和国国家审计准则》、财政部《企业内部控制基本规范》、《三泰集团"三重一大"决策制度实施办法》及相关内部制度等进行的。在审计过程中，实施了检查、审核、观察、访谈、调查、计算和分析等必要的审计程序。

（二）审计重点

本次绩效审计选取了三个网络安全和信息化建设项目作为重大决策绩效审计试点，旨在通过审计对建立健全公司重大决策制度、项目全过程管理制度、项目全面预算绩效管理、绩效审计结果应用等方面提出意见与建议，以提升公司整体重大决策管理水平，提高重大决策效率、效益与效果。在审计中要贯彻落实国家有关加强信息系统审计的相关要求，应重点关注以下内容。

一是审查信息系统建设资金管理使用情况。通过审查信息系统建设业务数据与财务数据资料，重点关注三泰集团信息化建设资金预算、管理与使用的真实性与合法性，信息化建设项目招投标采购、合同订立与履行、系统测试、移植等环节。

二是审查信息系统建设与应用绩效情况。通过查阅信息系统应用相关资料，实地查看信息系统应用设施与应用环境，关注信息系统建设进度、预算控制、运行质量、资产管理、运行效率、目标实现、用户满意度等，揭示信息系统应用绩效情况。

三是审查信息系统安全情况。重点关注网络安全制度建设情况、系统安全防护情况及数据安全管理情况，网络和信息系统的安全性、可靠性，建立健全和严格落实网络安全制度和责任制情况。

（三）审计评价

审计结果表明，三泰集团重视重大决策制度建设，能够依据国家法律法规等，制定发布重大决策制度实施办法，明确三泰集团重大事项的范围、决策主体、决策基本程序、决策组织实施和监督检查等具体内容。本次审计选取的三个重大项目基本能够按照规定开展前期可行性分析与论证工作，履行党委会前置研究、总裁办公会及董事会审议等程序，决策后相关部门基本能够按照规定选聘中介机构提供项目实施服务，履行监督职责。

（四）审计发现的主要问题

1. 重大决策制度建设方面

一是三泰集团重大决策制度未对重大经营管理事项须经党委会前置研究做出规定，缺少党委会前置研究事项清单。

二是重大决策制度中决策主体的权责边界不清晰。三泰集团重大决策制度未明确区分党委会、董事会、总裁办公会的权责边界。

2. 重大决策制度执行方面

一是项目可行性分析报告缺少政策可行性分析，以及各类风险发生时的应对措施；未见项目立项申请；项目可行性分析报告评审未邀请除三泰集团股东单位外的行业专家参加，可行性分析报告缺少成本与收益推算、项目风险说明、项目组织结构、项目工作量估算等内容。

二是项目预算发生重大变更、项目工期较董事会批复计划延期等未按规定重新履行决策程序；未根据政策变化及时调整项目实施计划。

三是项目服务商选择邀请招标项目投标人少于三个未重新招标，公开招标项目招标文件发出日（或规定领取日）至投标截止日少于二十日，未按采购、投标（响应）文件签订合同，未建立供应商合理选择和调整机制，未按合同约定追究合作方违约责任，合同签署日期早于审批完成日期，招标采购项目未在法定时间内签订合同等。

3. 重大项目效果实现方面

一是项目较可行性分析报告计划延期一年，用户数量未达到预计数量指标，项目收支结余未达成预期目标，项目投资未控制在批复预算范围之内，项目运行出现非正常宕机情形等。

二是未落实项目监督管理职责；未按规定对项目开展后评价；项目后评价内容不全面、不完整，项目决策、实施、监督与效果等方面的问题揭示不全面、不深入，后评价总体结论与实际存在较大偏差。

（五）审计意见与建议

1. 建立健全重大决策与项目管理制度体系

一是建立健全重大决策制度体系。①根据国家有关规定，结合三泰集团实际及公司章程修订情况，进一步修订重大决策制度，制定须经党委（党组）研究讨论，再由董事会或者经理层做出决定的研究讨论事项清单与决策流程，从组织上、制度上、机制上确保党组织的领导地位；把加强党的领导和完善公司治理统一起来，把党的领导融入公司治理各环节，把公司党组织内嵌到公司治理结构之中，明确和落实党组织在公司法人治理结构中的法定地位，充分发挥企业党委（党组）把方向、管大局、保落实的领导作用。②根据公司章程中有关党委会、董事会、经理层职权范围，进一步规范党委会、董事会、总裁办公会的权责定位和行权方式，以厘清不同决策主体的权责边界，进一步明确董事会对股东会负责、执行股东会的决议、作为公司的经营决策机构的职责权限；明确经理层对董事会负责，在董事会授权下，执行董事会的战略决策，实现董事会制定的企业经营目标的职责权限；合理区分党委的研究讨论范围更多涉及长期性、全局性与原则性，经理层职权范围更多涉及当前性、具体性与执行性的权责特征；明确贯彻上级决定、党建、选人用人、公司发展战略、资产产权、机构调整、重大项目安排，以及大额资金运作等事项中公司党委的把关权与监督权，进一步健全各司其职、各负其责、协调运转、有效制衡的公司法人治理结构。③持续关注有关法律法规对三泰集团重大决策制度的影响，明确内部控制制度修订的及时性，明确内部控制制度修订与评价时限要求，及时修订、补充和更新相关制度，完善重大内部控制措施。

二是完善项目全过程管理制度。①完善项目立项管理制度，进一步规范可行性研究报告及立项报告的编制规则与要求，强化立项环节中项目承担部门、项目管理部门、决策机构的主体责任。②建立项目可行性研究投资估算、项目概算、实施预算、验收结算、完工决算等全过程投资控制机制，对于周期较长的项目应明确项目资金总预算、年度资金预算的编制、审核与监督要求，以规范项目投资控制全过程刚性约束机制。③细化完善重大项目投资内部控制流程，确保项目预算编制、审批、执行、调整等形成闭环管理，提升预算编制的计划性和科学性，对于重大项目要重点考核预算绩效，注重成本效益，强化责任约束，提升资源配置效率和资金使用效益。④明确项目重大调整管理机制。明确项目如出现实施内容、实施规模、技术方案、实施工期、项目预算等重大调整的，应按规定程序履行原决策程序的内容与标准。对于因国家政策调整、价格上涨、实施条件发生重大变化等原因确需增加预算的，应明确要求项目实施部门提出调整方案及资金来源，报原决策程序进行审批，应明确要求投资项目建成后，应当按照规定进行验收，并在验收合格后及时办理完工决算，以规范投资行为，强化投资控制，提高投资效益。⑤建立健全供应商评估和准入制度，对供应商提供服务的质量、价格、交货及时性、供货条件及其资信、经营状况等进行监督管理和综合评价，并根据评价结果合理选择和调整供应商，不断提升供应商管理水平。⑥加强重大项目决策、实施与效果评价等不相容职责分离机制，按照经济和业务活动前期调查研究、决策审批、实施执行、监督管理与效果评价等职责明确分工、相互分离、分事行权；对涉及经济和业务活动的相关部门或岗位依职定岗、分岗定权、权责明确，防范重大决策与实施风险。⑦建立健全重大项目后评价机制。在现有项目后评价管理制度基础上，综合考虑其他重大项目，形成健全的三泰集团重大项目后评价机制，建立自我总结评价、后评价相分离工作机制，对于实施期较长的项目建立健全项目中间评价制度，以及时发现问题并纠正，促进项目目标的实现。

三是健全内部控制监督检查机制。①修订完善三泰集团重大决策制度，明确应纳入督办范围的重大决策事项，以及不同事项的督办主体与职责。②建立健全包含重大决策执行在内的内部控制监督检查机制，明确内部监督组织机构职责权限，明确重大事项事前、事中、事后全过程监督检查制度，规范监督的程序、方法和要求；制定内部控制评价范围及标准，注重自评与他评、定量与定性相结合的原则，充分发挥纪检监察、组织人事、审计、财务、内部控制等监督部门职能作用，及时反映内部控制设计与运行中存在的问题，并将内部控制评价发现的问题整改纳入年度整改清单，逐一销号。③建立健全违规经营投资责任追究制度。建立健全违规经营投资责任追究制度，细化经营投资责任追究的原则、范围、依据、启动机制、程序、方式、标准和职责；全面梳理重大项目实施过程中不同层级、不同部门所应履行的责任，严格按照国家法律法规及企业内部管理规定，对违反规定、未履行或未正确履行职责造成资产损失、产生不良后果的经营管理有关人员，界定违规经营投资责任，严肃追究问责。

四是加强内部控制制度宣贯与学习。①强化落实重大决策制度的必要性，认真做好重大决策制度宣传贯彻并强化落实，进一步增强项目团队的敬畏意识、责任意识、风险意识，使三泰集团全员能够充分认识到落实重大决策制度，是保证落实重大决策的需要，是防范经营风险、保障三泰集团健康发展的需要，认真落实重大决策制度，以有效防范与规避决策失误及执行不力等风险。②提高落实重大决策制度的自觉性，坚持把重大决策制度融入三泰集团发展的各个环节，增强落实重大决策制度的自觉性和责任感，强化民主决策、科学决策意识，强化效益意识，强化薄弱部位、重点领域和关键环节控制，细化完善招标投标、合同管理、项目管理、监督管理等制度，健全完善决策制度、监督制约制度等，有效防范重大违规情形的发生。

2. 强化重大决策与项目管理制度流程执行

一是加强项目决策管理，防范决策风险。①加强项目前期论证与可行性研究，树立项目目标从追求项目数量向追求项目价值转变的观念；认真做好重大项目前期调查研究，在对内外部环境、项目优劣势、机会与威胁深入分析的基础上，广泛开展项目相关宏观政策、产业政策、法律法规研究，深入分析项目必要性、可行性、科学性与合理性，充分论证评估企业自身资源、能力水平与项目实施风险，合理测算分析项目投入产出，做好项目经济净收益或政策价值分析或前景研判，统筹规划做好同类项目组织实施，完善项目全周期管理机制，制定科学合理、切实可行的实施路径、方法及风险防范措施。②加强项目立项评审管理，在项目立项申请、决策过程中，应充分吸收并落实专委会等各方意见，必要时邀请外部专家参与评审并提出评审意见；认真做好可行性研究报告编制，确保项目可行性研究报告全面、深入、科学、合理、准确；严格落实立项申请及审批程序，以利于科学决策、防范决策风险。③加强项目重大调整管理，出现重大调整事项的，应按规定程序履行原决策程序。同时根据企业发展战略，结合国家或行业政策要求，适时研判内外部政策变化对项目实施进度、效果的影响，及时调整实施方案与解决措施，确保项目按期、保质完成，有效规避项目失败风险。

二是严格落实项目责任制，确保决策执行。①加强项目过程管控，科学合理组建项目管理与实施团队，严格落实项目责任制；定期提交项目进度报告，及时向项目管理部门报告项目计划重大变更、关键人员或供应商的变更以及主要费用支出情况，严格做好项目进度、质量、预算等控制。项目承担部门还应建立执行项目负责人变更审批制度、工作交接制度，以保障重大项目实施连续性。②项目管理部门应加强项目全过程跟踪监控，定期跟踪检查项目进展、质量、投资等控制情况，及时报告重大项目阶段性进展，确保项目按期、保质完成，有效降低项目延期、无效投入、资源浪费、资金损失等风险。在项目完成后，加强项目事后评估，会同项目承担部门认真总结项目管理经验，分析存在的薄弱环节，不断改进和提升项目管理水平。③项目需求部门应加强成果转化与应用，形成研发、运行、市场一体化的自主创新机制，促进成果转化。

三是加强项目预决算管理，有效控制投资。①严格落实财务支出管理办法，做好预算控制，将各项财务支出纳入项目年度或中长期预算，在董事会批准的预算额度内执行。项目实施部门作为部门预算的责任主体，应当严格按照项目与年度预算和核定额度结合项目进度合理安排支出，费用开支总额应当严格限定在核定的预算额度内，严禁无预算支出；对于超预算、预算外支出情形，应按规定及时办理预算变更上报审批手续，以确保项目支出预算编制、审批、执行、调整等一体化形成闭环管理。②强化预算决策机构、预算审议机构、预算管理工作组、预算执行机构等决策、实施与监督职责，定期开展项目预算执行情况分析。对超预算情形深入分析原因，查找漏洞与缺陷；对属于未履行职责或未正确履行职责的，按照内部管理制度规定予以处理，以防范预算缺乏刚性、执行不力、考核不严，可能导致预算管理流于形式的风险。

四是加强项目招投标管理，防范招投标风险。①加强招标管理，严格遵循公开、公平、公正和诚实信用的原则，按照规定程序发布招标公告，根据招标项目特点和需求科学编制招标文件；根据项目复杂度合理预估投标人编制投标文件所需时间，据此确定开标时间；根据项目特征与特点规范评标规则，细化评分标准，明确评分规则，注重主观分值可衡量性与可评价性，以保证项目采购公开、公平，择优选择供应商。②加强评标管理，依法合理组建评标委员会，严格按照招标文件及评标方法对技术方案、商务条款进行评价打分，独立、客观、公正评标。将评标过程纳入采购重点领域管理，完善招标代理机构的履约评价、考核机制，建立评标委员会专家的质量评价机制，优化完善评标专家的组成和选取，以确保招标、评标、定标等全过程管理规范、招标结果公平公正。③加强对采购管理工作的日常监督与专项检查，及时发现采购管理中存在的问题，提出改进建议，促进采购管理水平的提升。

五是加强合同订立与履行管理，提升合同管理水平。①加强合同签订审批程序管理，严格按照申请、审核、审批程序办理合同签订手续；经审批同意后，方可办理合同打印、装订手续；办理合同签署、盖章手续，确保先审批后签字，避免逆程序操作。严格执行招标投标法的规定，在规定时间内及时订立书面合同，以强化合同签订的时效性。②加强合同签订环节审核，按照采购文件中审定的合同文本，组织采购申报部门和项目管理部门核对合同条款，经法律合规审核后，办理合同签订事宜，避免采购合同条款中所约定的主要条款与采购文件中所要求的不一致的情形。③加强合同履约管理，采购申报部门严格执行合同，按计划推进项目实施。合同履行过程中如出现合同变更和违约处理事宜，及时按规定程序报告、处理；采购申报部门未经审批同意，不得自行决定放弃收取合同违约金的权利。④加强合同履行情况的监督检查，采购管理部门强化合同履约情况的统筹管理。完善违规责任追究制度，对未按规定履行合同管理职责的，落实责任追究。加强合同签订情况的监督检查，及时发现合同签订存在的问题，提出改进意见与建议，促进合同管理水平的有效提升。

六是健全重大项目后评价机制，强化后评价结果应用。①及时开展项目后评价工作。通过后评价对项目实施过程、结果及其影响进行调查研究和全面系统回顾，与项目决策时确定的目标，以及技术、经济、环境、社会指标进行对比，找出差别和变化，分析原因，总结经验，吸取教训，得到启示，提出对策建议，通过信息反馈，改善投资管理和决策，达到提高投资效益的目的。②加强后评价成果应用。将后评价成果（经验、教训和政策建议）作为后续项目决策的参考，将项目后评价报告作为重大决策执行不力责任追究的重要依据。完善项目后评价指标体系；建立项目管理信息系统，随项目进程开展监测分析，改善项目日常管理，并为项目后评价积累资料。

3. 推行重大项目全面预算绩效管理

一是将绩效理念和方法深度融入项目前期论证、过程执行、监督、结果应用全过程，建立预算绩效闭环管理机制，完善绩效目标、绩效监控、绩效评价、结果应用等管理流程；总体设计，统筹兼顾，重大项目既要关注短期直接产出和效果，亦要关注战略目标的实现程度。建立责任约束制度，明确绩效管理职责，清晰界定权责边界，将绩效结果应用于战略调整、制度完善、风险防范、责任追究等领域。

二是建立三泰集团预算绩效管理理念，围绕职责、行业发展规划，统筹考虑资金和业务活动，从运行成本、管理效率、履职效能、社会效应、可持续发展能力和服务对象满意度等方面，衡量整体及核心业务实施效果，推动提高整体绩效水平。建立实施项目绩效管理，将重大项目全面纳入绩效管理，从数量、质量、时效、成本、效益等方面，综合衡量项目资金使用效果，对实施期超过一年的重大项目实行全周期跟踪问效，建立动态评价调整机制，绩效低下项目要及时清理退出。

三是建立全过程绩效管理链条。建立重大项目绩效评估机制，对重大项目开展事前绩效评估，重点论证立项必要性、投入经济性、绩效目标合理性、实施方案可行性、筹资合规性等。强化绩效目标管理，分解细化重大项目工作任务目标与具体绩效指标；做好绩效运行监控，对绩效目标实现程度和预算执行进度实行"双监控"，发现问题要及时纠正，确保绩效目标如期保质保量实现。建立重大项目绩效跟踪机制，对存在严重问题的项目要暂缓或停止预算拨款，督促及时整改落实。开展绩效评价和结果应用，对项目实施效果开展绩效评价，健全绩效评价结果反馈制度和绩效问题整改责任制，加强绩效评价结果应用。加强绩效管理和组织管理，加强绩效管理监督问责，加强绩效管理工作考核，促进三泰集团健康持续高质量发展。

4. 强化结果应用以提升重大项目管理水平

一是积极开展经营合规性自查自纠工作，对于确实存在违规经营产生资产损失及其他严重不良后果的，应认真总结分析原因，重点揭示企业管控及项目运营管理中存在的问题与风险，建立健全防范经营损失长效机制，最大限度发挥投资经营效益，减少投资经营损失。

二是健全风险防范体系，强化投资与运营管理。紧紧围绕提高运行质量和经济效益，构建权责清晰、约束有效的经营投资责任体系。建立健全重大决策评估、决策事项履职记录、决策过错认定等制度，细化经营投资责任清单，明确岗位职责和履职程序。充分发挥党组织、审计、财务、法律、人力资源、巡视、纪检监察等监督作用，健全风险防范体系，规范投资运营管理。

三、重大金属购销业务绩效审计案例

（一）案例背景

根据三泰集团总体工作安排，审计组受托对三泰恒天开展金属购销业务绩效审计。在审计中，审计组实施了金属购销业务制度建设审查、业务流程测试、合同订立与履行审查、访谈、现场调查、查阅账簿等必要的审计程序。

（二）审计目标

本次金属购销业务绩效审计是依据《中国注册会计师执业准则》等要求进行的，审计组通过对三泰恒天金属购销业务内部控制的建立与执行情况，金属购销业务合同签订与履行情况，金属购销业务采购与付款、销售与收款、收支结余，以及金属购销业务风险防范等情况进行审计，揭示金属购销业务决策、实施、监督与效果方面的问题与风险，提出改进意见与建议，促进金属购销业务风险水平的提升。

（三）审计评价

审计结果表明，三泰恒天金属购销业务能够较好地执行公司采购、销售业务管理制度，与规定供应商、客户签订采购与销售业务合同，基本能够严格执行金属购销业务合同相关条款，金属购销业务采购与付款、销售与收款等基本符合合同约定，金属购销业务较好地实现了经营利润，为三泰恒天整体经营效益水平的提高发挥了重要作用。

（四）审计发现的主要问题

1. 内部控制制度建立与执行方面

主要表现为：①未针对金属业务特点与实际建立执行专项业务管理制度，现行制度与业务流程环节中缺少如购销合同定价管理、对外委托业务管理、存货盘存管理、往来款管理等环节的控制；②部门间未建立监督制约机制，如未能对盘亏盘盈数量金额进行审核监督，未对购销资料的完整性认真整理、登记，未定期进行账账核对等；③审批程序把控不严，存在提前支付款项、滞后确认费用等现象。

2. 金属购销业务全流程控制方面

主要表现为：①采购销售协议或合同审批流程执行不到位，审核签字手续不齐全；②金属购销业务合同执行不严格，金属材料采购定价不符合原合同或协议约定原则，未严格按照合同或协议约定冲抵预付款，销售业务价格折让确认未履行内部集体决策程序；③金属购销业务运输服务商、货物代理服务商等选聘程序不合规，未采用公开招标方式，邀请招标采购程序不规范。

3. 金属购销业务效率效益实现方面

主要表现为：①采购业务滞后于合同约定造成已开发生产出来的存货积压，造成销售无法及时进行，影响资金回笼，影响预付款抵扣，增加资金成本，扩大公司资金压力；②金属产品销售政策执行不严格，未严格按照合同约定及时办理货物清出，导致超期存放增加存储费用；③固定单价销售政策影响行情向好时超额收益的实现，亦存在在行情下跌时因客户违约而产生资金占用、存货积压的风险。

（五）审计意见与建议

一是建议三泰恒天全面梳理内部控制制度和业务流程，建立健全金属购销业务专项管理制度与业务流程，规范提升金属购销业务管理水平。

二是建议三泰恒天强化金属购销业务合同签订与履行，严格合同审批流程，规范采购制度和流程，严格执行招投标等相关制度规定，加强风险防控和监督。

三是建议三泰恒天全面深入分析市场、政治等风险因素，科学合理确定金属采购、销售模式与销售政策，加快金属采购与销售进度，及时足额冲抵预付款，降低财务成本，最大限度提升金属贸易业务收益。

四、金融衍生业务绩效审计案例

（一）案例背景

根据三泰集团年度审计工作安排，审计组受托对三泰集团金融衍生业务决策、实施、监督与效果等全过程进行了审计。

（二）审计目标

本次金融衍生业务绩效审计针对金融衍生业务杠杆性、复杂性和风险性的特征，以及规避风险、价格发现、资产配置的功能作用，以风险为导向，对三泰集团金融衍生业务的开展情况进行了审计监督；重点关注三泰集团是否存在企业集团对金融衍生业务管控不到位、业务审批不严格、操作程序不规范、激励趋向投机，以及业务报告不及时、不准确、不全面等问题，提出改进意见与建议，以督促三泰集团切实加强金融衍生业务管理，建立健全金融衍生业务监管体系，审慎开展金融衍生业务，强化业务监督管理，有效利用金融衍生工具的套期保值功能，对冲大宗商品价格和利率汇率波动风险，助力三泰集团防范金融衍生业务风险，使金融衍生业务真正成为公司风险管理的工具。

（三）审计依据

本次金融衍生业务绩效审计主要是依据《关于切实加强金融衍生业务管理有关事项的通知》《期货交易管理条例》《国有企业境外期货套期保值业务管理办法》，三泰集团金融衍生业务管理制度及实施细则、权限指引、重大重要风险清单等规定进行的，本次绩效审计主要以金融衍生业务重大重要风险为导向，综合运用查阅资料、统计分析、交易及风控系统查询、人员访谈等方法，在内部审计工作中重点考察金融衍生业务的开展情况，切实防范金融风险。

（四）审计内容及方法

1. 金融衍生业务套期保值原则遵守情况审计

金融衍生业务审计应重点检查是否严守套期保值原则，以降低实货风险敞口为目的，与实货的品种、规模、方向、期限相匹配，与企业资金实力、交易处理能力相适应。

一是审查交易品种是否与主业经营密切相关，是否超越规定的经营范围，交易工具是否结构简单、流动性强、风险可认知；持仓时间是否超过 12 个月或实货合同规定的时间，是否盲目从事长期业务或展期。

审计方法：查阅国资委关于企业开展境外商品衍生业务的批复文件、关于境外套期保值业务对外付汇额度的批复文件、所在集团总部关于企业开展境外商品衍生业务的授权文件、年度金融衍生业务计划申请及批复文件等资料，检查有无超批复经营范围开展业务问题；通过交易信息系统查阅金融衍生业务交易台账，关注成交日与合约月，检查有无持仓时间超过限期问题。

二是审查商品类金融衍生业务年度保值规模是否超过年度实货经营规模的 90%，时点净持仓规模是否超过对应实货风险敞口，所属不同子企业、不同交易品种的规模指标是否相互借用、串用，套期保值对应关系的建立、调整和撤销是否符合生产经营的实际需要，是否频繁短线交易。

审计方法：查阅公司及不同子公司年度金融衍生业务计划批复套期保值规模，统计分析实际金融衍生业务时点净持仓数据，检查是否存在超仓超规模问题；梳理分析衍生品交易业务类型，查阅套期保值对应关系的制度规定、ERP 系统设定，查阅分析套期保值业务对应匹配的实货风险敞口情况、操作方案、交易合理性说明、有效性评价等资料，检查套期保值对应关系是否符合实际需要，是否开展任何形式的投机交易。

三是审查是否建立科学合理的激励约束机制，是否将绩效考核、薪酬激励与金融衍生业务单边盈亏简单挂钩。

审计方法：查阅绩效考核制度、年度绩效考核指标及结果、工资总额计划、年终考核兑现等资料，与人力资源部门、交易部门相关人员进行访谈，检查金融衍生业务激励约束机制是否科学合理，有无片面强调衍生品单边盈利导致投机行为。

2. 金融衍生业务风险管控情况审计

一是审查是否制定完善且行之有效的金融衍生业务管理制度，明确相关部门职责、业务审批程序、风险管理要求、止损限额或亏损预警线、风险预警和处置机制、应急处理、监督检查与责任追究等内容。

审计方法：查阅金融衍生业务管理制度、实施（操作）细则、内部控制制度、权限指引，检查相关内容是否完整、明确。统计分析金融衍生业务时点净持仓数量及盈亏数据，结合管理制度及权限指引规定的止损限额或亏损预警线，检查有无发生超出敞口头寸、预警及止损限额问题及平仓、止损等应急处理情况。

二是审查是否建立金融衍生业务风险管理垂直管理体系，操作主体风险管理部门是否独立向上级上报风险或违规事项。

审计方法：查阅组织架构，风险管理部门职责，预警、止损、报告及应急处理的路径和程序，重大风险事项有关报告资料；检查风险管理垂直管理体系建设情况，发生开展投机业务、单位负责人违规操盘、被强制平仓、超过年度计划核定的各项限额指标或预警线，产生重大损失风险、重大法律纠纷、引发重大社会负面影响等重大风险事项时，风险管理部门是否独立及时向上级垂直报告。

三是审查是否通过风险管理信息系统等信息化手段监控业务风险，实现全面覆盖、在线检测；场内保值交易风险是否有效分散。

审计方法：查阅 ERP 系统、金融衍生业务风险管理信息系统、业务信息系统，检查是否建立统一的风险管理信息系统，是否能够及时、准确地反映公司整体风险情况。查阅分析金融衍生品管理制度、上报证监会的境外期货交易情况月报、期货交易明细等资料，检查制度中是否明确单一期货经纪机构和单一交易对手的持仓限制，实际交易是否突破，风险是否有效分散。

3. 金融衍生业务操作执行情况审计

一是审查是否设置独立的风险管理部门、交易部门、财务部门，是否严格执行前台、中台、后台不相容岗位、人员分离制度。

审计方法：查阅组织机构设置、部门职责、人员与岗位匹配资料，检查是否严格执行前台、中台、后台分开及不相容岗位分离制度，检查是否存在同一部门既负责开展交易，又负责管理风险问题。查阅领导班子分工资料，检查是否存在同一公司领导既分管风险管理部门又分管交易部门问题，权力是否得到有效制约。查阅授权文件、业务信息系统交易记录等资料，检查是否存在相关人员同时拥有交易权限和审批权限，是否存在同时作为交易员、审核经理进行期货交易问题。

二是审查是否由董事会或班子会负责交易授权审批，授权是否明确有交易权限的人员名单、交易品种和额度，人员职责发生变更时是否及时中止授权或重新授权，公司负责人是否直接操盘。

审计方法：查阅授权管理制度、授权会签审批文件、交易部门人员职责变更情况、授权变更文件等资料，检查有无违反授权管理问题，公司负责人是否拥有交易权限；查阅交易指令，同时与授权管理部门、交易部门、风险管理部门，以及公司管理层进行访谈，检查公司管理层是否存在以个人名义直接下达交易指令或直接参与交易的问题。

三是审查公司财务部门是否对保证金等资金账户进行专门管理，规范资金划拨和使用程序，加强日常监控，动态开展资金风险评估和压力测试；是否严格履行保证金追加审批程序；是否以个人账户（或个人名义）开展金融衍生业务。

审计方法：查阅保证金预警线相关指标、风险提示、动态监控、实际预警情况及处理结果等资金预算管理、保证金账户、保证金（追加）审批、保证金日报、保证金收支台账等资料，检查有无保证金管理问题。

四是审查是否建立风险管理部门每日报告制度，风险管理部门、交易部门与财务部门是否每月核对，风险管理部门、交易部门是否每季度向管理层报告业务开展情况。

审计方法：查阅衍生品管理制度、全口径风险日报、保证金日报、月度统计报表、季度报告、年度专项报告，以及每月核对资料等，检查报告制度及执行情况，是否将各类报告及时报送上级机构，是否存在错报、漏报、瞒报等情况。

（五）审计发现的主要问题

1. 金融衍生业务风险控制方面

主要表现为：①未细化应急管理机制，当套期保值盈亏敞口超过公司授权时，未及时发现或未及时采取止损措施，导致风险急剧增加、损失迅速扩大；②未建立统一的市场风险管理系统，不能及时、准确地反映公司整体风险情况等。

2. 金融衍生业务交易操作方面

主要表现为：①期货贸易中交易人员和审核人员岗位及职责未完全分离；②金融衍生品交易指令传递有误、执行不当，与委托单位就代理进口原油套期保值确认不当、未按照权限和流程进行审批，导致交易机会错失、头寸和盈亏统计不准确、交易结算差错等，损害公司利益。

3. 金融衍生业务监督管理方面

主要表现为：①未能制定符合公司业务实际的金融衍生业务管理制度；②未对金融衍生品保证金制定预警线；③场内保值交易风险未有效分散；④部分业务未纳入风险管理部门的统一监控范围内，未确立统一的衍生品业务管理部门；⑤内部监督部门无完整的交易查询权限，未有效履行监督职能等。

（六）审计意见与建议

一是建立健全金融衍生业务统一管理体系，严格业务审批，落实监管责任，严格审核评估业务管理制度、风险管理机制的健全性和有效性，以及机构设置的合理性、人员专业胜任能力，核准事项应当明确交易场所、品种、工具等内容。要认真审核实货规模、保值规模、套期保值策略、资金占用规模、止损限额或亏损预警线等内容，对场外业务要进行严格审核和风险评估。明确金融衍生业务的分管负责人，指定归口管理部门，落实有关部门监管责任。

二是开展金融衍生业务要严守套期保值原则，以降低实货风险敞口为目的，与实货的品种、规模、方向、期限相匹配，与企业资金实力、交易处理能力相适应，杜绝投机交易行为的发生。加强金融衍生业务风险管控。建立有效的金融衍生业务风险管理体系，健全内部控制机制，完善信息系统，强化风险预警，覆盖事前防范、事中监控和事后处理的各个环节。

三是规范金融衍生业务操作流程。金融衍生业务操作主体应强化内部控制执行，严格合规管理，规范开展授权审批、交易操作、资金使用、定期报告。建立健全金融衍生业务审计监督体系，完善监督机制，加强监督检查，提高监督质量，充分发挥审计监督功能作用，切实防范金融衍生业务风险。

五、重大决策绩效审计常见问题

重大决策绩效审计常见问题包括但不限于：重大决策制度建立与执行，发展战略规划、重大基本建设项目、重大采购项目、重大投资项目、重大资产处置、大额资金运作使用等重大决策事项决策、实施、监督与效果等方面的问题，详见第 8 章相关内容。

第 10 章

政策绩效审计实务指南

第 1 节　政策绩效审计概念

政策绩效审计是指审计机构或部门是对政策制定、实施与效果进行审计评估，包括政策目标的设定情况，政策实施的效率、效益与效果情况，政策目标的实现程度，政策对社会和经济的影响等方面。政策绩效审计有助于政府了解政策的实际效果，为政策制定和调整提供依据，推动资金高效使用，政策项目落地、政策措施有效落实，任务完成达成预期目标，促进防范化解重大风险，促进高质量发展。

第 2 节　政策绩效审计目标

政策绩效审计的目标在于对政策的实施成果、效果和效率进行分析与评价，旨在实现对政策有效管理、监督和改进，提高政策的实施效率，确保政策实施后达到预期理想效果，符合公众利益。

政策绩效审计应注重政策执行过程中存在的新情况、新问题、新趋势，及时揭示影响公众利益和国家宏观政策落实的重大问题及风险隐患，严肃揭示弄虚作假、隐瞒实情，以及不作为、慢作为、假作为等问题，积极推动问题整改，促进深化改革，完善相关体制机制制度。

第 3 节　政策绩效审计依据

政策绩效审计应树立法治理念，强化法治思维，依据党的路线方针政策和党中央决策部署，依据国家法律法规和相关制度规定，依照法定职责、权限和程序予以实施。

政策绩效审计依据与其他预算绩效审计依据基本相同，但还应关注具体政策相关法律、法规、政策、计划、决策、实施与效果资料，党政机关和国有企事业单位自身与政策制定、执行、监督与效果相关资料，政策项目前期论证、过程实施及结果文件资料等。政策绩效审计依据包括但不限于以下内容。

（1）国家、地方相关法律、法规和规章制度。

（2）国家及各级政府制定的国民经济与社会发展规划的和方针政策。

（3）财政部及各级财政部门制定的与政策相关的预算、资金制度。

（4）政策制定部门职能职责、中长期发展规划和年度工作计划。

（5）政策相关行业标准及专业技术规范。

（6）政策绩效目标、资金预算、决算等资料。

（7）内外部审查结果报告、审计报告及决定、财政监督检查报告。

（8）其他相关材料。

第 4 节　政策绩效审计内容

政策绩效审计应当围绕党中央、国务院决策部署，以政策制定、实施与效果为主线，重点关注政策执行效率、效益与效果。政策绩效审计的主要内容包括但不限于以下事项。

（1）政策绩效目标的设定情况。

（2）政策资金投入和使用情况。

（3）为实现政策绩效目标制定的制度、采取的措施等。

（4）政策绩效目标的实现程度及效果。

（5）政策绩效审计的其他内容。

第 5 节　政策绩效审计指标

一、政策绩效审计目标内容

政策绩效审计目标是指有关政策出台后计划在一定期限内达到的产出和效果。产出指标主要包括政策绩效任务目标、质量目标、时效目标、成本目标及服务对象满意度目标；预期效果主要包括经济效益、社会效益和可持续影响等，政策相关受益人满意程度，达到预期产出所需要的成本资源，衡量预期产出、预期效果和服务对象满意程度的绩效指标等。

二、政策绩效审计指标分类

政策绩效审计评价指标分为共性指标和个性指标。其中：共性指标主要包括政策资金预算编制和执行情况及社会效益、经济效益等；个性指标是指根据具体政策所设定的适用于其特征特点的评价指标。

三、政策绩效审计评价标准

政策绩效审计评价标准是指衡量政策绩效目标完成程度的尺度。政策绩效审计评价标准具体包括：计划标准是指以预先制定的目标、计划、预算、定额等数据作为评价的标准；行业标准是指参照国家公布的行业指标数据制定的评价标准；历史标准是指参照同类指标的历史数据制定的评价标准。

政策绩效审计指标与标准的设定应本着客观求实的原则，全面、客观、辩证看待审计发现的问题，特别是改革发展中出现的新情况、新问题，审慎做出评价和结论，鼓励、支持改革发展中的积极探索与创新举措。

第 6 节　政策绩效审计重点

政策绩效审计将与政策落实相关部门履行职责的绩效状况作为审计内容，重点审计相关政策制定的适当性、绩效目标的合理性、实施方案的科学性、政策执行的有效性以及最终效果。

一、政策绩效目标设定情况

政策绩效目标设定情况方面的审计重点为：关注是否按照国家宏观政策要求、行业发展战略规划、事业发展规划等制定相关政策，对政策实施的必要性及可行性、政策绩效目标设置的科学性、资金支持的方式、资金预算的合理性等进行审计分析与评价。

一是政策制定的必要性。重点关注政策制定依据是否充分，是否具有明显的经济、社会、环境或可持续性效益。

二是政策实施的可行性。重点关注政策实施方案是否科学、合理、可行，组织、管理、人、财、物、信息、技术等保障条件是否具备，法规政策制度是否健全、有效，有无不确定因素和风险。

三是绩效目标的明确性。重点关注政策绩效目标是否明确，绩效目标是否与国家宏观政策、战略规划、决策部署相一致，是否能够准确衡量政策实施结果，是否具有一定的前瞻性和挑战性。

四是资金预算的合理性。重点关注保障政策落实资金支持渠道是否明确，资金支持方式是否科学合理，资金预算编制是否符合相关规定，依据是否充分，费用测算标准是否合理等。

二、政策绩效贯彻落实情况

政策绩效贯彻落实情况方面的审计重点如下。

一是重点关注政策绩效贯彻落实相关部门是否按照职责范围和任务分工，制定具体落实措施、进行任务分解、推动工作进展和完善制度保障等。

二是重点关注政策相关地区是否因地制宜制定具体措施、承接并制定目标任务细化方案、明确责任主体、建立健全保障机制、保障政策落地等情况，以及各项目标任务分解后的推进情况。

三是重点关注政策绩效目标相关落实措施的具体内容、时间表、路线图、执行进度和实际效果是否达到预期效果，是否实现政策阶段性或结果任务目标与绩效指标。

三、政策绩效跟踪管理情况

政策绩效跟踪管理情况方面的审计重点如下。

一是重点关注政策绩效贯彻落实相关部门是否建立健全政策绩效跟踪管理机制，对政策相关资金预算执行、政策落地实施管理和政策绩效目标运行等情况进行跟踪管理和督促检查，对发现的问题是否及时采取有效措施予以纠正。

二是重点关注政策绩效跟踪是否以绩效目标为核心，围绕绩效目标完成情况、预算执行情况等开展监督检查工作，是否存在实施方案、预算等需重大调整事项，资金拨付使用是否规范，阶段性绩效目标是否完成。

四、政策绩效经验与教训总结

政策绩效经验与教训总结方面的审计重点如下。

一是重点揭示政策落实过程中存在的主要问题，关注重大政策和改革任务落实情况，关注如改革创新、教育教学、污染治理、环境保护、优化营商环境等重大政策所确定的任务目标是否落实到位，检查是否存在不作为、乱作为、假作为等问题。

二是重点关注政策落实相关重大项目完成情况，关注重大项目规划、立项、审批、建设、竣工验收、运营等各环节任务分解和落实情况；重点资金保障情况，关注落实政策所需资金是否保障到位、是否及时投入使用并发挥效益。

三是重点关注相关政策措施落实过程中的体制机制障碍，包括与其他正在执行的制度法规的不衔接、不配套问题，揭示相关调控部署实施过程中出现的新情况、新问题及经济运行中可能出现的风险隐患。

四是全面系统梳理总结经验，反映与政策落实相关部门、地区在贯彻落实政策措施过程中取得的好经验、好做法，以及收集、分析、研究和核实相关单位或部门提出的需要出台或修订政策的意见建议。

第 7 节　政策绩效审计步骤

政策绩效审计与其他绩效审计类似，在按规定履行前期准备阶段、现场实施阶段、审计报告阶段、审计结果应用阶段等审计程序的同时，应注意做好以下事项。

一、政策绩效审计重点确定

政策绩效审计方案应重点包括政策背景、审计目标、重点关注内容、抽样审计对象与范围、重点审计资金与项目等，审计重点应当聚焦政策实施时间与空间，要与具体被审计部门或单位在本政策执行过程中所应履行的职责相匹配，应着力揭示和反映所审计政策的主要问题，增强针对性和可操作性。

二、政策绩效审计模式方法

一是政策绩效审计可采取非现场审计与现场审计相结合的方式，其中前期审计准备阶段可采用非现场审计方式，主要开展政策法规研究、政策执行情况调查和与政策执行相关的数据分析，确定政策绩效审计目标、范围、内容与重点，编制切实可行的政策绩效审计实施方案。

二是政策绩效审计可与同期开展的领导干部经济责任审计、预算执行审计、重大项目审计、专项资金审计等审计项目之间统筹，做到审计成果服务于不同审计项目，做到"一审多项""一审多果""一果多用"，体现审计工作本身的经济性、效率性与效果性。

三、政策绩效审计方法运用

政策绩效审计应注重审计效率，灵活运用座谈、访谈、实地走访等多种方法，广泛听取政策执行相关部门与单位等多方意见，提高审计针对性。对于重点审计事项，应当置于所在区域或环境下进行分析，坚持具体问题具体分析，区分体制机制弊端造成的问题、工作责任不落实造成的问题、条件不具备一时难以解决的问题等，拓展审计的广度和深度。

四、政策绩效审计数据分析

政策绩效审计应注重数据分析，系统开展总体分析和重大疑点分析。一是总体分析层面，应注重对宏观数据进行统计分析、关联分析、趋势分析等总体分析，发现政策执行中体制机制方面存在的问题，对政策管理、预算执行、政策落地等情况进行总体评价。二是重大疑点线索分析层面，主要侧重于揭示违规问题，聚焦具体政策相关项目及所在单位，通过业务数据对比、关联，对资金使用、政策执行、项目建设等问题进行关联比对等大数据分析，发现疑点线索并组织核查。

五、政策绩效审计核心问题

一是紧盯政策落实，着重审查相关部门落实政策情况和履职尽责情况，推动相关部门用足政策，力求打通政策措施贯彻落实瘀点、堵点、痛点。

二是紧盯资金安全，深入揭示政策落实过程中骗取套取、截留挪用、贪污侵占、挥霍浪费、违反中央八项规定精神等资金安全方面的问题。

三是紧盯政策绩效，通过审查政策落实的经济性、效率性、效果性，揭示人为因素或制度原因导致的资金分配不合理、资金拨付不及时、资金回笼慢、违规设置提高标准、项目效果达不到预期等问题，厘清资金需求与资金预算不匹配的矛盾、资金投入巨大与资金效能低下的矛盾，及时提出解决矛盾和提高资金绩效的审计建议。

第 8 节　政策绩效审计方法

在政策绩效审计时，除常规绩效审计管理、规划、抽样、调查、评价等方法外，还可以运用数量分析法、比较分析法、因素分析法、量本利分析法、专题讨论会、标杆法、调查法、成本效益分析法、目标成果法、公众评价法等，在此不赘述。

第 9 节　政策绩效审计结果

政策绩效审计报告框架、撰写路径、质量标准，以及质量控制程序与其他绩效审计类似，在具体实践中应注意以下事项。

一是政策绩效审计报告应当包括审计概况、审计评价、审计发现的问题、审计建议等内容。审计评价中的总体评价既包括正面评价，也包括对审计发现主要问题的简要概括；审计发现的问题应归类概括反映，单个具体问题可通过审计发现问题清单反映；审计建议应当围绕审计发现的主要问题，提出有针对性、可操作性建议，同时应总结政策绩效实施中取得的典型经验，以及对政策的建议。

二是政策绩效审计报告中的典型经验着重反映与政策执行相关部门或地区值得推广的好的经验与好的做法，包括具体经验做法和成效。典型经验应紧扣重大政策决策部署，在解决重点难点问题上具有典型性、创新性和可复制性，并已经过实践检验，取得较好成效。

三是政策绩效审计报告中的审计发现问题清单可按照相关部门与地区及问题分类进行反映，包括问题分类、具体问题和审计意见。问题分类要与报告正文相对应，具体问题表述一般应包括审计事实、定性及依据、问题产生原因、责任主体、法规依据、审计建议等。

四是政策绩效审计报告中的政策建议主要反映经审计核实的相关部门或单位提出需要出台或修订政策的意见建议，涉及政策方面、提出建议单位、具体建议、需要研究办理的机构或部门等。

第 10 节　政策绩效审计案例

一、重大政策措施贯彻落实绩效审计案例

某市审计机关紧紧围绕党委和政府最关心、人民群众最关切的事情，宏观布局，有的放矢，聚焦各项重大政策措施的贯彻落实，组织开展了三个绩效审计项目，关注金融支持实体经济发展、人才扶持和"稳就业"三项政策，重点跟踪政策执行、任务落实和工作成效等情况，促进就业优先政策落实，促进优化营商环境。

（一）金融支持实体经济发展政策落实绩效审计

审计组审计了金融支持实体经济发展政策落实情况，重点关注金融支持民营、中小微企业政策落实情况和相关资金使用效益。"四个千亿""惠企16条"政策的出台和市创业创新金融服务平台的搭建，在缓解民营和中小微企业融资难、融资贵方面取得了一定成效。

但审计发现，政府性融资担保机构的政策功能未充分显现，助力民营企业发债融资的增信资金在民企发债千亿计划中撬动作用不明显。对此，审计建议，要整合优化正向激励的资金补充和风险补偿机制，完善绩效考核评价体系，健全市场化、多元化的实体经济金融服务体系。

（二）人才扶持政策落实绩效审计

审计组审计了人才扶持政策落实和专项资金管理使用情况，重点关注建章立制、经费管理和引才成效等方面。促进人才优先发展的若干措施、"鹏城英才计划"等具有吸引力的政策出台后，推动形成了良好的人才集聚效应。

但审计发现，市区两级未建立政策执行层面的联动机制，高层次人才认定标准不够科学，资金发放和考核制度不够完善。对此，审计建议，要建立全市人才政策执行联动机制，建立严格的人才认定和资金使用监管体系，健全完善高层次人才的认定、评价和考核体系，更有针对性地发挥人才扶持政策的引才、用才、留才作用。

（三）"稳就业"政策落实绩效审计

设计组审计了"稳就业"政策落实情况，重点关注技工、家政及创业孵化基地相关政策落实情况。进一步稳定和促进就业若干政策措施等先后出台，促进就业创业取得了较好成果。

但审计发现，主管部门未对创业孵化基地奖励补贴发放进行绩效考核，也未出台支持员工制家政服务企业发展的扶持政策。对此，审计建议，要完善创业孵化基地管理办

法，研究制定促进员工制家政服务企业发展的相关管理办法，多措并举促进各类群体就业创业。

二、学前教育政策绩效审计案例

（一）学前教育有关政策出台情况

1. 第三期学前教育行动计划背景

为贯彻落实党中央关于"发展学前教育，鼓励普惠性幼儿园发展"的要求，进一步推进学前教育改革发展，教育部、国家发展改革委、财政部、人力资源社会保障部等四部门下发了《教育部等四部门关于实施第三期学前教育行动计划的意见》（以下简称《意见》），以解决学前教育工作薄弱，普惠性资源供给不足，教师数量短缺、工资待遇偏低，幼儿园运转困难，保教质量参差不齐等问题，实施第三期行动计划，巩固一期二期成果，加快发展学前教育，推进教育现代化；解决"入园难""入园贵"问题，推动两孩政策落地，保障民生的迫切需要。

2. 第三期学前教育行动计划目标

第三期学前教育行动计划意见明确到第三期末（2020 年），基本建成广覆盖、保基本、有质量的学前教育公共服务体系，全国学前三年毛入园率达到 85%，普惠性幼儿园覆盖率达到 80% 左右。具体落实增加普惠性资源供给、深化体制机制改革、提升保育教育质量等重点任务目标，实现管理体制和办园体制逐步理顺，发展学前教育的责任进一步落实等任务目标。

3. 第三期学前教育行动政策措施

《意见》指出，要通过发展普惠性幼儿园、理顺学前教育管理体制和办园体制、健全学前教育成本分担机制、构建幼儿园教师队伍建设支持体系、加强幼儿园质量监管和业务指导等具体措施，以保障第三期学前教育行动计划目标落地。

4. 第三期学前教育行动组织实施

《意见》要求县、地市、省级政府要逐级编制三期行动计划，中央财政继续安排专项资金，支持和引导地方积极发展学前教育，重点向农村地区倾斜，建立工作推进机制等，以有效落实学前教育政策。

（二）学前教育政策绩效审计情况

1. 学前教育政策绩效审计目标

以学前教育政策绩效审计为抓手，通过对学前教育政策落实、政策目标实现、专项资金使用、部门职责履行等情况进行审查，总结经验、查找不足，进一步完善学前教育资金政策和管理，提高资金使用绩效，推进学前教育健康发展。

2. 学前教育政策绩效审计依据

（1）《中华人民共和国审计法》及其实施条例。

（2）《中国内部审计准则》及其具体准则。

（3）《审计署关于内部审计工作的规定》（审计署令第 11 号）。

（4）《教育部等四部门关于实施第三期学前教育行动计划的意见》（教基〔2017〕3 号）。

（5）国家与地方有关第三期学前教育行动计划。

（6）国家与地方有关学前学段专项资金管理办法。

（7）国家与地方有关学前教育资金管理使用实施细则。

（8）其他与学前教育政策绩效审计相关规定。

3. 学前教育政策绩效审计原则

一是全面覆盖原则。本次审计坚持全面覆盖原则，审计范围将覆盖至不同省区市、不同类型幼儿园，审计资金将覆盖至生均定额补助、租金补助、扩学位补助及普惠性幼儿园一次性奖励等各类资金，业务流程将覆盖至专项资金申请、审核认定、公开公示、拨付、使用、监管等全过程。

二是客观公正原则。本次审计坚持科学规范、客观公正原则，严格以相关法律、法规、规章以及财政部、市及各区有关文件等为依据，按照"公开、公平、公正"的原则进行。

三是依据充分原则。本次审计严格遵循审计规范，收集足够的相关文件及资料，并通过现场调研，为审计结论提供充分的依据支持。

4. 学前教育政策绩效审计思路

一是紧紧围绕专项资金政策执行主线。本次审计围绕学前教育专项资金政策执行、政策目标实现主线，着眼于制度建设、责任落实、资金绩效，依法依规反映政策执行不严格、不到位等问题，以规范完善资金政策和管理。

二是突出重大重要资金政策执行重点。本次审计在关注资金申请、拨付、使用合法合规的基础上，坚持问题导向，关注主要风险点，重点关注重大、重要且对未来政策有影响的，如生均定额补助、租金补助等政策的执行情况，以突出审计重点。

三是重视审计整改落实，推动治理能力提升。本次审计对发现的问题，深入分析造成这些问题的根本原因，提出建设性意见或建议，促进体制、机制、制度建立与完善，推动政策执行能力提升。

5. 学前教育政策绩效审计策略

一是注重事前调查，做好前期准备。深入学习、分析、研判学前教育专项资金相关政策，认真开展审前调研，明确审计范围，筛选、优化审计重点，拟定具体审计程序和方法，制定切实可行的审计实施方案。

二是合理配置人员，有效分配力量。根据与学前教育专项资金相关的区县主管部门、财政部门、辖区幼儿园分布及幼儿园类型，结合学前教育专项资金分布情况，合理组建审计团队，做好审计分组，分工协作通力配合保质保量完成审计任务。

三是建立沟通机制，保障信息畅通。建立审计组内部、审计组与市区县财政、学前教育主管部门之间的沟通机制，及时处理解决项目实施问题，严格执行审计周报、定期阶段性汇报、专项汇报制度，确保各类信息沟通便捷通畅。

四是利用审计成果，避免重复审计。充分利用内外部各类审计成果、学前教育专项资金绩效评价报告，并根据报告揭示问题进行跟踪审计，关注各类问题的整改落实情况，重点分析产生的原因，评价内部控制与风险，提高审计效率，扩大审计成果。

五是创新审计方法，提高审计效率。在充分调查了解学前教育综合管理信息化系统建设与运行的基础上，以预算数据、业务数据、资金数据等为基础，将大数据思维和方法，贯穿数据采集、挖掘、分析等审计各方面，"总体分析、发现疑点、分散核实、系统研究"，提升审计效率。

6. 学前教育政策绩效审计内容

一是对政策落实情况进行审计。①落实中央和地方政策，推动学前教育健康发展，提高学前教育办园水平。②按照《意见》要求，完成既定的学位增加和普惠、普及率达标等目标。③按照学前学段专项资金管理办法及其实施细则要求，落实生均定额补助、租金补助、扩学位补助及普惠性幼儿园一次性奖励，以及资金申请与拨付、资金监管等政策情况。

二是资金管理使用情况。①项目管理情况：各区是否制定区级管理制度，已经制定管理制度的是否严格按规定执行，制定的制度是否符合市级政策规定等。②项目资金分配及预算管理方式：享受补助的普惠性幼儿园是否履行必要的公示等流程，预算分配、预算管理等是否符合管理办法规定。③资金使用绩效情况：资金使用是否专款专用，是否达到预期目标，是否存在资金闲置与资金浪费问题等。

三是幼儿园审计。①幼儿园各类收支管理是否规范，人员经费支出比例是否达到规定标准，是否存在为达到支付标准，先发后返的现象；支出是否合规、真实、可靠，依据是否充分。②结余资金是否有私存、占用、挪用的情况（关注扩学位和转普一次性奖励的结余资金存在形式）。③补助政策执行是否到位，有无重数量指标、轻质量指标的情形。

四是管理职责履行情况。通过对市、区两级教委职责履行情况进行审计，重点关注区教委是否严格按规定履行相关职责。①是否按月、按季或按年拨付幼儿园补助资金，按照多退少补的原则对全年拨付幼儿园资金进行清算。②是否结合实际研究落实普惠性幼儿园日常运行支出以外的房租、一次性大型设备购置更新和大型园舍修缮的具体支持政策。③是否定期开展审计监督检查。

7.学前教育政策绩效审计计划

本次审计总体控制在 3 个月以内，划分为审计准备阶段、审计实施阶段、审计调研阶段、审计报告阶段。

审计准备阶段，10 天。重点了解被审计项目基本情况，组建审计团队，开展审前调查，制定审计实施方案，开展审计培训、下发审计资料清单。

审计实施阶段，20 天。召开进点会、收集审计资料、实施现场审计、交流与沟通具体审计事项、编制审计工作底稿，编制阶段性汇报材料，并向主管部门进行汇报。

审计调研阶段，20 天。根据现场审计发现的问题，围绕重要政策执行中所存在的问题，与财政、学前教育主管部门负责同志召开审计交流与沟通会，确认相关问题是共性问题还是个性问题，形成会谈记录或纪要，下发政策绩效审计补充材料，进一步收集整理各区政策执行中好的经验和做法，梳理执行中的难点与问题，以及改进意见与建议。根据现场审计、调研沟通等情况，汇总审计调研情况，召开审计报告专家评审会，并征求财务处、学前处等意见。

审计报告阶段，10 天。在分区阶段性审计报告的基础上，汇总草拟审计报告初稿、征求意见稿。根据征求意见书、反馈意见表及审计意见采纳情况表，形成正式审计报告。

8.学前教育政策绩效审计方法

本次审计采取研究式审计方式。一是开展审前政策研究。二是开展对区教委的调研，分批次组织区教委学前教育、财务、审计部门负责人召开座谈会，形成调研报告。三是专家咨询。针对审计中的难点和政策有关问题，邀请学前教育相关专家、学者及幼儿园园长等进行讨论咨询。四是与学前教育管理部门、财务管理部门进行反复多次沟通和专题研究，并向相关领导汇报听取意见，补充修改完善审计程序。

（三）学前教育政策绩效审计结果

审计结果表明，为贯彻落实第三期学前教育行动计划要求，市财政部门、市教育管理部门研究出台了学前教育专项资金管理办法及实施细则，明确了补助资金的发放条件、使用范围、申领程序，以及资金申请与拨付、资金监管等政策要求，各区结合实际出台了区级财政资金对普惠性幼儿园给予补助的具体办法，以规范学前教育专项资金管理和使用。市区两级能够按照相关政策要求不断建立健全学前教育管理体制机制，严格落实各项补助政策的认定标准与程序，强化资金申请与拨付流程，加强资金监管。第三期学前教育行动计划期间，全市通过新建、改建、扩建幼儿园，新增学位，通过社会力量多种形式办园等方式增加学位，各区通过引导无证园改造提升备案为社区办园点增加学位，实现了"到 2020 年，基本建成广覆盖、保基本、有质量的学前教育公共服务体系，全市适龄儿童入园率达到 85% 以上，普惠性幼儿园覆盖率达到 80% 以上，无证办园现象基本消除"等政策绩效目标。审计也发现，在生均定额补助政策执行、租金补助政策执行、资金管理、内部审计监督等方面还存在一些问题。

一是生均定额补助政策方面，学前管理系统对在园儿童数量实行动态管理政策目标实现存在差距；人员经费支出比例占保教费收费收入和财政生均定额补助收入之和的比例指标实现存在差距。

二是租金补助政策方面，幼儿园获得租金补助政策依据不清晰，租赁场地价格评估机制不完善。

三是资金管理方面，资金补助拨付不及时，学前教育专项资金使用不规范，专项专账核算政策执行不严格，信息公开、公示不规范。

三、政府购买服务政策绩效审计案例

（一）案例背景

××年××月至××月，某省审计厅组织所属市、县审计机关对省本级及设区市和县近三年政府购买服务资金绩效情况进行了专项审计调查，抽查单位400余家。

（二）审计总体情况

审计结果表明，全省政府购买服务工作已全面铺开，有关单位对政府购买服务的认识逐步深化，政府购买服务规模逐年扩大，相关管理制度逐步完善，基本实现了省政府提出的政府向社会力量购买服务的总体目标。

一是强化组织领导，推动政府购买服务政策落地。为认真落实国家有关文件要求，省本级及抽查的大多数市、县建立了政府购买服务工作联席会议制度，初步形成了相关主管部门协同、职能部门履职、监督部门保障的工作机制。

二是出台相关制度，保障政府购买服务规范进行。省本级及大多数市、县相继出台了政府购买服务实施意见、事业单位政府购买服务改革工作方案及政府购买服务预算管理、采购管理等制度，确保我省政府购买服务工作规范、有序推进。

三是优化服务供给，推进政府职能转变。政府购买服务规模扩大明显，公共服务供给方式逐步向市场化购买服务转变，有效推动政府职能转变。

（三）审计发现的主要问题

近三年，我省政府购买服务规模不断扩大，各项制度不断完善，但审计调查也发现一些问题，需要引起相关部门的高度重视和改进完善。

一是整体工作推进不平衡。部分市、县未建立健全相关工作机制；抽查的部分市、县存在基本公共服务类购买支出占比不够突出和政府购买服务与事业单位改革结合不到位情况。

二是政府购买服务目录的指导性不够强。部分市、县指导目录未及时制定或更新；

部分市、县指导目录内容不完整、不合理；部分市、县指导目录不合规、不清晰。

三是政府购买服务预算管理不够完善。省本级相关单位及部分市、县存在政府购买服务的预算编制系统不够完善、未完整编制政府购买服务预算等问题；部分市、县的部分政府购买服务项目实际支出超预算；部分市、县的部分单位以财政直接拨款方式替代政府购买服务程序。

四是政府购买服务项目管理不规范。部分单位未严格执行政府采购程序、项目合同管理不严格、项目购买方式不合规、项目信息公开不及时、项目跟踪监管及验收不到位、对购买主体与承接主体资格把控不严、未按指导目录内容购买服务。

五是政府购买服务项目绩效评价不到位。部分市、县的部分项目未编制绩效目标或目标不明确；省本级有关项目及所属部分市、县的部分项目绩效目标未完成；省本级有关单位及部分市、县的部分单位未按规定开展绩效评价。

（四）审计建议

一是强化统筹管理，进一步完善政府购买服务工作机制。各地应健全落实政府购买服务工作联席会议制度，充分发挥联席会议的组织领导作用。财政部门应统筹政府采购和政府购买服务工作，进一步突出政府购买服务的公共性和公益性，发挥政府购买服务在提供公共服务、改善社会治理及服务型政府建设方面的作用。

二是强化研究协调，进一步推进事业单位改革。按照财政部及省事业单位政府购买服务改革工作总体部署，统筹推进事业单位政府购买服务改革和事业单位分类改革工作。

三是强化责任落实，进一步规范政府购买服务行为。省级各部门及各市、县人民政府应持续转变政府职能，落实管理责任和主体责任，采取有效措施加大市场培育力度，提高政府购买领域的竞争性，提升公共服务供给质量和支出绩效。